汽车车载电脑使用与维修

主编　肖永清　罗礼培

金盾出版社

内 容 提 要

本书系统介绍了汽车流行车载电脑的使用、维护技巧及快速检修方法。主要内容包括：汽车车载电脑概述、汽车车载电脑基础知识，以及汽车车载电脑的使用、维护和检修等。

本书内容新颖，实例丰富，注重实用，是以私人用车、养车、修车的车主为主要读者对象的通俗读物，适合作为汽车驾驶、维修和技术管理人员的学习参考资料，也可作为职业院校相关专业的培训教材。

图书在版编目（CIP）数据

汽车车载电脑使用与维修/肖永清，罗礼培主编. —北京：金盾出版社，2014.1
ISBN 978-7-5082-8803-1
Ⅰ. ①汽… Ⅱ. ①肖…②罗… Ⅲ. ①汽车—计算机控制系统—使用方法 ②汽车—计算机控制系统—维修 Ⅳ. ①U463. 6 ②U472. 41

中国版本图书馆 CIP 数据核字（2013）第 222729 号

金盾出版社出版、总发行
北京太平路 5 号（地铁万寿路站往南）
邮政编码：100036 电话：68214039 83219215
传真：68276683 网址：www.jdcbs.cn
封面印刷：北京精美彩色印刷有限公司
正文印刷：北京万友印刷有限公司
装订：北京万友印刷有限公司
各地新华书店经销
开本：705×1000 1/16 印张：13 字数：291 千字
2014 年 1 月第 1 版第 1 次印刷
印数：1～4 000 册 定价：33.00 元

前　　言

现代汽车电子技术是汽车技术与电子技术相结合的产物，自20世纪70年代电脑在汽车上应用后，汽车工业发生了划时代的变化。特别是近10年来，随着数字技术突飞猛进的发展，为迎合市场和客户的需求，以及能源和环保的因素，世界各大汽车公司纷纷将当今电子技术的最新成果应用在汽车上，使汽车电子化程度越来越高。现代汽车技术中越来越多地融入了车载电脑技术，明显地提高了汽车的操控水平，特别是车载多媒体，已经成为汽车不可或缺的组成部分。可以说，今天的汽车已进入了电脑操控时代。

汽车车载电脑（又称车载信息系统）在采用嵌入式硬件平台和嵌入式操作系统的基础上，为人们提供了多种与汽车信息化相关的功能，包括多媒体信息系统、GPS定位导航系统、无线上网、汽车故障检测等。它能够满足通信、娱乐、定位、导航、报警、故障检测等多种需求，可以用于个人娱乐、移动办公、公共应急指挥、运输调度、安全监控等领域。在未来的5～10年中，全球智能车载电脑产品的销售将保持高速增长，中国汽车电子消费市场也会随之走强，汽车、电子信息两大产业已形成庞大规模，二者强势互动、相互融合、共同发展。智能车载电脑的应用市场在我国已形成一个巨大的产业需求，其产业化发展即将驶入快车道。

车载信息技术将汽车电子技术带进了一个新领域，同时也给其使用及故障检测诊断增加了难度。当网络系统出现故障时，大都很难直接找出具体的故障点，只有通过对整体运行数据进行分析，才可能看出端倪。车载电脑在汽车上的应用，彻底改变了汽车维修技术的现状，对传统汽车维修技术中故障分析方法提出了严峻的挑战，由此，对汽车驾修人员也提出了新的要求。为满足广大读者需求，特编写本书。

汽车车载电脑的结构复杂，内容繁多，本书共分五章，主要包括汽车车载电脑系统的基础知识、使用性能、应用。本书既注重了先进性和系统性，又突出了针对性和实用性。内容是以私人用车、养车、修车的车主为主要读者对象的通俗读物，适合用作汽车驾驶、维修及技术管理人员的学习参考资料，也可作为职业院校相关专业的培训教材。

参与本书编写和提供帮助的有杨忠敏、燕来荣、肖军、陆刚、钟晓俊、刘波、程家早、朱俊、陆文、谢红英、燕烈恺、李婷、刘道春、朱则刚等；本书在编写过程中参考了大量文献资料，借鉴了部分数据和图表，在此向原书作者表示衷心感谢。

由于作者水平和掌握资料有限，书中疏漏在所难免，欢迎专家和读者批评指正。

作　者

前言

目　　录

第一章　汽车车载电脑概述

一、车载电脑的发展商机和趋势

1. 车载电脑的功能

车载电脑（CarPC）就是在车上加装人车共用的电脑。车载电脑如图 1-1 所示，与影音导航一体化产品对比，车载电脑不仅仅是各种汽车电子产品的捆扎，而是能够实现各种功能的无限扩张，如 GPS 导航功能，可以随意更换电子地图，电子地图的升级也可通过网络自动完成。电影、歌曲直接可以通过网络下载并进行播放。各种功能取长补短，比原本的作用更进一步。可以说，目前车载电脑的功能已经足够满足影音爱好者的需求。因此，对车载多媒体的要求是集多种功能于一身，在有限的空间里为用户提供各种优越的使用性能，以满足用户的多种需求。

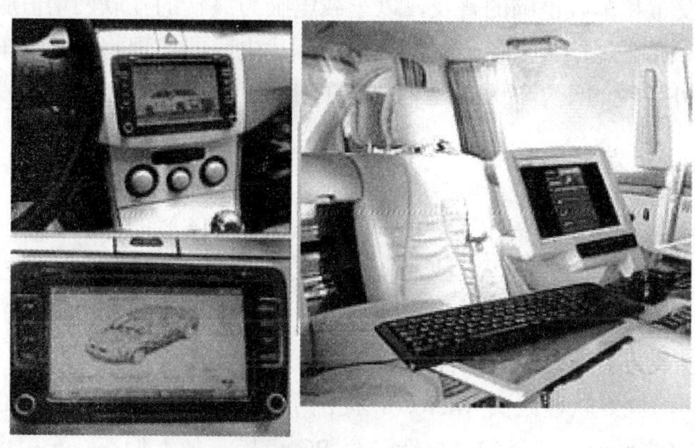

图 1-1　车载电脑

汽车电子产品电脑集成化代表着未来汽车电子技术和产品发展的主流方向。车载电脑作为汽车电子产品的集成化产品，可囊括绝大多数汽车电子产品的功能。基于车载电脑平台，每辆汽车可构建成一个完美的车载信息与娱乐系统终端，可全面整合车载通信系统、导航监控系统、数字娱乐系统、辅助驾驶系统、驾驶员状态分析系统、车辆驾驶环境检测系统等。车内驾乘人员可轻松实现文件处理、无线上网、GPS 导航、影音播放、数字移动电视接收、行车信息浏览、远程监控、自动倒车后视、驾驶员状态监视、驾驶环境监视等功能。安装一部车载电脑，可以让驾驶者享受到近乎所有汽车电子产品的功能。

近年来，一直有汽车发烧友尝试将台式电脑放在汽车上使用，但由于车上恶劣的应用环境，如高温、振动、电磁波干扰、供电等问题，电脑难以正常使用，且寿命很短。进入21世纪，电脑已经成为了人们工作生活中不可缺少的伙伴。时代的发展让人越来越依赖于汽车，越来越离不开电脑。当您为爱车配备车载电脑时，它将为您带来超值的性价比享受，使您和您的爱车与众不同，独具时代感。目前宝马、奥迪等顶级车型都配备了类似的智能车载系统，其功能包括车载全能多媒体娱乐系统、最清晰详尽的GPS卫星导航、对汽车信息和故障专业诊断系统、移动性的办公与行业应用系统等。

欧美一些国家和亚洲的日本等汽车大国早在20世纪90年代就相继完成了汽车电脑自动控制、监测报警、导航等领域的开发与实践，如美国的通用、福特公司，日本的丰田、三菱等公司，相关技术、产品陆续也进入我国，但仅局限于个体功能和专业汽车领域。车载电脑一般由电脑主板模块、黑匣子无线接收装置、故障监测系统、音箱液晶显示器、扩充接口、防振磁盘模块光驱等组成。从国际各大汽车品牌概念车设计来看，车载电脑必将成为未来汽车的标准配置之一。我国随着3G标准的发布以及汽车电子工业的发展，车载电脑将会得到广泛应用。而且随着工业化水平的提升，车载电脑将更趋于实用、美观和安全，尤其是在强化汽车主动安全性方面，车载电脑具有很大的潜力。

从车载电脑产品本身的形态来看，双定（2DIN）规格是车载电脑发展的终极形态，能够适合绝大部分主流车型。世界各国的部分高科技企业都在积极开发双定车载电脑。随着我国3G标准的发布和车载电脑的普及，以车载电脑为终端的互联网增值服务亦将出现，这必将带动相关软件业、广告业等产业的发展。车载电脑的出现将引发汽车后市场的巨大变化，成为国内外敏锐的汽车开发制造商推崇的新卖点。

2. 车载电脑的发展变迁

20世纪90年代初，国外提出了智能交通系统（即ITS）的概念，智能车辆（IV）是智能交通系统的重要组成部分。IV技术包含了计算机、移动通信、自动控制等使车辆更具舒适性、娱乐性、安全性、方便性的多项技术，而基于个人计算机（PC）平台的汽车信息化是实现IV技术的基础和必要条件。

早在1998年，世界软件巨头Microsoft提出了AutoPC的概念，并潜心致力于开发和搭建AutoPC的软件平台，其目的是再造一个PC市场，使人们在汽车中也能使用平时在家和公司使用的Web服务，从而实现建立汽车信息网络的“Connected Car”的构思。1998年，歌乐（Clarion）公司就与Microsoft公司合作，利用Windows操作系统开发出世界上第一台车载电脑系统“歌乐PC”，综合运用了汽车音响、计算机技术、导航技术及自动语音识别技术，将汽车带入一个音响、视像与通信三结合的信息网络空间。

1999年8月，美国通用汽车公司提出了“网络汽车”的概念，其特点是司机坐在舒适的座椅上就可以通过声音上网。为将网络汽车推向市场，通用公司向开发出Java编程语言及相关操作环境的Sun公司求助。在一次新闻发布会上，Sun公司首席执行官斯科特·麦克尼利称，“自己经常把汽车说成是一种带轮胎的Java浏览器”。这让多位来自底特律的汽车公司主管人员大吃一惊。随后“智能化汽车”、“IT化汽车”等概念也应运而生。

2000 年 7 月 31 日，福特汽车公司与高通（Qualcomm）公司合作，宣布共同组建一家新公司来开发和提供无线移动通信和信息服务，将语言、娱乐、互联网和安全性服务带入轿车和皮卡，并开发了一款与众不同的汽车，取名“247”，该车采用先进的电子技术，驾车者可用声控发出指令，利用先进的通信与远程数据传送技术，随时可以上网收发电子邮件，查看实时路况信息。

2002 年 1 月初，日本先锋和索尼等公司分别展示了可实用化的车载硬盘，存储容量均为 10GB，并于 2002 年批量生产。因为车载电脑与家用电脑的环境要求完全不一样，它要耐振动和耐高温，所以，硬盘技术的突破预示着车载电脑的应用将会广泛开展。

2002 年秋天，丰田公司与 Microsoft 公司签署一项协定，在丰田汽车上安装带有 Windows CE 操作系统的车载电脑，来为顾客提供“G-BOOK”车载网络服务。有了这一项网络服务，驾车人可以在车上下载音乐、网上购物、选择最佳行驶路线以及请求公路救援等。

除了丰田公司以外，当时还有 4 家汽车生产厂家计划在 12 种车型上安装使用 Windows CE 操作系统的车载电脑。而宝马公司在 2002 年 9 月就推出了带有 Windows CE 的新型车。通用、大众、萨伯、奥迪等公司使用的车载电脑系统是“Onstar”。另外，克莱斯勒公司也推出了自己的车载电脑系统。本田公司则在 2002 年夏天推出了声控车载电脑 Internavi，并在同年秋天推出的雅阁 Sedan 车上配备这一系统。与丰田公司的电脑系统不同，Internavi 需要一台移动电话才能工作。驾车人可以得到关于天气、路况和车辆情况的信息，并能够收发电子邮件。

2002 年，美国 Intel 公司决定批量生产车载电脑。2001 年，该公司就已和 Microsoft、QNX 软件系统公司、WindRiver 系统公司、IBM 公司、Fonix 公司，以及 Lernout＆Hauspie 公司达成了协议，共同推动车载电脑系统的发展。当时 Intel 表示，基于其微处理器的车载电脑最早可以在 2002 年下半年投放市场，这些车载电脑使用 Intel 生产的 StrongARM（随后是 Xscale）微处理器，以及用于语音的用户界面。

汽车行业的激烈竞争，使众多厂家通过推出新车型，提高配置、服务质量和整车的性价比来提升竞争力。随着电子技术的发展，ARM（英国的一家微处理器企业）公司的结构电脑面世，由于其低功耗、低成本、高稳定性等特点，被厂商制造成多种车载电子产品，如多功能 DVD 播放机、GPS 导航仪等，基本上满足汽车的使用要求，这些产品本质上都是一台 ARM 结构的专项功能的电脑。但由于 ARM 结构电脑的处理能力、性能受到限制（RISC 指令集的电脑不能同时处理多个任务），与我们平常使用的电脑有很大的差距。在不配备 3G 网络的情况下，车载电脑主要为司机专门服务，这与真正的车载电脑还是有一定的差距，Intel 公司推出低功耗的 ATOM 系列 CPU 后，由于 ATOM 的低功耗、高稳定性、支持超线程等特点，电脑厂商根据汽车使用的特点，结合专门针对汽车应用的线路设计和机构设计，真正能在汽车上使用的电脑应运而生。当下，车载电脑已经逐渐成为欧、美、日等市场的汽车首选装备，它相比我国流行的 GPS+DVD 智能化程度更高。试想一下，您在驾车之余，除了收听音乐，收看电影之外，还可以通过电脑了解目前爱车的状况，什么时候应该去 4S 店保养，了解目的地的天气状况、实时路况，让副驾随时随地上网购物，发布旅途博客……这一切，都是通过车载电脑和3G网络实现的全新汽车生活。

时下，车载电脑的发展已经到了一个非常关键的时期，许多技术有待于突破。也许在将来的某一天，当你驾驶汽车行驶在郊外无人的公路上时，汽车就会告诉你什么时候加油，距离最近的维修中心在哪里。车载电脑是在汽车业的不断更新发展中，为适应未来这一领域的发展趋势研发而成的一个高新科技产品。在满足人们对于车上需求的同时，也进一步提升了汽车的品位和档次。

3. 车载电脑将发展成为汽车配置的主流

车载电脑装置是汽车智能化后PC时代IT产业的产物。国内的车载电脑生产厂家在研发过程中，一方面注重吸取国外先进技术，另一方面利用自身技术资源开发出自有知识产权的功能和模块，加强了电子硬盘封闭散热系统、电子硬盘阻尼防振系统、电子地图设计及应用系统、卫星定位导航系统、汽车传感技术、汽车故障解码编译系统、汽车车况自动检测系统、汽车运行数据记录系统（俗称黑匣子系统）等高新技术的研究，实现了汽车实时处理的全面智能化、模块化、易移植性等。车载电脑系统采用标准微机体系结构进行设计，是集计算机多媒体技术、数据库技术、卫星定位技术、传感技术于一体的高科技产品，很快得到国内、国际行业内专家和相关部门的关注。

目前我国的车载电脑具有功能集成全面、硬件平台稳定、环境适应强等特点，整体设计超过国家工业控制用机标准并达到欧洲标准，采用高可靠、抗干扰能力强的器件制造，新颖的设计在体积、安装、防污染、抗振动、维修等方面都进行了周密细致的考虑，开创了汽车自动化控制和移动办公相结合的先例。随着技术和市场的成熟，其卫星定位导航、故障监测等功能，将推广到其他可移动交通工具上。系统可投入使用的功能包括移动办公系统、电视电话会议显示系统、卫星定位系统、电子地图导航系统、防盗报警系统、故障实时记录检测系统（黑匣子）、卡拉OK点唱系统等。这些功能可根据不同的汽车类型和用户需求进行组合选配，以满足各种汽车产品和驾驶员的需求，同时系统为未来新的科技发展预留了集成空间。

目前车载电脑有DIY机和品牌机两种类型。DIY车载电脑如图1-2所示，DIY机就是组装机，品牌机是一部完整的机器，两者在市场中各有千秋。现在不少年轻的车主把车载电脑当作个性化用品。据了解，目前已经有不少大型的汽车电子生产厂家开始研发延伸至移动办公功能的新产品，品牌厂家介入信息技术，引领了汽车电子行业的最新发展趋向，智能行车与车上移动办公相结合，正代表汽车电子产品未来发展的趋势。

图1-2 DIY车载电脑

4. 车载电脑产业广阔的市场前景

车载电脑的优势明显，有着广阔的前景，但在实现这个前景之前有个漫长的过程。制约车载电脑发展的首要因素是技术，汽车需要在不同的道路和气候条件下行驶。车载电脑的工作环境较差，需要承受经常性的振动以及温度和湿度的剧烈变化，还要承受电源电压较大变幅的冲击和车内外各种电磁波的干扰，因此，车载电脑需要有很高的可靠性和对环境的适用性和耐久性。加上车载电脑需要与原车各系统整合，所以车载电脑所要求的成熟技术非常复杂。这种成熟技术还没有任何国家、任何机构能完全掌握。除技术因素外，车载电脑涉及的知识产权问题和社会法律问题较为复杂，这也是目前制约车载电脑规模化发展的一个主要因素。

功能强大无疑是车载电脑的重大卖点。它未来的最重要发展方向应是构建智能行车系统。目前车载电脑已能够实现移动办公功能，而其在未来最为核心的发展点是与行车系统的数据库连接，形成智能行车系统。目前我国交通管理部门已经提出实现智能交通的目标，车载电脑与智能行车系统(ITS)遥相呼应，为车载电脑的发展提供了良好的契机和环境。

从发展趋势来看，车载电脑必将在汽车电子市场掀起一次重大变革，它终将会替代现有的汽车电子产品。车载电脑已经开始了新征程，首先在国内汽车后市场中引起了升温。根据研究机构预测，在未来的5～10年中，全球的智能车载信息系统产品的销售量将保持高速增长。预测到2015年，欧美和日本的销量为8900万台。调查报告表明，我国在这方面的消费额将占全球的10%。

以智能车载信息系统为代表的车载电脑平台（中央计算系统）涉及计算机、汽车电子、通信协议、无线传递、GIS/GPS等技术，产品开发难度大，目前全球在这一领域的研究才刚刚起步。以传统的汽车电子企业为例，由于其不具备跨行业和多技术领域的储备和研发能力，加之传统汽车电子产品的产品惯性和重复投资等因素，一些大的传统汽车电子企业均还未涉足此领域。

车载电脑是一个正在快速成长的新兴市场，特别在车载物流管理领域，车载电脑无疑将会成为一种趋势，原因在于商用与公用车辆(卡车、拖车、警车、消防车、救护车、矿车、油罐车等)都需要高效率的车队管理，以使车队派遣合理达到更好的节能与效率提升。但与此同时，车载电脑市场也蕴含相当风险，主要基于在价值链中不同的角色定位而有所不同。但不同的定位都关系着一些相同的问题，如如何设计制造出高稳定度的车载电脑等。要设计制造出真正适合在车上环境使用的电脑必须要考虑到高度不稳定的车用蓄电池电源、振动问题、冲击问题、宽广工作温度问题、宽广保存温度问题，以及高集成、实时操作系统等。

发展智能交通（ITS）已经列入我国“十二五”综合交通体系发展规划，国家汽车计算平台工程项目在国家有关部门的主持下正在全面展开。因此，智能车载信息系统的应用市场在我国已形成一个巨大的产业需求，其产业化发展即将驶入快车道。随着汽车工业与电子工业的不断发展，在现代汽车上，电子技术的应用越来越广泛，汽车电子化的程度也越来越高。

二、车载电脑技术引领现代汽车的新时尚

1．现代汽车是一个信息化网络平台

到目前为止，计算机网络定义尚不统一，但较多的观点认为计算机网络是指分布于各

处的多个计算机在物理上互相连接，按照网络协议相互通信，以共享硬件、软件和资料等资源为目的的计算机系统。上述定义强调计算机网络是在协议控制下，由通信系统实现物理上互相连接，达到共享资源的目的，所以，有的人也称计算机网络为计算机通信网。数据总线技术(CAN-BUS)在汽车内的引入是汽车电子技术发展的一个里程碑。现在，控制器局域网络总线技术已经成为判断一部汽车是否“数字化”的一个重要标志。

近年来，全世界对汽车的外观设计、安全设计、人机工程设计等都提出了更高的要求，对加强汽车电子控制技术的要求日渐增长，但在电控装置 ECU(汽车微机控制系统)增加的同时，电气配线和各种信号配线也愈来愈多，许多汽车的线束质量和线束直径已分别达到甚至超过了 40kg 和 12cm，车内电线总长度可能超过 8km。由于导线太多，严重地干扰了汽车零部件的设计、布局和制造。另外，对汽车的维修也带来许多不便，反过来制约了电子控制技术在汽车上的广泛应用。在这种情况下，将计算机网络设计中的多路复用通信技术应用到汽车中，即汽车的微机网络开发和应用，使几个 ECU 中的各种数据进行交换，从而促成对汽车性能的精确、高速控制和减少配线。针对汽车运行、安全和经济性能的改善，将电子燃油喷射、防抱死制动系统和悬架系统 ECU 等进行综合控制，包括连接到通信集成电路总线上的多个 ECU 的接口，是汽车网络设计的关键技术。在互联网日益普及的今天，这种新型的通信技术理所当然地要进入汽车领域。车载电脑控制网络系统如图 1-3 所示。

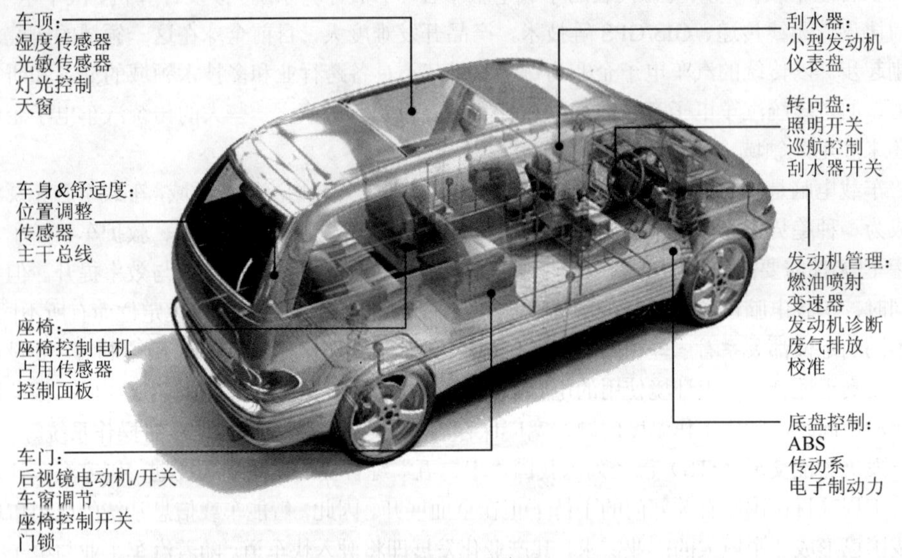

图 1-3 车载电脑控制网络系统

车载电脑网络的发展可分为三个阶段，即具有通信功能的单机系统、具有通信功能的多机系统以及计算机网络系统。计算机网络的用途是非常广泛的，对社会的影响也是巨大的。它的建立为信息和资源共享开辟了道路，形成了新型的“网络信息服务”工业。例如，提供远程商品购置、新闻需求、电子邮政、远程医疗诊所、远程教育和训练以及电子金融等各种服务。

2. 车载电脑网络技术的快速发展

20世纪，计算机局域网技术达到实用化，这为汽车网络技术的发展提供了成熟的技术样板。汽车网络技术中的设计目标，网络拓扑结构以及通信协议等都与计算机网络技术有许多相似之处，同时集成电路技术和功率驱动器件的发展也推动了汽车网络技术的进步，丰富的硬件资源为工程师设计网络系统提供了方便。

（1）汽车内部网络的特点　比较高级的汽车上装有几十个微机控制器和上百个传感器。这就给汽车进行网络应用提供了条件，而且解决了汽车一直存在的集中控制和分散控制的矛盾。集中控制和分散控制的最大问题是可靠性问题，如完全集中控制，一旦微机出现故障就会导致全车瘫痪；而采用网络技术后，不但共用所有传感器，还可以共用其他设备，如进行了环形网控制，即使几十个微机中的个别微机出现问题，整车还可以正常运行。所以网络在汽车应用中不但增加了许多功能，而且还大大增加了汽车使用的可靠性。这也是汽车控制中需要解决的最重要的问题之一。

汽车内部网络除具有一般网络优点外，还应具有以下特点：

① 组成结构的灵活性。针对不同的汽车电子设备配置，无需对整个系统进行重新设计就可以使用，而且扩展容易。

② 系统构成的方便性。本系统所用软硬件均是普遍流行的器件，设计人员易于进行开发和升级。

③ 信息资料的一致性。所有子系统均使用统一资料，不仅减少了传感器的使用，而且还由于资料的统一性提高了子系统的控制精度，解除了子系统采集、转换资料所带来的负担，提高了工作效率。

④ 功能拓展的便捷性。由于大量资料的交换流通，使在不增加硬件的情况下提高、扩充子系统的功能成为现实。由于所需传感器、导线束及接插件的减少，导致生产成本降低和安装工作减轻。使车载电子设备的自诊断成为现实。

（2）汽车外部网络的特点　汽车外部网络系统是一种无线的网络结构。通过它，人们在驾驶汽车时就可以像在家里一样完成所有网络操作。目前不少公司在进行这方面的研究工作，如IBM公司和摩托罗拉公司已合作开发车用无线Internet技术。这项技术将使驾驶员和乘客能够在车上发送电子邮件以及从事网上各种活动，如电子商务和网上购物、查看股市行情和天气预报等。另外Microsoft公司新推出了专门为“车上网”设计的Auto PC软件。通用公司不但开发了“车上网”系统，而且还装有车载办公自动化系统。由于该系统采用了超高速光纤串行数据通道，因此，具有多路的数字式影音能力，可以有效地调控多信道大容量的输入、输出信号，如用CD、DVD、显示器和该系统交换信息。

汽车局域网技术要实现高、中档轿车普及应用，首先就要降低网络的造价。为此，众多汽车公司和电子制造厂家都开发了各自的普及型产品，如日本丰田公司开发了根据SAE J1850为标准的脉宽调制(PWM)编码通信协议及相应的两种集成电路产品，德国BOSCH公司为奔驰公司开发的CAN协议产品等。

丰田公司在车载电脑 LAN 网络中用一根带屏蔽的双绞线电缆作为通信总线，通信总线设计成环形网络结构，将 5 个汽车微机控制系统（ECU）当作节点与其相连接。ECU 中的发动机转速、汽车车速等数据都经由环形总线进行传输。将通信控制和驱动器及接收器 IC 开发作为汽车多路复用通信的核心控制块，由其构成的 LAN 对汽车的操纵性、抑制无线电噪声及减少汽车配线（线束）等方面较传统的电子控制系统要进步很多。

（3）车载电脑 LIN 的应用 车载电脑 LIN 在汽车上的典型应用领域如图 1-4 所示。

LAN 是微机网络中的一种类型，如按 SAE-J1850-PWM 编码的丰田皇冠汽车，其信号传输速率只达 41.6kbps，属中、低速网络系统。随着电子信息系统特别是视频技术引入到汽车设计中，车载电脑网络通信要求具有更高的传输速率。CAN 总线协议的 ISO 11898 国际标准中定义以 125kb/s 位速率来区别高速与中、低速网。由德国 BOSCH 公司和奔驰公司开发的 CAN 协议是 LAN 中高速网络协议之一。CAN 允许 40m 总线长度的数据传输速率可以达 1Mb/s，它实际上已成为最有代表性的汽车高速网络协议。

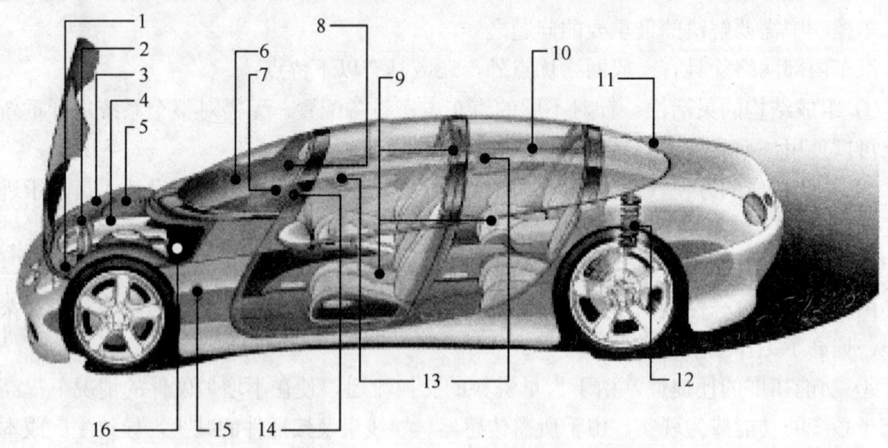

图 1-4 LIN 在汽车上的典型应用领域

1．车灯控制 2．电池监测 3．制动器 4．转身灯 5．光线感应器 6．显示控制 7．温度控制 8．音频控制 9．座位感应 10．顶灯 11．车厢灯 12．胎压监测 13．电动窗 14．车镜控制 15．外部温度感应 16．温度感应

目前 CAN 芯片的制造厂商有 Intel、摩托罗拉、NEC、飞利浦、西门子和美国国家半导体等公司，在市场上很容易购到，因此，CAN 技术被广泛应用在汽车、飞机、轮船以及工业控制等领域。针对于汽车灯光、刮水器、电动窗、后视镜、中央门锁、加热设备、通风设备、空调及其他低速数据的通信系统，沃维克大学先进技术中心与飞利浦公司通过对 CAN 技术的改进和发展，共同开发了串行链路输入、输出控制器区域网（SLIO CAN），它能以低成本的造价满足低速车身控制系统的应用。

3．车载电脑网络信息技术的发展趋势

目前，车载电脑网络信息技术已经历了研究和开发阶段，各大汽车公司纷纷推出自己

的网络技术协议和相应的硬件产品。从目前的情况来看，世界各大汽车公司的车身网络控制和动力系统网络控制的技术平台均已基本建立，在新推出的车型中，已全面采用网络控制技术。

（1）线控概念是新的汽车工程概念 目前已有使用线控系统的概念车出现。该技术极大地改善了汽车的可操纵性、安全性及总体结构，汽车设计的灵活度也大大增加，使用这种技术使汽车的操纵系统、制动系统及其他辅助系统能够通过电子方式进行控制。也就是说，像转向盘、踏板连杆、变速杆等刚性传动部件将会消失，取而代之的将是利用网络控制的各种传感器、控制器和电液式电动执行器组成的线控系统。线控技术必将促进高速、实时、容错的网络通信技术的发展。

（2）车载电脑智能化 例如自主泊车系统、疲劳监视系统 、碰撞分析系统、安全报警系统、语音识别系统等。

（3）车载电脑信息化 例如移动信息平台，包括网上聊天、浏览信息、网络游戏、图片下载、移动办公、电子商务、股市行情等。车载电脑的出现给汽车行业带来了一场信息化的革命，让每辆汽车都能构建成一个完美的车载信息与娱乐系统终端。作为集娱乐、车况、通信为一体的微电脑结构的汽车产品，除其智能化和易用性要求较高外还必须节能，极大限度地满足了人们对车载电脑多样化的需求。

（4）远程车辆诊断系统 Internet 随着全球信息化进程的推进得到了飞速的发展，这就为汽车维修行业间的资源共享、信息交流提供了快捷和自由的途径，也使建立一个利用计算机网络通信来处理开放性的汽车远程故障诊断系统成为可能。远程故障诊断系统作为一个复杂的跨学科系统，涉及众多研究领域，一直被各国科研人员重视，并投入大量资金开展基础理论和应用产品方面的研究。近年来，随着各种配套技术的逐步完善，远程故障诊断在许多领域得到广泛应用。

如何及时处理发生故障的车辆，以及对车辆故障位置的准确定位一直是汽车修理过程中的难题，远程故障诊断系统的应用使这一难题逐步得到解决。车辆发生故障的情况下，车载的多种传感器采集车内的多种信息，为远程车辆监控提供丰富的数据资料；通过3G通信网络可以准确确定车辆所处的位置，以及通过故障信息来初步确定故障产生的位置。车辆维修人员和后台专家通过计算机网络和数据库，确定最佳的故障解决方案，从而能够迅速修复车辆的故障。远程故障诊断系统的信息存储模块，可以为车辆故障提供科学依据，同时对车辆设计提供有益的借鉴。

微电子技术的飞速发展为车载电脑的发展提供了巨大的推动力。伴随着汽车网络协议的标准化进程，车载电脑网络化将能更有效地提高汽车电器的总成装配效率，提升汽车的售后服务水平，简化故障诊断和维修操作。汽车网与 Internet 携手共进，通过发展电感遥测及高速信息网等技术，相信未来的车载电脑网络将会成为汽车科技高速发展强有力的一支推进器。

三、车载电脑的多媒体和车辆监控预警新技术

1. 车载 CMMB 移动多媒体

时下，移动多媒体广播电视在汽车制造领域的创新应用已经不再是梦想，包括东风汽车、上汽、一汽在内的中国三大汽车集团已全部与中广传播正式展开移动多媒体广播电视技术 CMMB 的全面合作与应用，这代表着未来车载信息娱乐系统的发展趋势。移动多媒体广播电视具有覆盖广、传输快、质量高、可移动、服务多等特点，可以满足移动人群接收广播电视节目的需求，填补了广播电视对移动人群覆盖和服务的空白。移动多媒体广播电视是潜力巨大的新兴文化产业，要加快发展移动多媒体等新兴文化产业，并推动文化产业与其他相关产业融合发展。

中国移动多媒体广播（CMMB）是我国自主创新、具有自主知识产权的移动多媒体广播电视技术，从 2008 年北京奥运会前正式播出以来，已经完成了全国 320 个地级以上城市的网络覆盖，建成了全球最大的移动多媒体广播电视网络。CMMB 技术标准作为一个开放的技术和产业平台，从芯片制造到发射设备和接收终端，已经形成了一条完整的工业生态产业链。在 CMMB 接收终端方面，当前市场已经推出了众多成熟稳定的支持 CMMB 的个人终端产品，同时 CMMB 正在向一些专业领域进行扩展和推广应用。在汽车领域，提供不同车型和方案的 CMMB 车载接收终端正在兴起和应用，汽车与 CMMB 的结合已经成为整个 CMMB 产业一个新的业务增长点。部分终端厂家已经推出了多种形式的适合汽车安装的 CMMB 终端产品和模块。

CMMB 是我国自主研发的第一套面向 7 英寸以下小屏幕移动终端，并提供高质量广播电视节目和信息服务的技术系统。目前中广传播已建成全球最大的移动多媒体广播电视网络，覆盖全国 320 个地级以上城市，覆盖人口超过 8 亿。CMMB 一个非常显著的特点就是支持移动状态下收看电视，如在 300km/h 的磁悬浮列车上，可以正常收看电视。正是因为能够极好地解决移动终端信号流畅问题，CMMB 才能为智能汽车的发展找到新的技术支撑力。中广传播与汽车厂家的合作以车载导航系统和后排头枕显示器为终端载体，集成 CMMB 功能，实现导航、看电视、听广播一机多用。不仅如此，中广传播还将为一汽集团不同款式和型号车辆提供专线广播服务，车主将享受到车辆保养信息、实时路况查询、紧急广播信息等几十种专享服务。

先进的车载 CMMB 系统已经迈入了一个新的科技时代，面对日趋激烈的市场竞争和越来越挑剔的用户，汽车制造商和汽车零部件供应商一直在努力创新——具有更新的高科技含量和更好用户体验功能的系统集成化产品。目前的车载信息娱乐系统已从原先卡带式收音机或空调控制器的简单系统，发展到集蓝牙免提电话、GPS 车辆卫星导航、互联网服务、安防辅助驾驶、远程故障诊断、播放多种主流媒体格式的前后座影音的强大系统。无

论是高端产品，还是中低端产品，系统集成化程度越来越强，功能种类越来越多。车载CMMB系统向着集成化、智能化、全图形化车载信息系统平台的方向发展。GPS车辆卫星导航如图1-5所示。

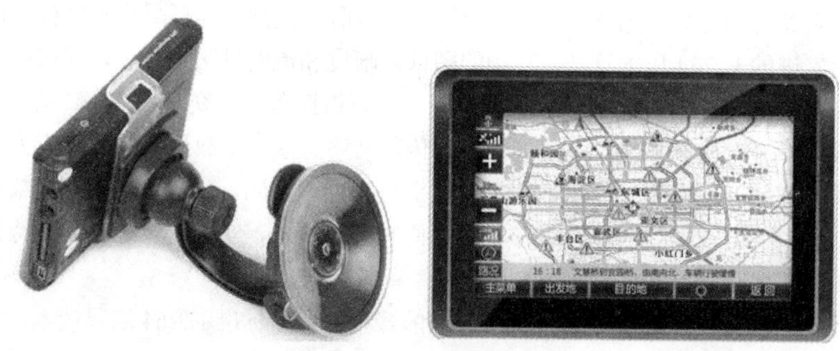

图1-5　GPS车载卫星导航

目前车载移动电视在欧洲和南美应用很广，DVB-T和ISDB-T是目前全球最成功的两个移动电视标准。车载数字网络电视如图1-6所示。CMMB终端技术的发展路线和方向主要体现在对各种数据增值业务、互动业务的支持和终端实现。技术标准、规范和试验验证工作是业务前期的准备阶段，技术的最终实现要通过实际业务的应用来完成，包括在不同应用场景和应用领域的实现。

图1-6　车载数字网络电视

2. 车载监控产品

随着公共交通客运事业的蓬勃发展，营运人员在营运过程中的安全、管理越来越被重视，在公交车中安装一套移动监控系统显得十分重要。公交车安装车载产品的城市主要集中在我国经济发达地区，如珠江三角洲区域、长江三角洲区域。近期，因为公共安全及行业管理规范需求等因素，我国二、三线城市公交车安装车载监控产品的需求也日渐水涨船高，再加上整套车载监控设备的技术越来越成熟，性价比越来越高，使得大部分城市的公交车上都安装了车载监控产品。

第一代无线车载监控主要采用“前端摄像机+监视器”的方式。但是这种监控设备不能满足汽运总公司对前端车辆的现场跟踪。第二代无线车载监控主要采用“DVR 硬盘录像机+3GWCDMA 卡”的方式，将硬盘录像机和 3GWCDMA 无线路由器整合在一起。但是视频传输受到 DVR 视频压缩算法的影响，在带宽有限的情况下，图像的流畅性和清晰度大大降低。虽然实现了实时观看，但是实现的效果非常差。第三代无线车载监控则采用无线视频服务器的方式。用 WCDMA 无线模块将前端视频压缩后采集到后台，由于采用了国际上先进的 H.264 压缩算法，视频的图像清晰度和流畅性大大增强，并被广泛应用于车载客运，长途客、货运，火车、路面巡警，应急指挥车、公交车、校车、运钞车等。

车载监控系统由车载终端、监控中心、传输网络组成。车载硬盘录像机成为车载监控系统的核心部分。车载硬盘录像机结合了数字视音频编解码、恶劣环境大容量数据硬盘存储、汽车电子、无线视频网传、GPS 卫星定位等先进技术，实现对客运行业、特种车辆行业以及其他相关领域行车的视音频监控。

车载监控录像机作为嵌入式硬盘录像机的一种，采用标准 H.264 编码技术，支持多路回放与远程监控功能。车载监控将视频监控、报警输出、音频监控、GPS 卫星定位、防振技术等融为一体，实现立体式移动监控。它是客运汽车的“黑匣子”，可记录行车过程中发生的一切事情。

随着我国 3G 网络建设的不断发展，无线监控成为未来车载监控市场发展的趋势之一。将单一监控升级为远距离无线监控也是“平安春运”的工作之一。无线传输还支持播放广告和娱乐节目，缓解路途中的疲惫感。网络化发展带动高清监控的普及，车载监控摄像机也将实现高清化。有了高清监控，智能分析技术如鱼得水。智能识别通过机器视觉分析技术，进行预警或行为识别，将犯罪控制在萌芽中。监控与智能分析技术相结合，还能有效防止超载现象发生。一旦车载人数超过额定人数，系统将会自动报警，并反馈给指挥中心。

3. 卫星定位车辆监控预警系统

时下，危险化学品在运输中发生事故比较常见，石化运输作为危险化学品运输，与其他物品运输相比，一旦出现事故一般多会是影响大、危害大、伤亡人数多的情况。随着城市发展和人民生活水平不断提高，对石油、天然气这样的危险化学品需求量越来越大，出事故的概率也会越来越高。不久前，我国自主研发的北斗卫星导航系统投入运行引起公众的广泛关注，北斗卫星导航系统将形成覆盖亚太大部分地区的服务功能，2020 年将覆盖全球为全世界提供免费服务，跻身全球四大卫星导航系统。卫星定位车辆监控预警系统对危险化学品运输的安全保驾护航具有十分重要的意义。

目前，对危化品运输车辆主要推行安装 GPS（全球卫星定位系统）、行车记录仪和通信设备，并实行跟踪管理，在此基础上，加入可视化管理，建立危化品运输车辆监控管理系统，使危化品运输管理工作科学化、规范化和制度化，同时须建立健全道路危化品事故应急救援体系，健全应急救援技术和信息支持系统，培养高素质的应急救援队伍，形成快速反应的应急救援机制，提高应急救援能力，最大限度地降低危化品运输事故所造成的损失。危化品运输的卫星定位车辆监控预警系统如图 1-7 所示。

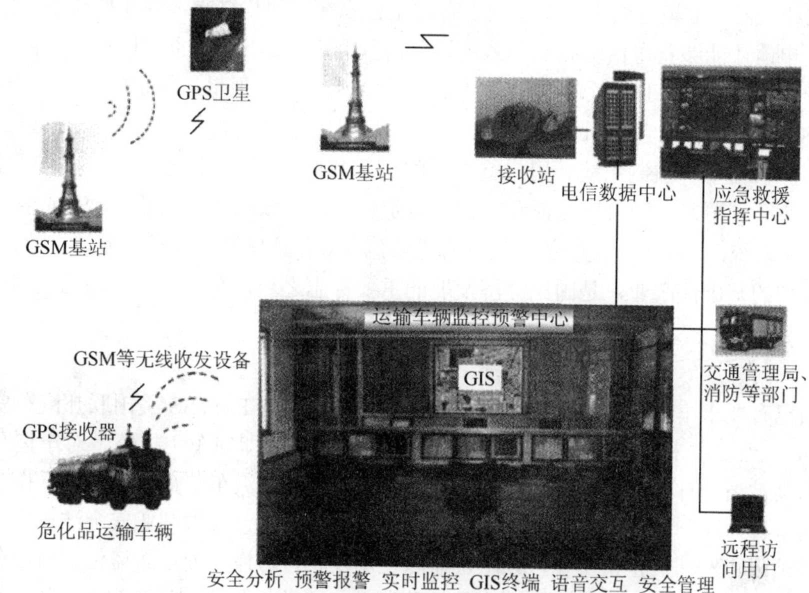

图 1-7　危化品运输的卫星定位车辆监控预警系统

卫星导航定位已成为影响国计民生的战略产业，不久前由中兴恒和能源科技有限公司为主研制的危化品运输监控指挥系统投入使用。该系统完全依托企业力量，按照市场经济规律，在充分了解和掌握危化品运输行业需求的基础上，利用我国自主研制的“北斗一号”卫星定位导航系统，开发了“危化品运输监控指挥系统”。这表明，我国自主研制的北斗卫星导航定位系统已规模化进入应用市场。我国新研发的“北斗卫星危险化学品运输监控指挥系统”应用于危化品运输领域，不仅实现了全时区运输车辆信息的实时采集与传输，在车与车之间、车与监控中心之间的信息传递和自动报警，还可以通过对比分析所采集的车辆、运品、驾驶员状态数据以及每台运输车辆所处位置的天气、路况，对车辆运行过程实时监控、主动干预和智能控制。依托该系统构建服务网络，将对危化品运输全过程和事故预警处理实现智能化监控，从而大大降低危化品车辆运输过程中潜在危险和事故危害，提高危化品运输的科学化和智能化程度。特别需要指出，与市场上其他车辆安全监控系统不同的是中国自主研发的这一系统的三大特点是对安全事故的预防，对预警车辆的有效控制，以及事故发生后实时、自动实施应急预案。

“北斗一号”卫星导航定位系统是利用地球同步卫星为用户提供快速定位、简短数字报文通信和授时服务的一种新型、全天候、区域性卫星定位系统。该系统由两颗地球同步卫星、中心控制系统、标校系统和各类用户机等部分组成，各部分通过出站链路和入站链路相连接，其定位为“三球交汇”原理，有别于 GPS、GLONASS 等系统，并且定位、通信和授时三大功能可以在同一信道中完成。此外，通过用户终端(即卫星导航定位通信机)，“北斗一号”卫星导航定位系统用户可以从运营商处获得以三大功能为基础的各种附加服务。“北斗一号”卫星导航定位系统属于有源定位系统，用户终端需要在捕获卫星信号后发送定位申请才能够获得由中心控制系统计算得到的定位结果，因此，用户机不需根据卫星信号计算定位数据，但必须向卫星发射信号。“北斗一号”卫星导航定位系统优于 GPS、GLONASS 等系统的是它在同一卫星信道中为用户提供了简短数字报文通信的功能，从而可以使用户机与中心控制系统、用户终端之间进行数据通信，“北斗一号”卫星导航定位系统服务区域覆盖全国可以保证我国在导航定位方面不依赖于美国的 GPS 或俄罗斯的 GLONASS 系统，对我国国民经济建设具有重要意义。并且导航定位已成为与交通、能源、通信等并列的基础性产业，是国民经济发展的重要标志之一，有着非常广阔的发展前景。

4. 车载远程遥控防盗报警装置

美国已有要求车辆装备防盗报警系统的法律通告。美国 FMVSS(美国联邦汽车安全标准)中规定：当车主未拔出点火钥匙，而开启车门，则会立即向车主报警。对于盗车率高发地区和高被盗车种，其车辆的保险金采取高保险率；按照汽车防盗法令，对于盗车率超过规定的车种，汽车制造公司必须对特定部件予以明显标记。澳大利亚安全法规规定：防盗装置必须阻止发动机正常工作，并阻止非法使用车辆，防盗锁处于防盗位置时，车辆既不能转向，也不能挂上前进挡，或者不能解除制动，除非拆除或破坏防盗锁装置。

国外最早的汽车门锁是机械式门锁，只是用于汽车行驶时防止车门自动打开而发生意外，只起行车安全作用，不起防盗作用。随着社会的进步、科学技术的发展和汽车保有量的不断增加，后来制造的轿车、货车车门都装上了带钥匙的门锁。这种门锁只控制一个车门，其他车门靠车内门上的门锁按钮进行开启或锁止。汽车防盗装置由初期的机械控制，发展成为电子密码、遥控呼救、信息报警阶段，早期的防盗装置主要用于控制门锁、门窗、起动器、制动器、切断供油等联锁机构，以及为防止盗贼拆卸零件而设计的专用套筒扳手。随着科技的发展，汽车防盗装置日趋严密和完善，不断推出新产品。

美国广播公司网站日前报道，美国通用汽车公司研发了一种名为“OnStar”的汽车防盗追踪系统，它能通过远程遥控，迫使失窃车辆只能以怠速行驶，从而帮助警方更快更安全地找回失车。远程遥控“OnStar”是一套复杂的汽车防盗系统。此前，通用公司已经利用“OnStar”系统在其生产的部分汽车上安装了全球追踪系统，能够帮助警方追踪失窃车辆的位置，或允许车主在紧急情况下寻求帮助。这一系统的传感器还能感知车辆发生的撞车事故。而最新升级后的“OnStar”系统将具有更高级功能。安装了升级版“OnStar”系统的汽车一旦失窃，在得到车主许可后，通用公司的技术人员可以在警方要求下，根据事先记录下的汽车发动机号码，通过手机发送信号，利用远程装置遥控汽车减速至怠速。同时，有关人员还可以通过汽车上的无线电装置与盗车者通话，警告他这辆车正在警方监控之中，车辆将在数秒钟内减速。被遥控减速的车辆制动装置和转向盘仍可正常使用。通用公司 2009 年生产的 170 万辆汽车装配了升级后的“OnStar”系统。该公司为购买安装了“OnStar”系统的汽车提供一年免费使用服务，但自购车的第二年起，车主必须有偿使用“OnStar”系统，费用为每年 199 美元。通用公司希望将这一技术出售给其他汽车生产商，大范围推广这种汽车防盗技术。

国外汽车防盗还有一种新产品，即“汽车卫兵-四轮锁定”汽车防盗器，它是集机械、液压、电子、滚动密码为一体的防盗尖端产品，破坏其中任何一个系统都无法将车开走。在电子方面采用最先进的8位数滚动密码，不可解码，只有车主才能打开。在机械液压方面，它与制动系统相连接，通过制动系统锁定四轮，拆除防盗即失去制动功能，即使切断系统所有电源，装置仍在工作。“汽车卫兵-四轮锁定”汽车防盗装置不需要电力维持，防盗控制是控制车体最关键部位车轮，车体其他任何地方都正常，但车轮不可以转动。“汽车卫兵-四轮锁定”汽车防盗装置防盗性能优越，填补了国内汽车主动防盗产品的市场空白。常见国外防盗装置在车辆上的布置如图1-8所示。

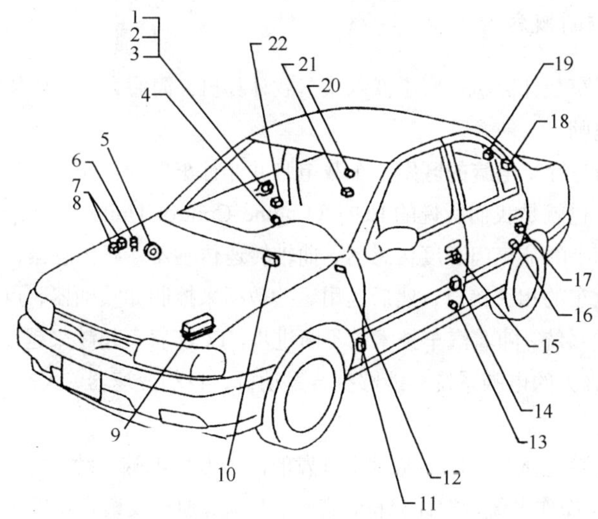

图1-8　常见国外防盗装置在车辆上的布置

1．车门开启开关　2．车门锁上开关　3．点火保护开关　4．车门开关　5．盗贼入侵报警喇叭　6．发动机盖开关　7．盗贼入侵报警继电器（1）　8．盗贼入侵报警继电器（2）　9．离合器联锁继电器（M/T）（手动变速器）　10．限制继电器（自动变速器）报警控制单元　11．盗贼入侵报警喇叭继电器　12．安全指示灯　13、16、20．车门开关　14、21、22．车门开启传感器　15．车门开启、关闭开关和点火保护开关　17．车门开启传感器　18．行李箱灯光开关　19．行李箱开启开关和点火开关键筒保护开关

我国汽车防盗技术也在迅速发展，许多机构正积极努力研制新型汽车防盗装置。例如，已研制成功的一种无线遥控汽车防盗系统，采用国际先进的电子密码技术，具有2000万个不重复的编码程序，通过遥控起到防盗、防劫作用，同时还具有遥控熄火及BP机报警等功能。随着交通公路网络的发展，又研发出一种防盗系统——CAS系统，它由报警发射、网络接收、监控中心三部分组成。监控中心对入网的车辆实行监测服务，当发生盗窃时，CAS系统能在15s内将移动目标的报警信息传给监控中心，监控中心在电子地图上准确地显示出案件发生地点、时间、移动方向及有关车辆的牌照、颜色等信息。

第二章　汽车车载电脑基础知识

一、车载电脑的功用与结构

1. 车载电脑的概念

车载电脑又名车载计算机，属于嵌入式车载计算机。简而言之，车载电脑就是在车上加装的人车共用电脑。

（1）车载电脑与行车电脑的区别　车载电脑并非行车电脑。行车电脑只负责车辆与发动机状况的监管，也就是我们所说的 ECU（Engine Control Unit）。汽车的 ECU 就像人的大脑，它通过汽车上的节气门开度传感器、曲轴转速传感器、氧传感器、水温传感器等一系列传感器采集汽车的相关信息，然后运用这些数据来控制如喷油器、点火控制器等，从而管理汽车的行驶系统。随着汽车技术的不断进步，ECU 肩负起越来越多的重担，未来的 ECU 将会是更加强大的电脑系统，能够整合发动机、自动变速器、ABS 系统、主动悬架系统等，成为全方位的电子控制系统 ECU。

车载电脑是在普通微型电脑的基础上开发的汽车专用电脑系统。它应用 Microsoft 公司著名的 Windows 操作系统，把计算机、音响、导航、通信及语音识别等功能集中为一个整体。它的体积不大，全部集中在一个标准的汽车音响所占的空间之内。由于车载电脑是一台计算机，因此，它具有多媒体计算机的特点。它除了可以进行各种运算以外，还可通过光驱进行数据交换、收发电子邮件、声音播放、导航等。车载电脑还为汽车上的各种电子控制系统的集中控制和整合优化创造了充分的条件。

（2）车载电脑的特点　车载电脑具有功能集成全面、硬件平台稳定、环境适应强等特点，整体设计超过国家工业控制用机标准并达到欧洲标准，采用高可靠、抗干扰能力强的器件制造，其设计在体积、安装、防污染、抗振动、维修等方面都进行了周密细致的考虑，开创了汽车自动化控制和移动办公相结合的先例。随着技术和市场的成熟，其卫星定位导航、故障监测等功能，将推广到其他可移动交通工具上。车载电脑系统可投入使用的功能包括 HI-FI 多媒体系统、移动办公系统、电视电话会议显示系统、GPS 卫星定位系统、电子地图导航系统、防盗报警系统、故障实时记录检查系统（黑匣子）、卡拉 OK 点唱系统等。这些功能可根据不同的汽车类型和用户需求进行组合选配，以满足各种汽车产品和驾驶员的全新需求，同时系统为未来新的科技发展预留了集成空间。车载电脑系统布置如图 2-1 所示。

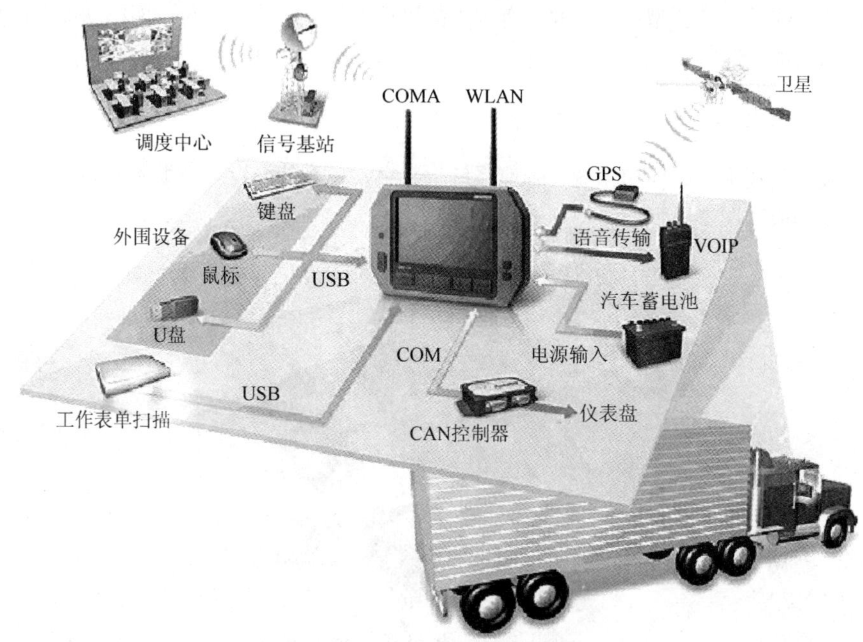

图 2-1　车载电脑系统布置

2. 车载电脑智能化的主要功能

（1）具有较为完善的娱乐功能　车载电脑将提供 AM、FM、CD、VCD/DVD 等娱乐功能，车载电脑所采用的显示屏为 TFT-LCD，其分辨率极高，其清晰度高于个人电脑所用的 LCD。

（2）具备完善 GPS 功能　有了卫星导航系统，汽车可接收交通卫星的通信资料，确定汽车所在位置，从而自动提供最优行车路线，并且显示出交通图。在没有卫星信号的地方，普通的 GPS 设备就无能为力了，然而车载电脑可以通过速度和指南针来确定汽车的位置，从而到达目的地。

（3）车载电脑内增加了汽车状况控制系统　目前高档汽车内带 CAN-BUS 技术（车载实时数据总线技术），而车载电脑利用 CAN-BUS 技术开发出各项先进的功能。它可以通过雷达系统来探测障碍物的距离，从而控制汽车的速度和通知司机前方或后方障碍物的情况，大大提高了汽车行驶的安全性。同时具有目前世界上最为先进的防盗系统。车载电脑可以随时告诉你目前汽车内各个部位现况，如汽油和润滑油的油量、油的品质，各部位的温度等情况。

车载电脑是集计算机多媒体技术、移动通信技术、GPS 技术和网络技术等高新技术于一体，面向汽车行业，功能强、体积小、可靠性高的移动电脑系统。车载电脑还具外观小巧、集成度高、兼容性强、性能完备、结构紧凑、性价比优异、工作可靠、运行稳定、使用安全、操作简便等特点。

车载电脑是一种新型产品，并具有强大的可扩展性，即导航定位、网络功能、信息指示、娱乐功能、安防功能。

3. 车载电脑的构成

车载电脑包括车载通信系统、导航系统、数字娱乐系统，以及辅助驾驶系统。车载电脑的主要构成如图 2-2 所示。

图 2-2 车载电脑的主要构成

1．音箱 2．故障监测系统 3．无线接收装置 4．黑匣子 5．主板
6．GPS 模块 7．GIS 模块 8．防振磁盘 9．扩充接口 10．液晶显示器

（1）车载电脑的主要元器件

① 参考电压调节器：提供较低的电压给电脑及传感器，参考电压值为 5V。

② 放大器：提高输入信号的电压与电流，以供电脑使用。

③ 转换器：或称调节器、接口，转换信号以供电脑或执行器使用。

④ 微处理器：IC 芯片，替电脑做计算或决定。

⑤ 存储器：IC 芯片，替微电脑储存资料。

⑥ 时钟：又称定时，IC 装置产生一定的脉冲频率，具调谐电脑的作用。

⑦ 输出驱动器：通过功率晶体管提高电流，使执行器作用。

⑧ 印制电路板：连接各零件及保持定位。

⑨ 插座：与传感器、执行器及其他电脑连接。

⑩ 外壳：金属外壳以保护各电子零件。

（2）车载电脑的控制系统 当汽车发动机起动，车载电脑控制系统就开始进行监控和行驶记录工作。汽车发动机关闭后，车载电脑控制系统进行关闭动作，车载电脑关闭系统的时间可通过软件进行调整。这样的好处是可以避免短时间停车和短时间机车装货、卸货时所造成的车载电脑系统开关机动作。可以记录下汽车定位系统所收发的信息，记录精度可达到一秒记录一次。通过 Flash＋NVSRAM 进行数据存储，这样可以帮助延长记录卡的使用周期，使用寿命达到 10 年以上。GPRS 模组支持四种频率 850、900、1800、1900，支持TCP/IP通信模式，从而能够很容易进行应用拓展。完全支持J1850PWM、J1850VPWM、KWP2000、KWP1281、ISO9141-2（CAN BUS除外）、五合一OBD2直接实时汽车诊断系统和汽车故障诊断代码。

带有时间唤醒功能或远程控制呼叫中心，使汽车的位置能够随时被监控。车载电脑设计有四组输入状态指示灯，为了特殊、指定的连接，能够用于监视汽车的状态或打开汽车车门。车载电脑还带有另外四组输出状态指示灯，为了特殊需要，这些输出功能被用于报警等。通过一组RS-232串口可进行外部通信连接，能够通过说明手册安装外部装置。车载电脑带有PWR、SAVE、GPS、GPRS、OBD2、SLEEP状态指示灯，支持输入电压为8～36V（DC），适应不同种类大小车辆。还可用于紧急事件播报（MIC）、信息呼叫传送设计。提供外部连接接口，利用外部USB存储设备进行数据传送或利用GPRS通信协议或下载数据软件。提供视频显示连接接口，或延展LVDS界面到LCD接口，播放电子地图和DVD广播等功能。板载一组K型温度监控器接口，为了侦测和观察汽车冷冻箱的温度。

车载电脑是PC的一个细分产品，以主板、电源、显示屏等为主要区别形式安装在车上，有专用的应用平台软件，是车上的多媒体信息中心。汽车在发动机、底盘、传动系统、电系统、安全与舒适等各系统的许多装置上，采用电脑控制越来越普遍。真正的车载电脑需要相对无限的拓展性，如可以连接数码照相机、手机、游戏手柄、U盘、移动硬盘、摄像机、PDA、NetMD等数码设备，并通过GPRS/CDMA 1X以及Wi-Fi等方式连接互联网。USB的发展给我们无限的想象空间。车载电脑的工作原理如图2-3所示。

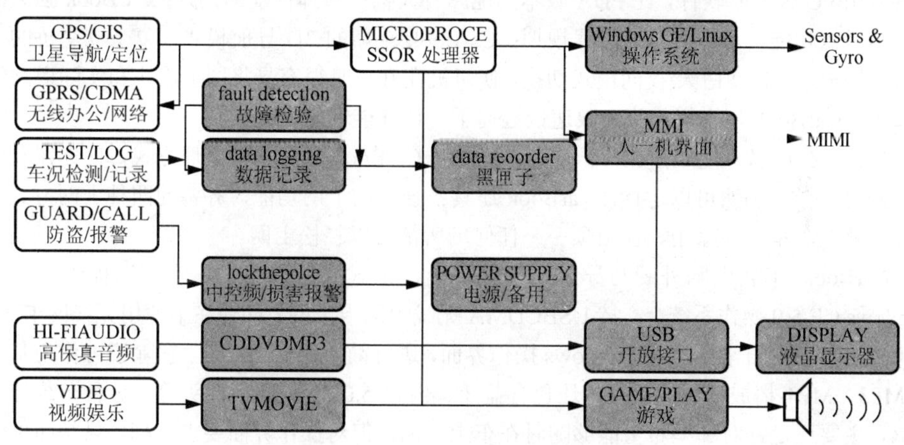

图2-3　车载电脑的工作原理

4. 车载电脑的种类及其特点

车载电脑分两大类，一类称为CarPC，是车里的固定（嵌入式）电脑；另一类称为CarBook，是车里的便携电脑。这两类产品虽同为车载电脑，但因为产品形态的局限性，所以在功能上存在着差异性。

（1）CarPC　CarPC一般采用2DIN的模式，嵌入在汽车仪表台的下方。这种固定方式，需要拆除汽车原有的车载音响系统，将电脑硬性地嵌入汽车中。由于这种硬性的固定，用户并没有得到电脑应有的的强大功能，无法解决电脑的输入、输出问题。由于车里位置的局限，加上行驶时汽车的颠簸，外置的键盘和鼠标在开车时根本无法使用。而触摸屏仅仅能够完成简单的控制操作，略微复杂一点的操作就完全不能胜任了。

头枕型车载电脑属车内固定式，采用嵌入座椅头枕的形式。它采用触摸屏，需要选择菜单时，可用手指点击控制，若想进行正常的办公室文件操作或上网浏览，可以将键盘放下，操作方式与普通的笔记本式计算机没有区别。由于产品使用的是低电压车载专用 CPU，可直接从汽车蓄电池取电，除了包括 Word、PowerPoint、Excel 等在内的 Office 全套办公软件外，还有大量常用的电脑软件可供选择。这让使用者可以在车内完成文案或稿件处理。此种电脑在不需要使用时，可以将它折叠起来。

（2）CarBook CarBook 是车里的便携电脑，采用可分离的卡座式设计，平时可以很方便地固定在汽车仪表台的上方，还可以取下拿在手里使用。安装非常方便，用户直接把 CarBook 放在仪表台上就可以，也不需要破坏原车的音响系统。由于 CarBook 内置了顶级的导航，且可以拿下来使用，因此，CarBook 车载电脑是一套完整的全车娱乐系统，可以在车内导航、看电影、上网、炒股、玩游戏，彻底改变了有车一族的车内生活。CarBook 作为车载电脑，重要的功能之一就是顶级的导航能力。CarBook 为用户提供了与传统 GPS 设备完全不同的导航体验。CarBook 采用 6.5 寸超大液晶屏，高精度分辨率，触摸屏输入，配备专用 PC 版导航软件，比 PDA 版本的地图有大幅度整体性能的提升；CarBook 强大的添加途径点功能，可配合自动路线规划；CarBook 全新的 3D 导航模式、复杂立交桥的全景放大图显示、自动白天/夜间模式切换，使司机在开车时很容易将图上路线和实际道路结合起来；CarBook 还有摄像头和限速接近提示，让你能够安全驾驶。

CarBook 可以方便地播放音乐、电影。同时 CarBook 的多功能处理方式，使你在看电影的同时，导航仍然可以运行，CarBook 还具备强大的上网功能，齐备的四种上网方式，让你能够在车里、在家中、在山顶……任何场所都可以轻松上网。

CarBook 车载电脑外观与导航仪相似，比便携式导航仪略大。它可以提供触摸式 Windows CE 5.0 操作系统，支持 USBCDMA 无线上网卡上网，即使在不使用无线网卡时，也可以进入我们日常熟悉的 Windows 操作界面，进行简单的文档操作。它除了可作为基本的 MP3、MP4 播放器、导航仪，还包含蓝牙、内置 5.0Mpixels 摄像头等。这种车载导航电脑，主要还是针对那些希望能够随时在车上上网，但对操作界面要求不高，只是简单浏览信息，而非长时间在车上进行文档处理、复杂操作的人士。它仅具有应急的使用功能，对于真正实现车上上网办公，仍然有较大的局限性。

5. 车载电脑 3G 系统的汽车网络技术

3G（3rd-gereration）是第三代移动通信技术的简称，是指支持高速数据传输的蜂窝移动通信技术，它同时传送声音通话及数据信息。天翼 3G 的网速高达 3.1Mbps，可以让用户在火车、汽车等高速的情况下使用，真正实现无时间无地点的限制。车载电脑上使用 3G

方便。天翼 3G 无线网卡可设计成一个 U 盘的形状，需要使用时插在车载电脑的 USB 接口处，即可在你的爱车中享受美好的网络生活,一键式的按钮可让你直接进入网络世界，简单、快捷、方便。

从丰田的 G-Book、通用的 OnStar，到荣威 350 的 inkaNet 等，此后又不断传出长安与中国移动、一汽与中国联通的 3G 信息化战略合作协议。毫无疑问，现在的汽车已不再是简单的行驶工具，而是改变人们生活方式的第四个终端。车载 3G 和车内 Wi-Fi 目前已成热点话题，主要车厂纷纷把它用于新款汽车之中。以前 Wi-Fi 是售后市场的配件，而现在汽车制造厂家则宣称其是关键功能。在美国，把互联网引入车内的过渡策略是由经销商以配件形式提供 Autonet Mobile 的解决方案。

（1）OEM 嵌入 Wi-Fi 随着福特汽车公司推出其下一代 Sync 车载系统，该车厂正在把它的汽车转变成 Wi-Fi 热点。客户只需要给 Sync 车载系统配上一个 USB 的 3G 上网卡，MyFord 就能够为车内用户提供 3G 宽带的 Wi-Fi 无线连接。该解决方案可以为消费者和车厂降低成本。另外，该系统也可以通过本地 Wi-Fi 热点，给车载电脑下载内容，包括地图更新、系统补丁和汽车自控系统软件修正等。MyFord 系统的电话操作界面如图 2-4 所示；MyFord 系统提供的 3D 立体卫星导航如图 2-5 所示。

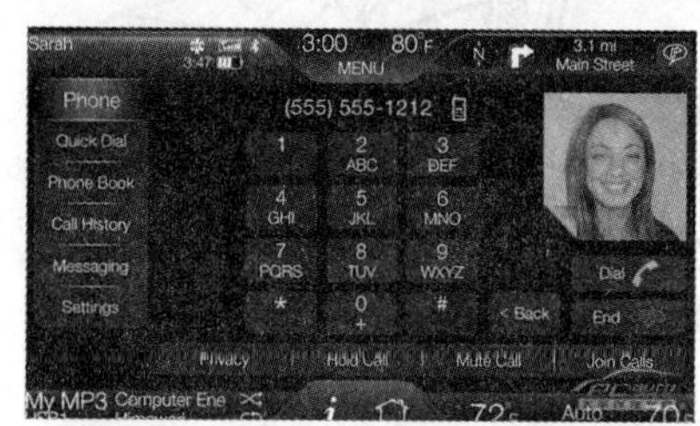

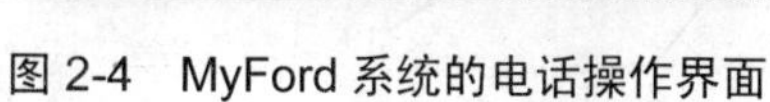
图 2-4 MyFord 系统的电话操作界面

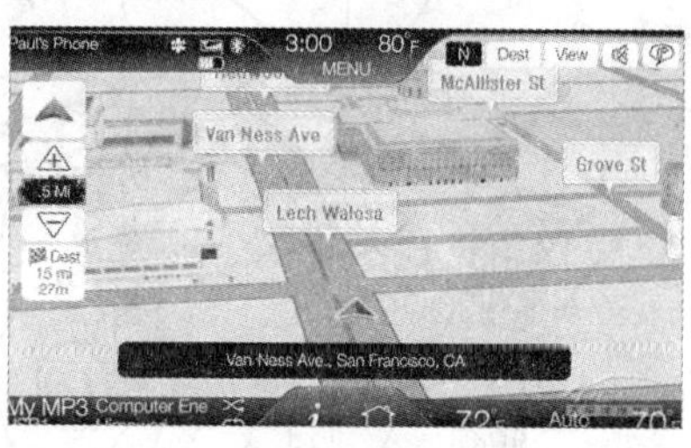

图 2-5 MyFord 系统提供的 3D 立体卫星导航

（2）SIM 卡 欧洲车厂则走的是另一条路线。Marvell 公司与信息娱乐和音响系统领域领导者 Harman 公司，正在向汽车制造商提供以 Marvell 为核心的 Mobile Hotspot （MMH） 技术车载 3G 系统，使汽车加载 Wi-Fi 技术，随时连接互联网。奥迪 A8 是第一款加载该技术的汽车，这是汽车网络技术发展的一个重要里程碑。

Marvell 公司和 Harman 将奥迪汽车加载了 MMH 技术，通过内置 3G 模块，使汽车内建的 Wi-Fi 无线热点连接到互联网上，可使移动设备实现高速连接。车内无线网络可支持连接 8 个设备，从智能手机，到高性能和其他先进的 Wi-Fi 的移动设备如数码照相机、笔记本式计算机和便携游戏设备。

6. 车载电脑系统 CAN-BUS 数据总线的组成与结构

（1）CAN 控制器和 CAN 收发器 CAN-BUS 上的每个控制单元中均设有一个 CAN 控制器和一个 CAN 收发器。CAN 控制器主要用来接收微处理器传来的信息，对这些信息进行处理并传给 CAN 收发器，同时 CAN 控制器也接收来自 CAN 收发器传来的数据，对这些数据进行处理，并传给控制单元的微处理器。CAN 收发器用来接收 CAN 控制器送来的数据，并将其发送到 CAN 数据传输总线上，同时 CAN 收发器也接收 CAN 数据总线上的数据，并将其传给 CAN 控制器。

（2）数据总线终端电阻 CAN-BUS 数据总线两端通过终端电阻连接，终端电阻可以防止数据在到达线路终端后返回，并因此而干扰原始数据，从而保证了数据的正确传送，终端电阻装在控制单元内。

（3）数据传输总线 数据传输总线大部分车型用的是两条双向数据线，分为高位（CAN-H）和低位（CAN-L）数据线。为了防止外界电磁波干扰和向外辐射，两条数据线缠绕在一起，要求至少每 2.5cm 就要扭绞一次，两条线上的电位是相反的，电压的总和等于常值。

车载电脑通信网络系统的电子元件分布如图 2-6 所示。

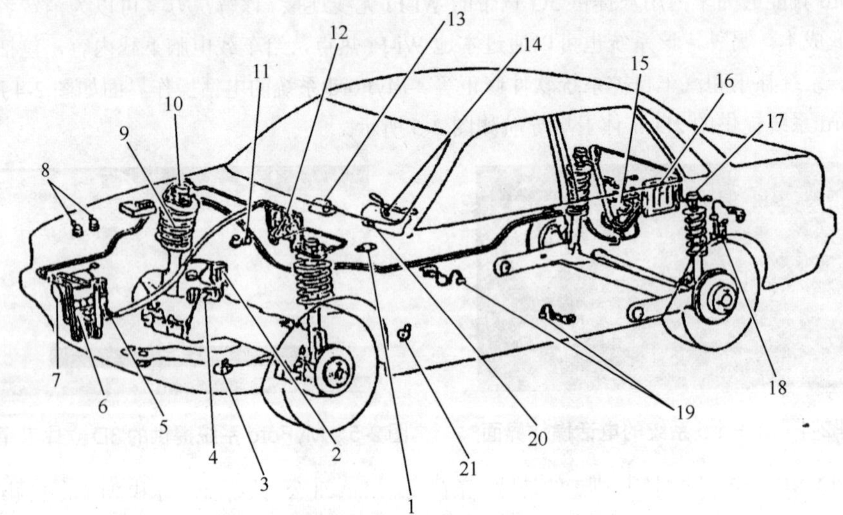

图 2-6 车载电脑通信网络系统的电子元件分布

1．制动灯开头 2．空气压缩机 3．横向加速度传感器 4．前高度传感器 5．空气干燥器 6．流量控制阀 7．储气罐 8．压缩机继电器 9．空气弹簧 10、17．变阻尼式执行器 11．节气门位置传感器 12．前阀总成 13．系统功能指示器 14．转角与转向传感器 15．后阀总成 16．EMS ECU 18．后高度传感器 19．门控灯开关 20．车速传感器 21．电源继电器

二、车载移动多媒体新技术

1．新型智能交通车载信息采集系统的关键技术

获得实时、可靠的交通信息一直是智能交通系统发展的瓶颈问题，建立智能交通车载

信息采集系统，可以为智能交通系统中驾驶行为特性的研究、交通数据采集、现场测试等提供良好的辅助测试、验证平台，还可以作为一个辅助检测手段，为我国智能交通系统多功能实验车的建设和发展提供强有力的技术支持，从而加速我国智能交通系统相关技术的研究和开发。智能交通车载信息系统在汽车上的应用如图 2-7 所示。

车载信息平台包括多方面技术，下面仅将其中涉及的几项关键技术简单介绍如下。

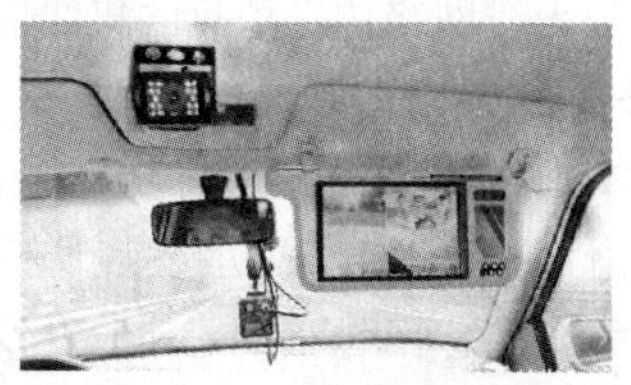

图 2-7　智能交通车载信息系统在汽车上的应用

（1）嵌入式技术的 Telematics 系统　Telematics 是一个由通信和信息科学组成的合成词，通常称为车载远程信息处理。它综合了汽车制造和 IT 技术，包括计算机、移动通信、数字广播等；同时又依托于 ITS 的“3S”（3S 是指全球定位系统 GPS 地理信息系统 GIS、遥感技术 RS 和全球定位系统 GPS），从而迅速发展成为融合技术与服务的新业务。Telematics 通过无线信道连接车载终端机与服务中心，以构成提供信息服务的通信链路。通过安装于车内的终端系统，分析汽车内与车外发生的各种状况，收集驾驶和行车所必需的各种信息，同时执行一系列的必要控制，为驾驶员和乘客提供方便。Telematics 的技术特征充分表现了现代科技的大融合。它应用五种主要技术，即卫星定位技术（GPS）、无线接入技术、蜂窝通信技术（2G/3G）、专用短程通信的窄带网络技术（DSRC）、数字广播和多媒体广播技术（DMB）。

（2）无线移动通信技术（2G/3G＋DSRC＋WLAN）的远程信息服务　一方面以 WLAN 形式构建车内的微微网，以通用的信息平台实现网络化通信和信息服务，这与手机通信和无线上网的功能基本一致；另一方面以 RFID 沟通标签与读取器，再以 DSRC 互联网服务中心，以信息平台方式，将 ECU 收集的车辆行车状况信息送到服务中心的维修站，以实现远程车辆故障诊断和求助；将过路的计费信息和服务的费用信息送到服务中心的结算站，服务中心可据此分析和判断车辆有无故障、有无可能出现失控、失盗等紧急情况，既能及时告知驾驶员，又能指令汽车减速、停止运行或无法起动。同时，准确记账并自动收费。

（3）数字广播技术（CDMB-T/CMMB＋ITS）的车载文化娱乐　它不仅要在车上显示电视节目、路面状况、MTV、电子游戏等，还要显示和管理个人节目信息资源（数据广播），并随时经广播宽带下载地理、地貌、地图等信息，还能显示如 E-mail 接收的互联网信息。Telematics 装置通常是一种嵌入式系统，它在软、硬件系统架构设计上与普通嵌入式系统并没有差异。在 PC 产业里，运算平台的选择，也就是处理器及其相关参考设计的选择，是相当有限的，然而嵌入式系统的硬件却需要面对各式各样不同的需求。正确的选型及架构设计必须能符合客户及产品需求，这是一件相当重要的事情。目前比较流行的一种嵌入式技术的 Telematics 系统设计，其硬件系统采用了高效、灵活的 ARM＋FPGA 构架，其中ARM（Advanced RISC Machine）是一种高性能的32位精简指令运算集微处理器，主要完成外部数据采集、整理、分析、存储等功能。FPGA是现场可编程门阵列，主要用于用户界面的显示。这种硬件架构一个比较典型的应用实例就是赛灵思与Microsoft公司汽车业务部推出的智能车载信息平台，它又被称为Microsoft Telematics Platform（微软车载信息处理平台），巧妙地通过语音命令结合互联网连接进行通信和控制，是一种用于集成各种移动设备和通过互联网与无线网络传送信息的集线器。

Microsoft公司的汽车业务部与赛灵思共同创建了能够以低成本点提供这些优点的硬件平台，从而促进了面向全世界驾驶者的更简单、更可靠且价格低廉的解决方案的开发。对任何硬件平台而言，灵活性和伸缩性对架构能否成功获得市场接受都至关重要，无论是基本系统还是高性能的高端车载信息系统。鉴于此，Microsoft开发了一个真正可以定制和伸缩的汽车标准车载信息处理平台。该平台整合了一个利用ARM9的微控制器，支持32MB闪存/32MB DRAM以上的内存，并包含集成GPS蓝牙和一个GSM电话模块。外部车辆连接包括一个CAN网络接口及有保护的模拟和数字I/O，用于实现LED驱动和按钮输入等功能。

（4）卫星定位技术（GPS＋GIS）的地面导航 根据道路状态引导车辆以最佳路线抵达目的地。典型应用为对路面实时状况的领航。它不同于以地理信息为基础的导航，而是在导航的基础上，以路面上发生的实时位置信息（LBS），引导车辆不仅选择最佳地理路线，而且选择所需时间最短的优化路线。通过ITS信息中心发布的路面状况实时多媒体信息，以广播形式传送语音、分析和测算处理的结果，以数据形式将遥感测量的地理数据合成为引导实时驾驶的领航图，及时提醒驾驶员避开交通堵塞或突发事件的路段，给出最佳行车路线，以最短时间到达目的地。

FPGA提供的高集成度也具有在一个器件内包含多种总线、接口和时钟的优点，从而使利用EMI的设计容易管理。此外，减少组件数量和电路板空间将降低生产成本，实现更高的制造质量，在任何汽车设计中这些都是重要的因素。在了解了车辆开发的实质和目前已有的众多不同的车辆接口，Microsoft有意设计了一个灵活的解决方案，可允许对后端车辆接口进行快速修改而不影响下层架构和系统性能。例如，未来将有可能调节FPGA解决方案，使之能满足带有如MOST、IDB-1394或其他数字车辆网络等汽车总线的最终应用的需求。

2. 车载CMMB的主要特点和技术优势

数字电视的含义并不是指一般的电视机，而是指电视信号的处理、传输、发射和接收过程中使用数字信号的电视系统或电视设备。其具体传输过程是由电视台送出的图像及声音信号，经数字压缩和数字调制后，形成数字电视信号，经过卫星、地面无线广播或有线电缆等方式传送，由数字电视接收后，通过数字解调和数字视音频解码处理还原出原来的图像及声音。因为全过程均采用数字技术处理，因此，信号损失小，接收效果好。

CMMB是英文China Mobile Multimedia Broadcasting的缩写，意为中国移动多媒体广播电视。泛影电子车载CMMB数字电视接收机是中国自主知识产权，由国家广电总局主推，运用卫星传输与地面网络相结合的无缝协同覆盖，支持公共服务，可提供数字广播电视节目、综合信息和紧急广播服务的产品。它是国内自主研发的第一套面向手机、PDA、MP3、MP4、数码照相机、笔记本电脑等多种移动终端的系统，利用S波段信号实现一体覆盖、全国漫游，支持25套电视节目和30套广播节目。而国家广电总局也于2006年正式确定采用CMMB作为中国移动多媒体广播行业标准。车载CMMB数字电视接收、移动多媒体广播如图2-8所示。

图2-8　车载CMMB数字电视接收、移动多媒体广播

人们平时在公共汽车上面看见的移动电视和CMMB的主要区别是标准不同，公共汽车上的移动电视是DVB-T的播放标准，与CMMB相比较收的频道要少很多，且很多以地方节目为主，广告太多。而CMMB是国家广电总局主推并由国家广电总局管理的，其负责的电影、电视、广播载体具有丰富的电视内容资源。

CMMB规定了在广播业务频率范围内，移动多媒体广播系统广播信道传输信号的帧结构、信道编码和调制，该标准适用于30～3000MHz频率范围内的广播业务频率，通过卫星或地面无线发射电视、广播、数据信息等多媒体信号的广播系统，可以实现全国漫游。此技术是针对我国幅员辽阔、传输环境复杂、东部地区城市密集、西部地区人口稀疏的特点，以及用户众多和业务需求多样化的情况，从实际情况着手，通过吸纳成熟的先进技术设计的“天地一体化”的技术体系，拥有低成本、可快速实现移动多媒体广播信号全国覆盖的优点，从而可以促进东西部“数字鸿沟”的弥合。CMMB系统采用的STiMi传输技术，充分考虑了在我国开展移动多媒体广播业务的需求和特点，是一项具有先进性、实用性和经济性的自主技术。

CMMB借助卫星通信，能极好地解决移动终端（手机电视）信号流畅的问题，且收费低廉，兼顾国家媒体信息发布功能。作为一款拥有自主知识产权的关键技术，CMMB的以下特点有力地保证了提供高质量与高扩展性的服务：

① 可提供数字广播电视节目、综合信息和紧急广播服务，实现卫星传输与地面网络相结合的无缝协同覆盖，支持公共服务。

② 支持手机、PDA、MP3、MP4、数码照相机、笔记本电脑及在汽车、火车、轮船、飞机上的小型接收终端，接收视频、音频、数据等多媒体业务。

③ 采用具有自主知识产权的移动多媒体广播电视技术，系统可运营、可维护、可管理，具备广播式、双向式服务功能，可根据运营要求逐步扩展。

④ 支持中央和地方相结合的运营体系，具备加密授权控制管理体系，支持统一标准和统一运营，支持用户全国漫游。

⑤ 系统安全可靠，具有安全防范能力，具有良好的可扩展性，能够适应移动多媒体广播电视技术和业务的发展要求。

该产品支持中国移动多媒体广播电视标准CMMB；内置SMD CA解密芯片；全功能

红外遥控操作（通用型）；各 DVD 原屏触摸（专用型）CVBS 复合视频输出（QVGA 320×240）；L/R 双声道 OUTPUT 立体声输出；外置吸盘天线；断电记忆，开机自动播放；行业独家采用防潮处理技术，更适合车载环境。只要在开通 CMMB 车载数字电视信号的地方就可以清晰流畅地接收观看 CMMB 车载数字电视节目。车载数字电视信号覆盖范围内速度达到 150km/h 可正常接收。该产品适合于带 AV 输入的车载 DVD 双 D 机、车载广告机、后视镜、挡阳板、头枕等；采用嵌入式技术开发，友好的多用户界面，操作简单方便；内置 CMMB 电视卡、精彩卡，让您无忧观看电视节目；配有车载专用配件，让安装不留痕迹；体积小巧，采用铝合金外壳，美观精致。

3. 车载 CMMB 的技术路线和信号覆盖方式

根据移动多媒体广播电视系统的技术体制、总体架构及体系结构，CMMB 采用卫星和地面网络相结合的方式实现“天地一体”协同覆盖，信道传输采用 STiMi 技术。全国节目通过 S 波段卫星对全国实现覆盖，卫星遮挡地区可采取地面同频增补方式，在城市人口密集区域采用 U 波段增补。地方节目采用 U 波段地面网络实现覆盖。电视业务视频压缩编码采用 AVS、H.264/AVC，伴音压缩编码采用 MPEG-4 HE AAC；广播业务音频压缩编码采用 DRA。数据广播采用可扩展的多协议封装复用传输，支持工作流模式、文件模式传输。加密授权系统对音视频流和数据广播流采用 ISMACryp 进行加扰，系统前端支持同密，终端采用多密，系统支持单向、双向和电子钱包的授权管理方式。运营支撑系统原则上采用两级架构体系，对内容统一加密，统一管理，支持公共服务、基本服务和扩展服务，实现各类终端用户的合法注册。

根据移动多媒体广播电视的特点和业务发展需要，CMMB 业务平台主要由公共服务平台、基本业务平台、扩展业务平台三个平台构成。

（1）公共服务平台 公共服务平台是向用户提供公益服务的移动多媒体广播电视业务平台，主要由公益类广播电视节目和政务信息、紧急广播信息构成。CMMB 公共服务平台播出的内容和开展的业务，为向合法用户提供的无偿服务。

（2）基本业务平台 基本业务平台是向用户提供基本数字音视频广播服务和数据服务的业务平台，包括卫星平台和地方平台传送的数字音视频广播服务和数据服务。CMMB 基本业务平台向合法用户提供的服务，为有偿服务。

（3）扩展业务平台 扩展业务平台是根据用户不同消费需求向用户提供扩展广播电视节目服务和综合信息服务的业务平台。提供的服务主要由四方面构成：一是经营类的广播电视付费节目；二是经营类的音视频点播推送服务，利用系统闲置时间将用户订制的广播电视节目推送到用户终端；三是综合数据信息服务，主要有股票信息、交通导航、天气预报、医疗信息等；四是双向交互业务，主要有音视频点播、移动娱乐、商务服务等。目前，CMMB 主要以音视频服务为主，扩展服务中综合信息、双向交互等服务将随着业务的发展逐渐推广应用。CMMB 扩展业务平台向合法用户提供的服务通常为有偿服务。CMMB 提供的广播电视节目套数，与信道带宽、调制参数、音视频编码码率等因素有关。一般在一个传统电视频道 8Mb/s 带宽中，至少可以传输 8 套电视节目和 10 套广播节目。具体节目数量与节目内容根据各地情况具体确定。

在 CMMB 的系统构成中，CMMB 信号主要由 S 波段卫星覆盖网络和 U 波段地面覆盖网络实现信号覆盖。S 波段卫星通过广播信道和分发信道实现全国范围的 CMMB 信号的有效覆盖。广播信道用于直接接收，Ku 波段上行，S 波段下行；分发信道用于地面增补转发接收，由地面增补网络转发器转为 S 波段发送到 CMMB 终端。为实现城市人口密集区域 CMMB 信号的有效覆盖，采用 U 波段地面无线发射构建城市 U 波段地面覆盖网络。地面增补网与卫星系统同步的关键是确保 S 波段卫星信号到达接收终端的时间与 S 波段地面增补设备转发信号到达接收终端的时间一致。CMMB 的 U 波段地面覆盖网络采用单发射台站覆盖或单频网覆盖两种覆盖方式，实现中央节目和地方节目的集成播出。对于城区面积较小、楼宇密度较低、地势较平坦的地区，单个发射台站即可完成基本覆盖要求的，采用单个发射台站以及同频转发器补充覆盖的建设方式。在单发射台站覆盖方式中，主发射塔发射 U 波段 CMMB 信号完成覆盖地区的基本覆盖，各个同频转发器接收到主发射塔的信号放大后以同样的频率发射，完成主发射台阴影区的补充覆盖。对于城区面积较大、单发射台站覆盖方式无法满足基本覆盖要求的地区，采用单频网（SFN）覆盖方式，即若干发射台站建成本地区单频网实现基本覆盖，覆盖阴影地区由同频转发器补充覆盖解决。在单频网覆盖方式中，节目传输分配中心通过光缆、微波等传输链路将 CMMB 信号传输分配到各个发射站，各发射站的发射机采用同一频率在同一时刻发射同一节目，完成单频网的基本覆盖。CMMB 单频网络采用 GPS 接收机、复用器及调制器实现系统同步。在同步实现过程中，调制器根据复用器提供的广播信道帧的起始发送时间、单频网的最大延时，以及 GPS 接收机为调制器提供的当前时间确定时间同步关系。

4. 车载 CMMB 数字电视的安装方案

CMMB 车载数字电视的安装主要分前装、准前装和后装三个方案。

（1）CMMB 车载前装方案　整车在生产下线出厂前即将 CMMB 车载接收设备及其所属服务进行预先安装、调整并作为该车型整备标配生产和销售。对于整个车载影音系统均需要按照相应的技术规范进行产品的研发和生产，对产品的功能、性能、可靠性均有相当高的要求，因此，产品研发、测试、路测，及生产的各个环节均需要投入相当多的时间进行验证和优化。当前国内主要品牌车厂均进行了产品立项，将 CMMB 功能作为整个车载影音系统的一个重要功能进行了一体化设计和安装。

（2）CMMB 车载准前装方案　主要针对已经在产的各品牌车型，根据市场销售需要，在整车下线后分配至各地销售渠道前将 CMMB 车载接收设备安装至车内，然后进入渠道销售。CMMB 车载后装方案主要针对已经销售的汽车，由于未标配 CMMB 功能，车主可根据自身使用需要，在 4S 店和其他正规汽配销售渠道选择购买和加装 CMMB 车载后装系统，以实现整车 CMMB 系统服务。当前市场上所加装的 CMMB 产品一般都是后装产品，以车载中控屏或头枕 LCD 屏为显示载体，集成 CMMB 功能，这样在正常行车的时候可以提供导航等服务，在停车和休息的时候可以观看电视节目，提升多媒体影音导航系统的实用性与服务性，实现导航、看电视、听广播的多种应用。对于 CMMB 车载后装系统解决方案，其产品类型和种类多样，针对不同汽车品牌、不同车型配置，采用不同的安装方案，所需要的配件和工序不一样，因此，安装费用和时间也不一样，但是均要求将设备和线路都进行隐藏设计，不得破坏原车内饰。

（3）CMMB 车载后装方案

① 专车专用多媒体一体机。针对具体车型开发的专车专用多媒体一体机，通常是替换原车汽车影音系统，在汽车中控位置安装带有 CMMB 功能的多媒体一体机。当前国内众多后装市场的一体机产品设计是根据各车的不同款式对中控台结构开模，制做成集成式的车机，并且是专车专用机，需要专业人员安装。

② CMMB 车载电视盒。主要针对原车中控系统已经有 LCD 屏幕和音视频输入接口，通过加装 CMMB 车载电视盒终端，将视频信号引入中控屏。操作方式一般分为遥控器或触摸屏。需要专业人员安装，对汽车配置有限制，如部分无中控显示屏的低配车型是无法安装的。目前有众多国内品牌提供该产品。

③ CMMB 车载电视盒＋头枕 LCD 显示屏。它是将 LCD 屏嵌入到汽车前排头枕中，通过安装 CMMB 车载电视盒将 CMMB 信号显示在头枕屏上，供后排乘客观看。该方案通用性比较好，便于后排乘客观看，但是需要对前排座椅头枕进行改装，工艺和安装较复杂，对汽车头枕有限制，部分车辆头枕不能嵌入 LCD 屏。

④ 便携式车载 PND/GPS 终端。目前便携式车载 PND/GPS 终端主要通过吸盘安装在车辆前风窗玻璃上，功能比较强，安装方便，但是接收灵敏度较车载电视盒稍差，后排乘客观看不便。

（4）车载 CMMB 安装 POWER 接 12V 适配器输出端，适配器输入端与汽车 ACC 电源相接，红色接 12V 电源正极，黑色接地线；AV OUT 视频输出（黄色接头）与音频输出（红色/白色接头）与车载 GPS、DVD 的视频输入端、音频输入端相接。本机是配增强型天线，需在系统设置中打开主动天线的开关。IR IN 红外接收器输入端接线时，电源线接汽车可控制的 ACC 线，不能直接从车内蓄电池引线，谨防机子断电长期工作；安装接收天线时，建议安装在车顶外，接收信号较强（因为 CMMB 是无线信号，靠当地发射塔发出电视信号）。安装时，应先布完线后，再把所有的端口都连接在主机上。开启电源后，把主机（DVD）切换到 AV 状态，显示开机画面。（注：安装完后在每个地方要重新搜索节目）。

5. 汽车音响新技术的结构特点

（1）执行语音指令的汽车音响系统 汽车音响的高档化、功能的复杂化，使汽车音响的开关繁多，在驾驶员操作时易分散注意力，形成不安全因素。汽车音响采用语音识别系统代替手动的键钮操作，不仅操作简便、快捷，也提高了行车的安全性，语音识别系统一般可以选择频道、控制磁带的进退、控制激光唱机的播放、选曲等。早在 1992 年，日本的三洋公司就开发了汽车音响的语音识别系统。汽车音响语音识别系统的组成如图 2-9 所示。

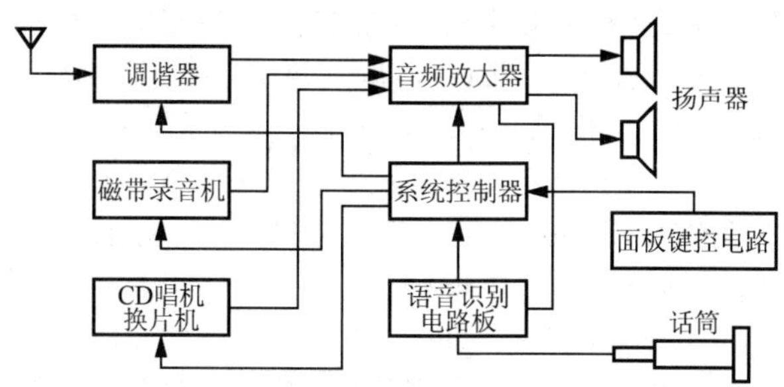

图 2-9　汽车音响语音识别系统的组成

（2）采用数字调谐技术使汽车音响数字化　把数码技术应用到汽车音响系统中的汽车数码播放器已被成功开发。这种被称为汽车音吧的播放器与一般的汽车音响相比，具有革命性的突破，可以利用汽车上的调频广播听到音乐，无须对车内音响做改动就可实现数字音乐在车内的无线播放，同时具有大容量的存储功能。数字调谐技术是汽车音响数字化的重要标志，一般利用 4 位专用处理器来实现调谐自动搜索，每当搜索到一个电台时，自动停留约 7.5s，并自动存储在存储器内，一般可存放 12～14 个台，调整时，只需按动相应的数字键即可。现在的年轻人喜爱数字化音乐已成潮流，MP3、WMA 数字音源的特点是压缩率高、曲目多。阿尔派公司的新产品专门针对这样的音源特性而开发了快速媒体搜索按钮，彻底解决了在上百首音乐中选曲操作繁琐的问题。MX 媒体扩展功能也是专门针对数字压缩音源而开发的功能，它可以通过专用处理芯片还原 MP3、WMA 音乐中被压缩掉的谐音成分，使声音更加自然、饱满。

（3）采用新颖的降噪系统　预加重特性和全频带压缩扩展特性相结合的互补型降噪系统，该系统也首先着眼在动态范围扩展上，因为信噪比与动态范围有着密切关系，即最大不失真信号与噪声电平之比为动态范围，而额定信号电平与噪声电平之比则为信噪比，所以如果额定信号电平取最大不失真电平，那么信噪比就等于动态范围，也就是说若要大幅度提高信噪比就必须扩展动态范围。采用 dBX 系统就能达到目的。dBX 系统的特点是从低频到高频的整个频带都有降噪作用，降噪量大，在高频端由于预加重的作用，降噪效果更显著。由于编码器对于比额定值大的输入信号做衰减压缩，所以改善了最大录音电平。由于采用有效值检波器，所以即使信号相位失真，其检出电平也不会变化，从而提高了系统精度。压缩扩展为线性变化，故即使录音过程中电平配合偏差，也不会产生频率特性恶化现象。dBX 降噪系统由美国 dBX 公司研制，这种系统是将输入信号的动态范围在录音时将对数压缩为 1/2，在放音时扩展 2 倍，它能降低整个音频范围内的噪声，并同时扩展了动态范围。最大降噪量为 30dB。

（4）汽车音响应用蓝牙技术　如今，“蓝牙”对于我们来说已不再是陌生的字眼，从手机到电脑，再到各种 PC 设备，人们已经从生活的方方面面开始逐步体会到蓝牙所带来的便利，例如通过蓝牙耳机接听电话，利用蓝牙传输资料等。在汽车领域里，蓝牙技术日益凸显出不可比拟的应用优势。就目前市场来看，蓝牙设备主要配备在部分高档车内，

SONY、先锋等日系品牌都先后推出了蓝牙音响主机。韩国三星电子不久前开始和德国奥迪合作，在奥迪汽车上加入蓝牙音乐播放器功能。用户可以使用三星 D600 蓝牙手机和奥迪汽车内的音响相连，播放音乐。

车内无线通信已经成为大势所趋，为了安全起见，利用蓝牙免提通信来避免因接听电话而影响路况观察与驾驶操纵，可以做到双手不离开转向盘就能自由通话。如何能够解放双手，那就需要靠蓝牙汽车音响主机来实现。近期，国内著名数码汽车音响 GoRun（歌韵）公司推出了一款蓝牙汽车音响主机歌韵 GR-6610，这是一款集 CD、MP3、FM、车载蓝牙免提为一体的产品，同时还可以兼容 U 盘和 SD、MMC 卡等数码存储设备，能与蓝牙手机进行无缝通信，通过该蓝牙免提通话系统进行接听或拨打电话，通话声音通过车厢内的内置麦克风与扬声器接收或传送让用户通过汽车音响接听电话，可以在汽车音响的屏幕显示打出和接入的电话号码，极大地方便了广大车主的使用，并可以适用于任何车型的改装，而不仅限于高级豪华汽车。

（5）微型唱机 MD　MD 机指微型唱机，又分可录型 MD 机（有磁头和雷射头两个头）和单放型 MD 机（只有雷射头）。MD 机是集磁、光、电、机于一体的高科技产品，它既具有 CD 机的音质和长期保存性，又具有卡带的可录可抹性。唱片的直径为 64mm。代表产品有 Sony 公司的 MDS-E12 型 MD 机。MDS-E12 型 MD 机如图 2-10 所示。

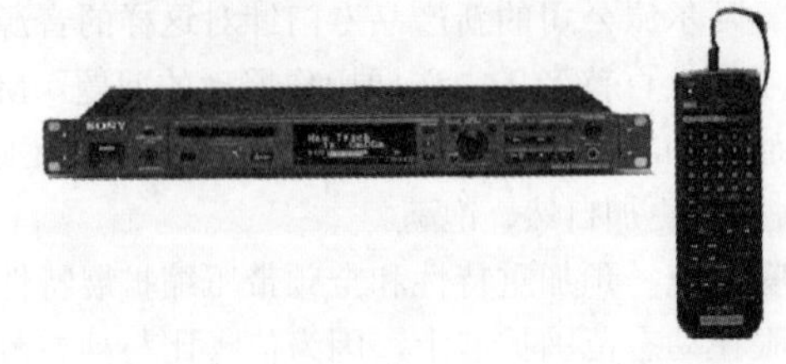

图 2-10　MDS-E12 型 MD 机

MD 微型唱机在 80min 的盘片上录音、放音时间可达 320min。采用了 ATRAC 编码、解码技术和 DSP（数字声音处理）技术，提供了完美的录音、放音质量，它将无声音的地方、难于听见的超高频和超低频信号以及在大声音信号中难以听见的小声音信号给予省略。以可变位方式将信号简化到最低限度，把声音信号压缩到原来的 1/5，但不是只记录 1/5 信号而是采用特殊运算处理，将省略的信号得以适当处理，使之在听觉上无法察觉。

1）迷你磁光盘 MD 机　是 Sony 公司开发的一种数码音乐媒介，像磁带一样可以反复录放，但因为采用数码工作方式，没有磁带复制后音质下降的问题。MD 机的音质稍逊于 CD 机，这是因为 MD 机使用了 ATRAC（适应性转换声学编码）有损压缩编码方式，而 CD 的 PCM 信号是不压缩的，没有损失。MD 机目前在随身听上获得了比较成功的运用。它是由日本索尼公司批量生产的一种音乐存储介质，现在一般笼统地称便携式 MD 机为 MD。MD 机所采用的音频压缩算法有 ATRAC、ATRAC 3（与 CD-DA 的压缩比分别是 1∶5 和 1∶10）两种格式，而 MD 机本身又可以分为可录音、下载型 MD 机（有写入磁头和读取激光头）和单放型MD机（只有用于读取数据的激光头）。由于采用了特别开发的磁头、激光头、机械部件等，所以MD机是集光、磁、机、电技术于一身，且是技术含量较高的产品，与一般的便携式CD播放器以及磁带机相比，MD机既具有类似于CD机的音质（仅仅是类似，实际音质不如CD机）、较为可靠的数据保存期，又具有磁带机的可重复使用的功能。对于一般消费者来说，可以简单地认为MD机是CD机和磁带机的中和体。MD机允许使用者自行录制音乐，可以从所有的音源设备通过合适的连接方式（模拟音频线、光纤线、传声器）录制。同时用户可以对录制到MD碟片上的音乐进行命名、分割、移动、删除等编辑操作。因为MD机和CD机一样使用数字化方式记录音乐信息，因此，它也和CD机一样可以进行快速的曲目变换，编制顺序播放，随机播放和重复播放。而且数字化记录音乐的好处是可以避免磁带机播放中的背景噪声，给使用者提供更纯净的音乐享受。

2）*MD机的特点* MD机播放时，拾音部分是不会与MD机碟的表面有任何接触，因此，MD机碟的表面不容易受到损耗。无论你进行多少次录音及重新录音，MD机能提供高素质的数码录音效果。MD机还具独特的电子防振记忆功能，可保持数码音乐数据。记忆功能可达10s或40s（按型号而定），即使机身因振动而无法拾取信号，乐曲依然稳定播放。MD机拥有多元化编辑功能包括移动、组合、删除、划分碟名和曲目编辑。可随意删改或制作自己心爱的录音片段。另外，可以轻而易举地做出特别的混音效果。具体地说，MD机的特点有以下几个方面：

① 便携。因为MD碟非常小，所以MD播放机真正做到随时身听，而且抗振性能极佳（一般MD播放机都有40s的防振），这些是DISCMAN所不能做到的。而且MD机非常省电，用来外出旅游、工作是最佳选择。

② 强大的编辑功能。因为MD机不像磁带那样是采用线性的记录方式，所以编辑是MD机的强项，拥有快速选曲、曲目移动、合并、分割、删除、曲名编辑等多项功能，比CD机更具个性化。

③ 媲美CD机的音质。虽然MP3也号称CD机音质，但比起MD机就差远了，而MD机因为采用的ATRAC压缩算法利用了人耳的遮蔽效应原理，所以音质与CD机类似。在同一时间里面，音量较小的某些频率段会被忽略不予记录，利用这种原理，ATRAC可以将录音的资料量压缩为原来的五分之一。

④ 价格优势。现在MD机已普遍降价，一台最新可录型MD机大概二千元，而MD碟也很便宜，十块钱左右。MD机具有上百万次的复写能力，所以在这方面比MP3具有更大的优势。

⑤ 方便的录制工作。MP3的“录音”总离不开电脑，而MD录音则非常方便，音源可以选择任何可以输出的设备作为音源，CD机、DVD机、电脑声卡、MIC等，音源适用范围非常广泛，既可以通过模拟线、MIC等进行模拟信号录音，又可以通过光纤或同轴进行数码录音，所以使用起来非常方便。目前MD产品包括MD随身听、MD床头音响、MD汽车音响、MD录音卡座、MD摄像枪、MD驱动器等。

（6）MP3汽车多媒体唱碟机 MP3可以通过互联网下载来获得各种音乐，将声音转变成数字电脑档案，用来存储乐曲。它将一般的音乐格式编码、传递、压缩至更小的格式，在一张碟上可刻录很多歌曲。具体步骤是先从网络中搜寻歌曲，下载音乐，然后通过MP3制作软件，将挑选的乐曲压缩成MP3音乐档案，再将所有档案录进CD-RW，即可得到完美的自选音乐空间。如一张650MB的CD便可储存130首歌，安装一台MP3播放机相当于安装了一台10碟CD机，行车时音乐可源源不断，避免了换碟的麻烦。

三、卫星定位GPS车载监控

1. 车载监控设备的功能特点

车载监控设备安装在车辆上，并可以通过 GPS 及其他通信设备，随时跟踪车辆的行驶路线、位置、速度等，并把这些信息用相关通信方式通知给有关人员。也可以根据需要控制汽车的油路、电路、车门、灯光等。车载 GPS 终端又有车载机、车机、车载终端等不同叫法，具体是指一种具有GPS卫星定位功能且具有通信功能的一种GPS设备，它通常被安装在车、船等移动设施上，对移运设施进行监控调度和管理。车载 GPS 终端与普通GPS手持机和GPS导航仪的核心区别就在于它具有通信功能，能把自身的GPS位置信息通过特定的通信方式发送到指定的系统。车载GPS终端的基本结构可分为GPS模块和通信模块两部分，GPS模块负责采集GPS信号，通信模块负责与GPS平台进行通信。车载监控设备如图2-11所示。

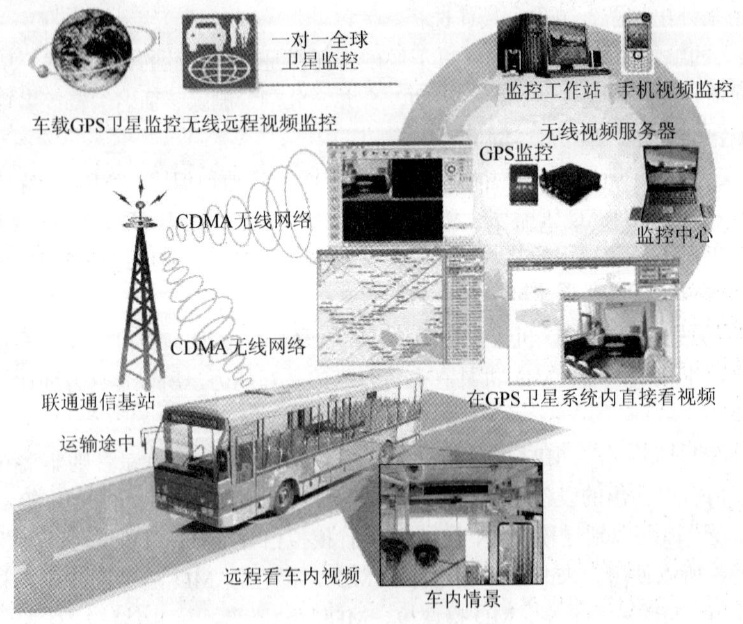

图 2-11 车载监控设备

随着安防行业的进步而不断发展，车载监控自成一体，可根据不同的应用需求有不同的安装方案。监控系统在公交车上应用比较广泛，如车厢前部的摄像机对准司机，可查看司机是否操作规范、是否有不雅行为等，便于监督司机自律驾驶；售票员处也可安装摄像机，可查看售票情况，监督售票工作规范化；公交车在行驶过程中可能会遇到一些突发交通事件，如变道、追尾等，当发生交通事故后，可通过视频录像来划定责任；同时，车前摄像机抓拍的视频传输到后台后，还可作为后台了解车辆行驶状况（车的位置、车速、道路拥堵情况）的信息来源，便于后台的指挥调度；车后监控可在倒车、被追尾等情况下使用，该摄像机置于车后，当司机进行倒车动作时，车载显示端会自动切换到车后监控通道；另外还有车侧监控，用于查看上下乘客和运行途中车两边的情况监控。

（1）车辆监控功能　车辆可自动或人工向监控中心申请登录；监控中心也可对未登录系统内的车辆（如警车、运钞车等）实行强制性监控，并可设定各车辆的监控优先级；监控中心实时监控已登录的车辆，并实时显示各车辆状态，如某辆车长时间无应答，又未申请注销，监控中心将显示“某车可能丢失”字样并提请监控人员采取措施。

（2）通信功能　负责整个系统各部分间的数据传送。可选用常规通信方式（CJD-2A）、蜂窝通信方式（CJD-2B）或卫星通信方式（CJD-2C）。

（3）报警功能　每辆车都配备报警按钮，当遇到警情时向中心报警。监控中心接到报警即可进行相应提示，启动声光报警，而电子地图则以醒目的颜色显示报警车辆位置及其详细资料。监控中心如遇多辆车同时报警，则自动按车辆的监控优先级处理报警。监控中心接警人员处理完报警后车辆将自动解除报警。

（4）监听、遥控熄火和遥控断油功能　监控中心可向报警车辆发送监听命令，实现对该车内部对话进行监听；监控中心处警人员还可向报警车辆发送熄火、断油命令。

（5）电子地图功能　电子地图无级放大、缩小，也可分块、分层显示，还可与其他图如遥感图、航拍图、扫描图等配合使用以提供更详实的信息。电子地图可视用户的需要进行详细设计。电子地图可根据被锁定车辆轨迹进行单独自动漫游，以确保该车始终显示在屏幕上。

（6）自动存档功能　数据处理机可对车辆的各种信息进行自动存档，实行循环更新存储。

（7）复现功能　用户可复现过去车辆的运行状态。

（8）系统自检功能　系统定时检测整个系统的运行状态。

（9）帮助功能　系统提供了软件的操作说明。

（10）系统性能　系统定位精度（差分方式），误差小于5m（RMS），实时性强。

目前常见的公交车载监控还是以模拟摄像机加车载 DVR 或者是模拟摄像机加车载 DVS 的方式实施。车载 DVR 或车载 DVS 一般选用 3 路视频接入，部分城市选用 5 路视频接入，5 路视频接入比起 3 路视频接入的系统里面多了人流统计功能的视频采集。对车载监控系统的建设，各个厂家都有其不同的研发目标，如清晰度等规格均会有所差异，据介绍，公交监控系统采用的摄像机大部分是红外夜视半球，采用 SONYCCD，分辨率有 420 线、480 线、540 线三个档次，夜视距离可达 15m，内置拾音器，使音视频同步录像，接头为专业的航空头。车载监控系统主要部件的安装如图 2-12 所示。

图 2-12 车载监控系统主要部件的安装

低照度更适合公交安防监控，红外是在夜视状态下，能提供人肉眼看不到的红外光线而照亮拍摄物体，是一种提高亮度的辅助工具，而车辆在夜间行驶时，车厢内不存在完全漆黑情况，多少都有些微光，低照度在夜视微弱（或星光）的光线下，就能够通过彩转黑的方式拍摄到清晰的图像，无须进行红外补光，因此，可以不选择带红外功能的摄像机。采用高灵敏度传感器低照度摄像机，分辨率为 530 线，并要求设备具有自动增益控制、自动白平衡、背光补偿等功能。当然，为能更好看清人脸，也可采用更高分辨率产品。为便于安装调试，摄像机镜头一定要三轴可调，并采用短焦广角镜头（最大视角可达 90°），使得监控画面范围更广。监控摄像机的分辨率为 D1（704×576），人脸、动作等均能看清，可满足车内监控需求；而对夜间的监控，应根据实际情况及成本预算来决定使用何种低照度抓拍技术。公交车上的摄像机还要具备一定的防水、防尘性能，如果安装于车外，还要具备良好的防爆性能。在实际操作时，摄像机一定要安装牢固，要经受得住车的频繁晃动考验，使摄像机始终与车身保持一致的摆动幅度，这样获取的图像才不会出现抖动情况。

2. 车载视频监控主要功能和技术指标

（1）无线车载视频监控系统应用的意义 随着我国公路运输事业的蓬勃发展，车辆在运营过程中的安全性和高效管理已经越来越被重视。在网络技术快速发展的今天，随着 3G 网络的出现，3G 无线 GPS 车载视频监控系统为车辆打造一个具有安全、远程、即时、科学的管理体系奠定了坚实基础；打破了传统摄像机不能网络传输的弊端。3G 无线车载视频产品主要应用在工程机械、长途客运车、城际巴士、旅游大巴车、海上风景游艇上等。在工程机械上安装 3G 无线车载监控系统可以实时查看车辆内外状况及行驶路况对车辆内外状况进行了解；事故取证，监控不法行为，通过网络远程视频监控和录像系统，公司可以随时检查车辆行驶情况，同时录像资料可以提供犯罪分子的作案证据。GPS 可对车辆实时定位，进行全程跟踪，控制车辆速度、油耗等，有效地管理车队车辆外出行驶，提高公司的管理水平。

车载视频监控是专为车载安防领域设计的新款视频监控设备。它采用了嵌入式处理器和嵌入式操作系统，结合了 IT 领域中最新的 H.264 音视频压缩、解压缩技术、GPS 全球定位技术、

3G 无线通信技术、USB 通信技术、高级车载电源管理技术、GIS 地理信息技术，适用于各类车型。产品可进行音视频同步录像、全球定位、无线音视频实时传输，同时主机上预留多种接口，可以与车载显示屏、IC 卡车载机、信号优先控制系统、客流统计系统等车载设备连接，充分考虑用户的扩展需求。产品外观小巧简洁，低功耗，无噪声，安装灵活方便，系统运行稳定，可广泛应用于公交、长途客运、旅游大巴、物流货运、警用执法车辆、火车、地铁、轮船、飞机等移动交通工具。

（2）无线车载视频监控系统功能 整个 3G 视频系统分为前端车载监控系统、无线网络、监控视频平台服务器、前端车载监控系统网络录像机、监控摄像头等。无线网络包含前端移动传输（3G 网络传输系统）和后台指挥中心网络传输，监控平台包含监控软件及 GIS、流媒体、数据库、应用服务器等一系列服务群，可以根据需要在运输公司、公交分局、市公安局、派出所等单位建设多极监控平台，级别的逻辑关系根据需求可灵活配置，系统具有良好的扩展性。车载终端功能特点如下：

① 实时性。车载终端和监控中心之间通过 3G 网络交互式沟通，主机可自主或根据监控中心指令随时传输音视频。

② 扩展功能。主板具有丰富的扩展接口，支持多种外设和随之带来的多种新功能。

③ 摄像。4 个车载摄像机，实时对车辆进行音视频同步录像，为处理纠纷提供证据。

④ 3G 无线视频传输。可将车辆内当前情况实时传输到监控中心。

⑤ 车辆定位监控功能。终端通过 GPS 接收模块实时接收车辆当前 GPS 定位信息，并根据不同情况通过 3G 网络按照设定的时间向监控中心发送定位信息，监控中心可以存储车辆的运行轨迹,用户可以随时查询。

⑥ 远程下载。远程无线下载音视频文件、设备参数，方便维护管理和升级。

⑦ 省电模式。终端设计有省电模式，在车辆熄火一定时间（根据用户要求决定）后，终端自动进入省电模式，在此模式下，终端耗电很少。

（3）车载监控的优势 车载监控系统采用 U 盘作为实时存储介质，与其他车载录像产品相比主要有以下优势：

① 无机械运动部件、功耗低，可以用在车况颠簸严重而且电源环境恶劣的各种车上。而在这些车上，普通车载硬盘录像机根本无法正常工作。

② 转录数据方便，直接将 U 盘插上电脑 USB 接口，就可回放录像、保存录像。

③ U 盘接口设计适合反复插拔，比 SD 卡更可靠。SD 卡接口是设备内接口，不适合经常插拔，否则损坏率就相当高。而 USB 接口是设备间接口，是专门设计用来做设备间数据交换的。无论接口的电气、物理性能，还是力学性能，都适合长期用在设备间交换数据。

无线车载监控系统应用有效控制公车私用、私自揽活等对公司造成直接的经济损失；有效地控制油耗问题，提高生产效率；有效地督促司机严格按照规章操作、文明驾驶，提高行车的安全性；在公司内部就能看到外出的车辆行驶情况；车辆调度中心可随时查看行驶在外地中的车辆，调取视频录像，记录行车状况；以上问题，3G 无线 GPS 网络视频系统即可全部解决好。监控中心远程查看、远程管理、远程录像、远程拍照、远程控制、远程监督等问题都会得到很好的解决。

3. 车载视频监控+GPS卫星定位系统解决方案

（1）前端车载监控系统应用 运行中的车辆安装3G无线车载网络摄像机，可以外接4个摄像头，车载摄像机通过3G网络，监控中心能够对车辆内的图像进行实时监控，拍照、录像、回放和调取传送图像。由于采用了双码流技术，本地录像可采用CIF、D1分辨率，SD卡为120M/小时，网络传输采用CIF分辨率。

① 车载录像监控。前端3G无线网络摄像机可以进行SD卡录像、网络录像、本地录像，图像分辨率为CIF（352×288）、D1（704×576）可调，可设置插卡录像、定时录像、服务器录像等多种录像方式，并且车辆通过3G无线方式上传的图像信息可通过录像方式存储在监控调度管理平台的存储服务器上。

② 数据备份。3G服务器数据存储，如果在汽车上发生事故监控设备被毁灭或其他情况时，我们的服务器保存有设备被毁之前的录像。监控中心可以查看每台车的实时录像过程。

③ 网络传输特性。采用先进的H.264视频压缩技术进行码流传输，其超低码流的特点，能适用窄带数据传输。支持TCP/UDP网络传输协议；支持3G无线数据传输；支持3G手机实时图像浏览；支持通过无线Wi-Fi上网功能以及通过Wi-Fi提取SD卡的录像文件；支持远程终端网络实时监视及录像文件下载；支持远程网络查询及回放远程服务器的录像文件；支持双向音视频传输，可通过网络进行双向语音对讲。

④ 宽电压输入特性。DC8V-36V宽电压输入，适应车辆在起动、行驶、制动、加速、熄火时电瓶的输出电压变化。

⑤ 平台架构及功能。平台采用多服务器的方式架构，使用主流数据库，平台依托组件实现视频监控和录像回放。平台软件的设计具有实用性、兼容性、扩容性、可靠性等网络管理要求；平台具有报警自动连接功能，无线网络中断后再复通功能，接入平台下的所有设备能够自动连接到监控系统并正常工作；具有与110系统对接并实现报警联动功能，报警处置通过监控中心客户端确警后，通过监控报警联网服务器向110指挥中心分发。110指挥中心的报警信息，也能通过监控报警联网服务器分发到监控中心的监控终端；客户端软件具有良好的操作界面，并具有图像窗口、报警窗口、录像回放窗口、设备管理窗口等辅助界面；通过平台完成设备、用户注册管理；报警信息、控制信令转发；设备、用户配置管理；报警接入处理、联动；远程实时监控，电子地图实时跟踪并监控，图像回放、车辆历史数据回放；远程网络查看，远程网络管理；多种录像方式，即SD卡（16GB）6天循环录像；网络服务器录像、总部录像、监控中心录像。云台智能控制，支持无线网络，流量统计；支持远程查看，远程控制、远程录像、图像抓拍、录像回放、即插即用；支持移动侦测，支持3G手机查看；支持万人同时查看，图像色彩可调。不受地域限制，带红外夜视，户外防水。平台统一注册，多级管理，远程查看，存储录像、拍照、报警。产品接入网线即可使用，操作简单、拓展灵活（可接入管理方网站）、保密性好（多级别查看、

管理）；兼备远程连锁企业经营管理功能与远程安防监控系统功能于一身；不管在家、在公司、在外地出差，能上网的地方就可以远程管理。

（2）视频监控的监控卡主要功能和技术指标　监控卡也称视频采集卡、视频压缩卡、视频卡，通常统称监控卡。监控卡是插在 PC 的 PCI 接口上，通过软件对视频监控图像进行捕捉，以一定格式进行压缩并保存在 PC 硬盘上，通常压缩格式有 MJPEG、MPEG-1、MPEG2、MPEG4、H.264、MV9 等。最新的压缩格式为 H.264 和 MV9。以 PC 为硬件环境的视频监控卡的主要功能和技术指标如下：

① 接口。视频采集卡的接口包括视频与 PC 的接口和与模拟视频设备的接口。目前，PC 视频采集卡通常采用 32 位的 PCI 总线接口，它插到 PC 主板的扩展槽中，以实现采集卡与 PC 的通信与数据传输。采集卡至少要具有一个复合视频接口（VideoIn）以便与模拟视频设备相连。高性能的采集卡一般具有一个复合视频接口和一个 S-Video 接口。一般的采集卡都支持 PAL 和 NTSC 两种电视制式。 需要注意的是视频采集卡一般不具备电视天线接口和音频输入接口，不能用视频采集卡直接采集电视射频信号，同时也不能直接采集到模拟视频中的伴音信号。要采集伴音，PC 上必须要装有声卡，视频采集卡通过 PC 上的声卡获取数字化的伴音并把伴音与采集到的数字视频同步到一起。

② 功能。在 PC 上通过视频采集卡可以接收来自视频输入端的模拟视频信号，对该信号进行采集、量化成数字信号，然后压缩编码成数字视频序列。大多数视频采集卡都具备硬件压缩的功能，在采集视频信号时首先在卡上对视频信号进行压缩，然后才通过 PCI 接口把压缩的视频数据传送到主机上。一般的 PC 视频采集卡采用帧内压缩的算法把数字化的视频存储成 AVI 文件，高端一些的视频采集卡还能直接把采集到的数字视频数据实时压缩成 MPEG-1 格式的文件。监控图像通过电流信号模拟形式将数据不间断实时性地传输给监控卡，监控卡要采集模拟信号中的每帧图像，并在接收到的同时通过软件存入计算机内存。因此，实现实时采集的关键是每一帧所需的处理时间。如果每帧视频图像的处理时间超过相邻两帧之间的相隔时间，则要出现数据的丢失，也即丢帧现象。采集卡都是把获取的视频序列先进行压缩处理，然后再存入硬盘。

4. 车载 GPS 定位器的功能

车载 GPS 定位器如图 2-13 所示。

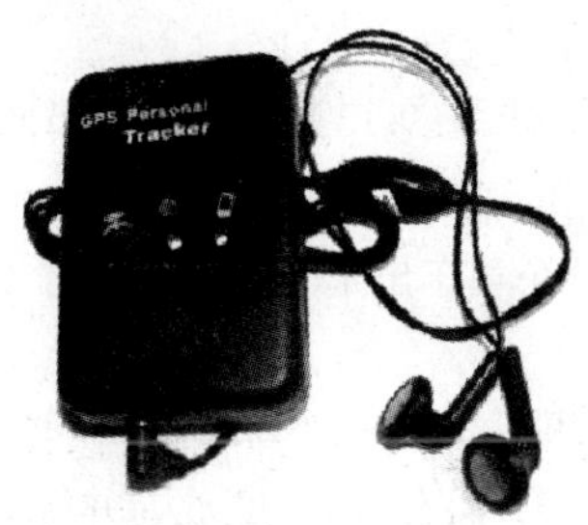

图 2-13　车载 GPS 定位器

① 车辆监控功能。监控中心能全天候实时监控所有被控车辆的当时位置、行驶方向、行驶速度、发动与熄火状态等。系统可设置到 1s 返回一次车辆动态信息，以便及时掌握车辆的状况。

② 轨迹回放功能。监控中心能随时回放近 30 天内的自定义时段车辆历史行程、轨迹记录。

③ 报警功能。超速报警、区域报警、防劫报警、被控车辆超出监控中心预设的速度报警值以及超出或驶入预设的区域会向监控调度中心给出相应的报警。

④ 监听功能。遇到紧急情况调度中心可随时启动对车内声音的监听，以便妥善处理。

⑤ 短信通知功能。可预设被控车辆的各种报警或状态信息在必要时发送到管理者手机上，以便随时随地掌握车辆状态信息。

⑥ 远程控制功能。监控中心可随时对车辆进行远程断油、断电、锁车等。

⑦ 行驶里程统计功能。系统利用 GPRS 车载终端的行驶记录功能和 GIS 地理系统原理对车辆进行行驶里程统计，并可生成报表且可打印。

⑧ 地址搜索功能。可进行精确查找和模糊查找。在确定目标地址或路名全称，系统自动以该目标地址为地图中心位置展现出来。系统操作人员只需输入地名和路名的关键字词，系统立即会列出与该关键字词相似的地址信息，再确定目标地址进行查找。

⑨ 距离测量功能。监控中可自定义 A 点和 B 点，并可对其测量距离。

⑩ 停车记录功能。调度中心可对车辆的历史停车记录以文字形式生成报表，其中描述车辆的停车地点、时间和开车时间等信息，并可对其进行打印。

⑪ 地图制作功能。GPS 定位系统另外设计了两个用户图层（自定义定位、自定义道路），调度人员可自行根据车辆的行车路线、轨迹添加到地图自定义道路或添加信息点位。

⑫ 车载电话功能。车载移动电话可以像普通手机一样通过耳机拨打电话，调度中心可对此电话进行远程权限设置，即呼入限制、呼出限制、只能呼叫指定的若干电话号码。

⑬ 权限管理功能。GPS 定位系统可设置十个以上的级别权限，特权用户可查看所有在线登录账户的操作与状态。

⑭ 车辆信息管理功能。GPS 定位平台系统可录入详细的车辆、驾驶人员、车辆图片等信息，以方便调度人员的工作。

⑮ Web 功能（BS 构架）。系统集成的 Web GIS 技术，使用户在任何连接 Internet 的地方，经过授权，可使用 IE 方式查看车辆监控。

⑯ 出租车进出城自动登记功能。可以在出租车辆出城时，在监控中心平台进行自动登记，不同的车辆可以设定不同的驶出区域，如可实现一个分公司的车出了下城区这个区域就自动登记或报警，另一个分公司车出了当地所有城区才自动登记或报警，并支持对单车或报警区域设定。

⑰ 载客与空驶状态记录功能。实时显示出租汽车的载客与空驶状态，并自动记录上客与下客的时间，可对此时段的行车路线进行回放，并统计出其里程及打印其地图窗口。

⑱ 调度功能。出租车在实际运营中经常要使用电话叫车功能。GPS 定位系统中可实

现电话叫车，呼叫中心接到客户电话叫车后，首先在地图中确定叫车地点，并可划定一个范围，然后 GPS 定位系统自动向该范围内所有空载车辆发出调度信息。也可指定任意空载车辆发出调度信息，GPS 定位系统还可对每辆车成功调度次数进行月统计。调度中心可向车辆发送基于 GPRS 传输模式的短信（此短信不产生信息费，其包含在 GPRS 包月流量里面），调度中心也可指定或群发信息广播等各类信息，司机也可以向调度中心发送或回复预设的固定短信。

⑲ 最优路径分析功能。调度中心确定目标地址后，系统自动把一定距离内所有的车辆按最短路程或所有车辆的路程距离列出，并描绘出线路，调度人员可根据了解的交通经验给出最佳调度方案。

⑳ 回复功能。司机通过车载 GPS 上的按钮来回复，调度中心在收到第一个回复信息后立即自动将详细的调度信息发送给司机，然后确认完成任务派出。

㉑ 指定功能。调度中心在接到电话叫车并在找出指定范围内的所有空车后，可以指定其中的一辆要求司机完成接客任务。

5. 客运车辆车载监控系统的应用

近年来，在各级政府领导重视和支持下，3G 车载视频在各地客运班车、包车客运、公交车上得到大量的应用，并取得较好的效果。

公交客运车辆动态视频监控系统（即车载监控系统）是社会治安动态视频监控系统的重要组成部分，推广建设公交客运车辆监控系统是应对当前社会治安形势、强化社会治安防控、推进社会治安综合治理、打击犯罪、维护公共安全的重要举措。各地公交部门从构建和谐社会的高度，充分认识到推广建设公交车辆监控系统的重要意义，加强组织领导，确保了推广工作的顺利进行。

车载监控系统可实现的功能很多，不同类型的车载监控有不同的实现方式。以公交车为例，大型公交车一般安装 3～4 个监控探头，设置点在汽车风窗玻璃靠中间的位置，能够照清楚前排座位的情况；车厢中部安装一个摄像头；加长汽车还有可能在车厢尾部加装摄像头，如果条件允许，在无人售票的情况下，下车门斜上方也可安装摄像头。

在选用车载监控摄像头时要求也不尽相同，安装在车内的摄像头一般都采用半球机，且能够提供较好的夜视效果。夜晚或车厢内光线不足时也能够看清楚车厢内的情况。一般情况下，在车厢前部会安装一部有红外效果的小型枪机，其余地方由于地方有限都安装半球机。适用于安装在车外部的车载监控对防爆、防水效果等尤为突出。监控摄像机或云台具有良好的夜视效果、防水效果、防雷效果、散热性。

暴露于空气中的车载监控摄像机要对天气有很好的适应能力，阴天情况下，能够提供低照度拍摄、夜晚提供远距离红外夜视效果，刮水器设计突破球形摄像机难清洁的壁垒，更为重要的是在冬天外部气温较低摄像机工作温度较高时可能会出现结雾现象，采用高透射率光学玻璃，更加有利于红外光激光投射，提高观测辨识度。

车载监控系统部完全等同于 GPS 系统，如今的车载监控更注重图像与声音的立体监控，而传统的 GPS 除了有精准的定位系统外很难与外部实现图声并茂的监控。据调查，目前一些大中城市的绝大部分出租车都装有传统的 GPS 定位系统，系统与监控中心联网，司机可触发按钮将车内声音传回指挥中心，同时指挥中心也可以控制车辆，实现自动熄火等功能。为了能够防止司机瞌睡等情况，目前市面上有一款针对司机发明的防瞌睡报警器。拨开防瞌睡耳铃的开关，把它挂在司机的耳朵上。一旦睡意袭来，瞌睡低头时耳铃将发出一声清脆的“嘀”声，刺激到瞌睡的神经，使司机重新精神百倍。

6. 危化品运输车辆监控预警系统及实时动态监控

随着科学技术的迅速发展，危化品道路运输车辆监控系统在不断更新换代。充分利用先进的通信技术、计算机技术、可视化技术和自动控制等技术构建危化品道路运输车辆监控预警系统是提高运输车辆安全行驶的有效方法。对危化品运输车辆的管理，必须利用现代化的先进技术和科学化的管理手段，强化危化品运输车辆的全过程监控和集中管理。目前，对危化品运输车辆要积极推行安装 GPS、行车记录仪和通信设备实行跟踪管理，建立危化品运输车辆监控预警系统，使危化品运输管理工作科学化、规范化和制度化。

（1）危化品运输车辆监控预警系统 车辆监控预警系统是由安全管理技术、空间定位技术、计算机技术、地理信息系统、控制技术和数据通信等技术集成的典型应用系统。危化品道路运输监控预警系统就是以 CIS 作为基础信息系统平台，以 GPS 作为空间定位手段，以 GSM、GPRS 或 CDMA 作为无线数据传输形式，以安全管理、预测科学为研究方法，同时集成终端自控系统、安全分析与管理、报警预警系统的车辆监控系统。整个系统的结构可分为车载终端、通信系统、运输车辆监控中心和应急救援相关部门。在危化品的运输车辆终端安装 GPS 收发器，以完成运输车辆的定位和导航等功能，安装车载 GSM、CDMA 等用于完成车辆和监控中心及车辆间的语音、视频和数据的交互，同时安装有各类传感器和控制器完成车辆及危化品状态等信号采集及现场控制和报警等。通过 GPS 卫星和 GSM 网络来完成运输车辆的定位和通信等。在系统监控中心完成车辆的实时监控预警、音视频调度指挥、安全分析和管理、信息发布和事故报警等。在运输车辆发生事故或其他紧急状态时，监控中心实时获取现场状态并根据实际危险等级及时通知相关部门，交管部门等应急救援中心完成危化品运输车辆紧急状态的处理。

整体系统实现实时跟踪及间续跟踪等多种方式监控危化品、运输车辆、人员及路途环境等状态，实现多车辆、分区域、跨区域监控，实现监控中心与车载端设备与人员的语音、数据和图像等多种方式的信息交互，车载终端的自动监测、报警和安全保护等，实现监控中心对车辆调度指挥、自动接警和处警、安全分析与管理、事故预测预警等功能。终端硬件主要包括终端控制器、GPS 接收及导航、数据及音视频采集子系统、显示系统、储存器、电源模块、固件和外部接口、MEMS 传感器等。车载终端控制器中音视频处理子系统由 CCD 镜头、液晶模块、集成显示屏幕、光盘前端机和扬声器等构成。车辆的数据采集子系统即传感器模块将运输车辆的各类参数如车辆行驶速度和方向、车厢内外温湿度环境参数、危化品的状态、车辆碰撞检测等信号传输到车载终端控制器，经过处理在液晶显示器上进行实时动态的显示，对不正常状态给出提示和报警。车辆安全控制子系统对车辆的电气电路、机械设备、油路等进行监控和预警保护。车载子系统所采集到的所有参数和音视频等信息均可通过无线发射模块发送至运输车辆监控中心。

危化品道路运输车辆监控系统中的无线通信链路是车辆移动端和监控中心端实现通信的关键。通信的方式可采用GSM、GPRS、CDMA、固定频率通信、卫星通信和集群通信等。监控中心是整个危化品道路运输监控预警系统的重要组成部分。监控中心配置包括各类功能服务器、应用终端和软件、监控设备、报警装置、数据库、实时监控大屏等，可实现对网内车辆当前所处的位置、速度、方位、装载危化品的实时参数以及车内外视频的远程监视，在监控中心的电子地图上能准确地显示车辆实时状态。通过无线网络实现远程监听及喊话、断电路和油路、锁车门和报警等动作；各类分析预测和管理软件可实现对运输车辆的安全分析和管理、事故预测、音视频指挥调度功能，可提供位置查询、电子地图服务、车辆管理等多种服务。

（2）危化品运输车辆实时动态监控对策　危化品运输车辆素有“流动化学炸弹”之称，一旦发生关于危化品运输车辆的交通事故，往往会造成巨大的财产损失和人员伤亡，甚至会污染周边的环境、堵塞道路交通。因此，危化品运输交通安全关系到社会秩序的稳定和安全。

许多发达国家对危化品运输车辆实时动态监控已有很多年，监控技术和管理手段也不断进展。我国化工企业多、危化品运输车辆多、人口多、土地空间少的省份，对危化品运输车辆实时动态监控尤为重要。近些年来，危化品运输安全问题已引起党和国家、各级地方政府的高度重视，相继出台了一系列针对危化品运输车辆如何规范运作的法律、法规、标准和规定。根据《道路危险物品运输管理规定》规定，国家交通和公安部门责令运输企业为危险化学品运输车辆安装符合国家标准的汽车行驶记录仪和 GPS 卫星定位系统，并配备安全防护、施救、监控设备。2011 年 4 月，交通运输部、公安部、安全监管总局、工业和信息化部联合下发《关于加强道路运输车辆动态监管工作的通知》，（以下简称《通知》）要求各级交通运输、公安、安全监管、工业和信息化部门建立协调合作机制，加强部门协作，形成监管合力，确保所有旅游包车、三类以上班线客车和运输危险化学品、烟花爆竹、民用爆炸物品的道路专用车辆（简称“两客一危”车辆）安装使用具有行驶记录功能的卫星定位装置（简称卫星定位装置）。《通知》指出，“两客一危”车辆出厂前应安装符合规定的卫星定位装置。对于不符合规定的车辆，工业和信息化部不予上车辆产品公告，道路运输管理部门不予核发道路运输证。对于已经取得道路运输证但尚未安装卫星定位装置的营运车辆，道路运输管理部门将督促运输企业按照规定加装卫星定位装置，并接入全国重点营运车辆联网联控系统。没有按照规定安装卫星定位装置或未接入全国联网联控系统的运输车辆，道路运输管理部门将暂停营运车辆资格审验。公安部门将逐步把“两客一危”车辆是否安装使用卫星定位装置纳入检验范围。为了从源头上做到监管，各地也建立了危险化学品道路运输安全监管联控机制。《通知》明确要求交通运输部门负责建立营运车辆动态信息公共服务平台，实现与全国重点营运车辆联网联控系统的联网，并向公安、安全监管等有关部门开放数据传送；公安部门根据符合标准的卫星定位装置采集的监控记录资料，严格依法查处超速行驶、疲劳驾驶等道路交通安全违法行为；安全监管部门利用动态监督手段，做好应急指挥及事故调查处理工作。

运输剧毒、爆炸、易燃、放射性的危险货物的应当具备罐式车辆或厢式车辆、专用容器，车辆应当安装行驶记录仪或定位系统，并要求配备有效的通信工具。道路危险物品运输企业或者单位在运输危险货物时，应当遵守有关部门关于危险货物运输线路、时间、速度方面的有关规定。危化品运输单位车辆要安装符合国家标准的 GPS，对已安装的不符合要求的 GPS，要加快改造进程，达到联网监控的要求。

（3）危化品运输安全服务平台的实施方案 为加强对危化品运输公司车辆的营运管理，加强对运输货物的实时监控，预防交通事故的发生，确保货物、车辆、司机的安全，并且为交通事故分析提供科学参考依据，保障驾驶员的合法权益，石化企业普遍建立一套基于 3G 无线网络的危化品运输车辆监控管理系统。完全解决了由于危化品运输车辆的可移动性而导致的不能及时掌握危化品运输车辆运行状况的难题。为解决目前危化品监控系统中存在的监控信息不全面、车辆管理不集中等问题，大型危化品运输安全服务平台的实施方案，可为危化品公路运输安全服务保驾护航。

危化品运输车辆监控管理系统主要由车载 3G 视频采集传输子系统、3G/2G 无线公网传输子系统、GPS 定位导航子系统、车辆集中信息管理子系统和监控中心子系统等构成。危化品运输车辆监控管理系统将车辆的位置与速度，车内外的图像、视频等各类媒体信息、车辆参数（CANBUS）及车载物品数据参数等进行实时管理，能够有效满足用户对车辆管理的各类需求。

传统的危化品车辆监控平台存在信息量少、平台容量小、功能不全等问题，无法满足石油石化行业安全管理的要求。大型危化品运输安全服务平台通过 GPS 和北斗卫星定位系统的车载终端中加装危化品运输安全指标检测器，把危化品运输监控中的 GIS 集成平台、视频监控、移动危险源监控、应急信息管理与应急联动系统整合在一起，可以从事故预防的角度，收集更多与行驶安全相关的信息并及时做出规则对比判断，在事故出现前及时提醒司机和管理人员避免事故发生。事故出现后，现场情况能够及时被传回到指挥中心，工作人员可以快速查找和通知可用的救援资源，降低事故损失。为了提供标准统一的监控服务，系统集中部署，采用消息服务的方式以降低海量信息对整个系统的压力。消息服务能够对 GPS 终端发送的数据进行接收、筛选、编解码、计算、比对和分发，直接提供客户端需要的实时监控数据，把需要保存的信息存入数据库中，极大地减轻了服务器的压力。整个系统由后台系统、BS 业务系统、CS 业务系统组成，其中后台系统接收 GPS 或北斗卫星定位系统的信息，将结果处理后把整形好的定位信息和报警信息发送给 BS 业务系统和 CS 业务系统；BS 业务系统接收后台系统的 GPS 定位信息和报警信息，提供给客户端用户各项业务功能；CS 业务系统也能接收后台系统的 GPS 定位信息和报警信息，提供给客户端用户高级的监控、设置功能。

危化品公路运输服务平台的后台系统部署在消息服务器、数据转发服务器、预报警处理服务器、MQ 服务器和数据库服务器上；BS 业务系统部署在 Web 应用服务器和 GIS 服务器上；CS 业务系统的服务器端部署在 CS 应用服务器上。平台功能组成包括业务人员使用的终端远程管理、实时监控、地图服务、基础信息管理和查询统计等业务功能，以及温度传感、阀门状态、气象提醒等安全相关功能，还包括支持监控平台后台运转的平台服务。整个功能层次划分为采集层、传输层、处理层、存储层、服务层和应用层。根据危化品公路运输安全管控的需求，平台充分考虑影响危化品运输安全的人、车、货、路等因素，为危化品运输监管提供多种因素结合的参考数据。

7. 汽车远程故障诊断系统

（1）Internet 实现了汽车远程故障诊断　因为汽车位置的不确定性，不可能通过有线的方式连接到 Internet 上，而 GPRS 作为一种比较成熟的无线数据传输技术，恰好可以弥补上述缺点。通过车载信息平台上的 GPRS 模块，就可以实现和 Internet 的无线连接，从而为汽车的远程故障诊断系统提供了最基本的技术保证。车载电脑远程故障诊断系统作为一个复杂的跨学科系统，涉及众多研究领域，一直被各国科研人员重视，并投入大量资金开展基础理论和应用产品方面的研究。近年来，随着各种配套技术的逐步完善，远程故障诊断系统在许多领域得到广泛应用。

目前，在汽车工业发达的国家，车载信息平台和导航服务项目已经逐渐成为标准配置。与此同时，汽车制造商正规划着信息服务的下一个发展阶段，即使每辆汽车能够通过 Internet 与特约汽车维修厂进行数据通信。

如何及时处理发生故障的车辆以及对车辆故障位置的准确定位，一直是汽车检修道路上的难题，远程故障诊断系统的应用使这一难题逐步得到解决。车辆发生故障的情况下，车载电脑的多种传感器采集车内的多种信息，为远程车辆监控提供丰富的数据资料；通过近年来飞速发展的 3G 通信网络可以准确确定车辆所处的位置，以及通过故障信息来初步确定故障产生的位置。车辆维修人员和后台专家通过计算机网络和数据库，确定最佳的故障解决方案，从而能够迅速修复车辆的故障。远程故障诊断系统的信息存储模块，可为车辆故障提供科学依据，同时对车辆设计提供有益的借鉴。

（2）汽车远程故障诊断系统的功能　汽车远程故障诊断系统的工作过程是用户通过车载信息平台对汽车上的控制模块进行数据采集和状态监测后，向远程诊断服务中心发出远程诊断请求；服务中心经权限检验后，对用户请求做出响应，启动相应功能模块，开始诊断工作，并借助网络与用户进行实时的信息交互传递。车载信息平台的工作过程是用户通过键盘向车载信息平台发出进行远程诊断的指令，嵌入式处理器通过与车内其他功能模块进行通信，获得车内各系统的工作状态，将这些数据存储在存储器中；然后再通过无线传输模块向远程故障诊断服务中心请求诊断服务，请求得到允许后，车载信息平台将存储在存储器中的车辆工作状态数据和故障代码信息发送到远端的诊断服务器上；诊断服务器收到数据后进行诊断分析，将诊断结果返回，车载信息平台将接收到的诊断结果进行显示，从而达到诊断的目的。

（3）车载信息平台与远程故障诊断中心的通信 要实现远程诊断，必须要有远程通信技术的支持。由于汽车的位置是不确定的，所以不可能通过有线的方式连接到 Internet 上，这样要进行远距离数据传输就需要依靠无线通信。常用的无线通信实现方式有现有的通信网络（GSM/GPRS、CDMA 移动网等）和相应的无线通信产品；通过无线收发设备，如无线 Modem、无线网桥等专门的无线局域网；利用收发集成芯片在监测站端实现电路板级与监控中心的无线通信。

（4）远程诊断汽车故障 汽车中不断增强的基础系统计算机控制化，与现代飞行器中的线控飞行类似。线控驾驶始于电子化的节气门控制，也就是变速器并不与节气门装置物理相连。混合动力汽车中的线控技术应用尤为重要，因为系统必须决定究竟是使用油还是用电来驱动。它需要判断驾驶者的意图，并高效地完成切换。除了节气门控制，自动化的控制还包括制动系统，因为可转换的制动系统必须计算出热能的损耗，并决定系统中多少能量可以被转换为电能。

汽车的计算机化程度越高，它就越可能全面地做出诊断，甚至是通过无线网络进行升级。汽车运行中收集的数据，可以被保存起来，并为人们所用，以便他们能够了解汽车的即时性能。

如今通用汽车的车载无线连接系统 OnStar，可以通过传感器采集汽车的诊断数据，并通过电子邮件发送给服务的订阅者。如果轮胎的气压过低或者油量过低，或一些关键系统，如引擎、传动器、稳定控制系统、气囊或防锁制动的状态不正常，它就可以向车主发出告警。甚至常规性的发动机灯检查和发动机失灵前的预警，也是可以做到的。通用汽车即将推出的全电子汽车 Chevrolet Volt，拥有一个更加成熟的 IT 系统，它可以连接到远程服务器上，以便机械师可以远程地诊断汽车故障，而无需将车送到修理厂。

（5）典型汽车故障远程诊断实例 东风雪铁龙服务部技术援助室是服务网点技术援助的归口管理部门，它的职责是负责解决网点所有的疑难技术故障。如果用户的车辆出现故障，网点的专家技术员对用户的车辆故障独立诊断 45min 以上仍无法判断故障原因时，他们会向总部提出援助请求。总部技术援助专家对全国网点实施技术援助，有电话援助、远程援助、现场援助三种援助方式，保证用户的车辆在途故障救援与维修。

远程援助可以从狭义和广义两方面来讲。狭义的是指我们知道有互联网上远程教育、远程医疗诊断。汽车远程援助是同样的道理。例如当用户的车辆出现问题，而网点一时又无法诊断故障时，就可以将该车辆与电子诊断设备接上，然后通过互联网与总部取得联系，总部的援助专家就可以通过诊断显示屏直接对故障车辆进行诊断、处理，如同亲临现场一样，这样就大大提高解决车辆疑难故障的效率。远程援助从广义上讲还可以通过互联网对电子诊断设备进行升级、对汽车本身的电脑进行恢复或升级。汽车是高科技产品，对它的诊断和维修更需要先进的设备和手段，东风雪铁龙公司在这方面起步较早，在 2002 年就开始推广远程援助，起步阶段是通过电话 ISDN 上网，现已全部改为 ADSL 宽带上网，远程援助是一种先进的维修方法，是汽车维修的必然趋势。

某毕加索车在使用中出现突然无法起动，同时电控单元锁闭的故障。服务站在进行更换电控单元时，无法对电控单元进行程序编制，同时新电控单元也处于锁闭状态。故求助总部援助室，为判断故障点，总部援助室与该服务站进行了远程连接，通过远程控制查看车辆的系统参数，问题可能出现在“智能控制盒”、“电控单元”、“智能控制盒与电控单元之间的线路”。

根据刚刚换上新的电控单元就锁闭这一现象判断，同时通过远程诊断查看电控单元的接收信号参数“正在接收 BSI 的信号”，可判断故障点在智能控制盒上。经过指导服务站对智能控制盒进行更换，车辆顺利起动，故障排除。

一台上市初期的赛纳轿车，因故障车需要更换发动机，电控单元网点更换后车辆仍无法起动，无法完成初始化设置，通过远程诊断观察网点操作过程，发现其车辆备件组织号输入差别过大，导致诊断仪显示菜单出现异常，无法进入设置菜单，重新按正确备件组织号输入，初始化设置顺利完成，车辆恢复正常工作。

一台毕加索手自一体车辆，用户自费更换新的液晶仪表板后，仪表板上的挡位显示不工作，经过核实备件正确无误，经过总部与网点远程控制操作进入仪表板的电脑，查看参数，更新手动挡为自动挡后，挡位显示正常工作。

四、卫星定位 GPS 车载防盗报警

1. 车载 GPS 卫星定位网络式汽车防盗系统

GPS 即全球卫星定位系统，是 20 世纪 70 年代美国耗资 130 亿美元研制和开发出来的。最初只使用于军事领域。1993 年后，美国国防部正式宣布 GPS 向全球免费开放使用，由于它先进的技术特点在很多方面和交通行业不谋而合，因此，很快就被广泛用于交通行业，并在汽车反劫、防盗领域取得实际效果。

（1）GPS 卫星定位汽车防盗系统的功能

① 定位功能。监控中心在全国范围内可随时监控某辆车的运行状况，可以 24h 不间断地检测目标车辆当前的运行位置、行驶速度和前行方向等。

② 通信功能。在行车中可以为车主提供 GSM 网络上的全国漫游服务。车主可以随时随地和外界及服务中心保持联络。在实际使用过程中，对一些劫车者也具有震慑作用。另外，它的话费优惠和免提功能也让您用得更方便、更舒心。

③ 监控功能。如果您万一不幸遇上劫匪，也不用担心，您可以通过 GPS 系统配备的脚踏或手动报警、防盗报警等报警设备迅速和监控中心取得联系。

车载无线监控应用如图 2-14 所示。

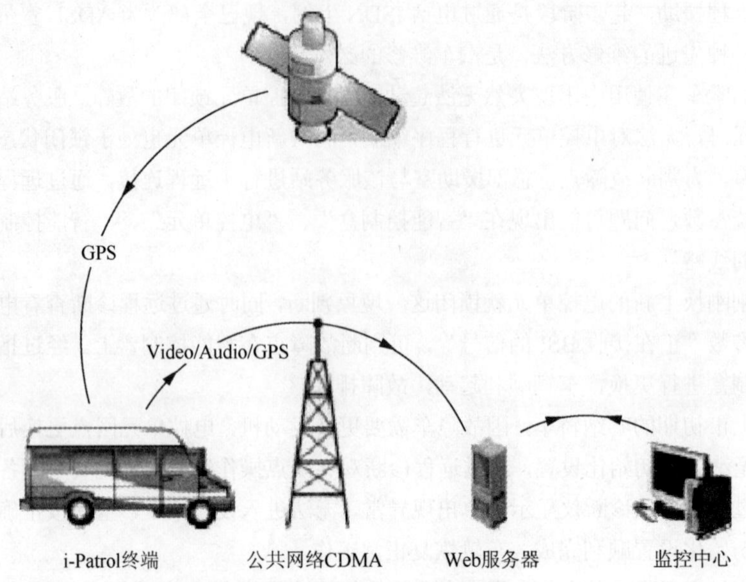

图 2-14 车载无线监控应用

④ 停驶功能、GPS 卫星定位汽车防盗系统可通过监控中心对被盗车辆实行“远程控制”。监控中心在了解到您提供的信息和警情无误后，可以遥控该车辆，对其实行断油、断电。

⑤ 调度功能。在车辆日渐增多的大城市遇上交通拥堵 GPS 同样可以帮忙。监控服务中心可以将当前的道路堵塞和交通信息广播，发布调度指令。目前主要使用的网络有无线网络（BB 机网络）、GPS（卫星定位系统），其中应用最广的就是 GPS。GPS 卫星定位系统属网络式防盗器，它主要靠锁定点火或起动达到防盗的目的。该系统由安装在指挥中心的中央控制系统、安装在车辆上的移动 GPS 终端以及 GSM 通信网络组成，接收全球定位卫星发出的定位信息，计算出移动目标的经度、纬度、速度、方向，并利用 GSM 网络的短信息平台作为通信媒介来实现定位信息的传输。

（2）GPS＋GSM 远程遥控车用定位防盗器的功能

① 语音报警功能。车辆电池不足、振动、非法打开了行李箱车门时，数秒钟内自动拨通车主电话或以短信方式发送(可存入三个电话号码，短信的间隔可以设置，40s 到 5min）提醒。

② 手机远程遥控功能。具切断电路、油路，车门上锁，开锁，遥控发动车辆，遥控打开空调等功能。

③ 双向语音功能。遥控成功后，将有相应的语音返回。

④ 反劫持功能。设有紧急按钮，紧急情况下按下 SOS 键设备就会不断拨打预存的电话，直到接通为止。

⑤ 监听功能。遥控监听车内动静或向车内喊话。

车载 GPS＋GSM 远程遥控定位防盗器使用双电源供电，即汽车电瓶供电和锂电池供电（理论待机时间为 72h）。该机使用三代 GPS 芯片；GSM＋GPS 两套定位系统，分别安装两根接收天线。当非法破坏天线或切断电源时，系统就会马上发出报警声及向预设的电话上拨打报警电话，直到车主操作解除警报为止。如果车辆进入地下车库，设备会存储最后信号消失的地方的坐标。车辆所行经路线的回放功能，最多可以保存三个月。另有电子围栏功能，即车辆若超出预先设定的范围之外，马上会报警。

2. 中央门锁和遥控门锁防盗系统及其执行机构

（1）中央门锁系统　使用电动机操作车门的锁定机构使车门锁住或打开。汽车装上中央门锁后可实现下列功能：

① 将驾驶员车门锁扣按下或拉起时，其他几个车门及行李箱门都能自动锁定或打开。

② 如用钥匙锁门或开门时，也可同时锁好或打开其他车门和行李箱门。配合防盗系统，实现汽车防盗。为了方便，除中央控制外，在车室内个别车门需打开时，可分别拉开各自的锁扣。

③ 当驾驶员侧的内部锁止开关在锁止位置时，关上车门后，该车门也不能锁止，以防止钥匙忘在车内而车门被锁止。有些车型为了防止钥匙锁在车内，设置了钥匙开锁报警开关。

④ 防止车内儿童擅自打开车门，只有当中央门锁系统在“开锁”状态时，儿童安全锁门才能退出。有的车锁是当儿童安全锁门拨到锁止位置时，在车内用内锁扣不能开门，而在车外用外锁扣可以开门。

⑤ 门锁执行机构是用于执行驾驶员的指令，将门锁锁止或开启。门锁执行机构是在外电路的控制下，使其通电极性发生改变，从而改变运动方向，带动门锁连杆机构完成开锁和闭锁的作用。门锁执行机构现主要有电磁线圈式、双向空气压力泵式和双向直流电动机式三种类型。如双线圈门锁执行机构的结构有两个电磁线圈组成，一个是锁门线圈，另一个是开门线圈，与门锁操纵机构相连的柱塞，能在两线圈中自由移动。当给锁门线圈通正向电流时，柱塞在电磁力的作用下左移，将门锁锁定；当给开门线圈通反向电流时，柱塞在电磁力的作用下右移，将门锁打开。

（2）遥控门锁系统　遥控中央门锁控制系统也叫无钥匙进入系统，它的作用是给门锁系统加一个遥控开关，是对汽车车门开闭装置的动作器进行无线遥控的装置，这个系统还可以控制除中央控制门锁功能外相关的行李箱、灯光和喇叭等。

遥控装置就是对汽车车门开闭装置的执行器进行遥控的装置，在远离车辆的地方，进行车门的开闭。当驾驶员操纵遥控发射器，利用红外线或者无线电波发出身份密码（开、闭代码），设置在车辆两侧的接收器接收到该遥控信号，并与身份鉴定代码一致时，则按照相应的功能代码执行器开始工作，以便执行开闭功能。车门和车门锁是车身上操作最多的部件之一，也是车身舒适性得以实现的最基本环节。但是从防盗和安全的角度来讲，车门和车门锁应坚固，遥控中控锁系统使正常开启和非法侵入的操作途径分离开来，使用者可通过射频遥控进行操作享受到它的便捷和舒适。遥控中央门锁系统由于持遥控发射器、无线遥控门锁 ECU（接收器）、防盗和门锁控制 ECU 等功能部件组成，其中无线遥控门锁 ECU 和执行器驱动电路可以分成两个模块，以便减小接收电路的体积并与大电流电路分离，可以很灵活地选择安装位置，从而优化无线信号接收性能。无线遥控门锁系统的控制流程如图 2-15 所示；无线遥控门锁系统的零部件位置如图 2-16 所示。

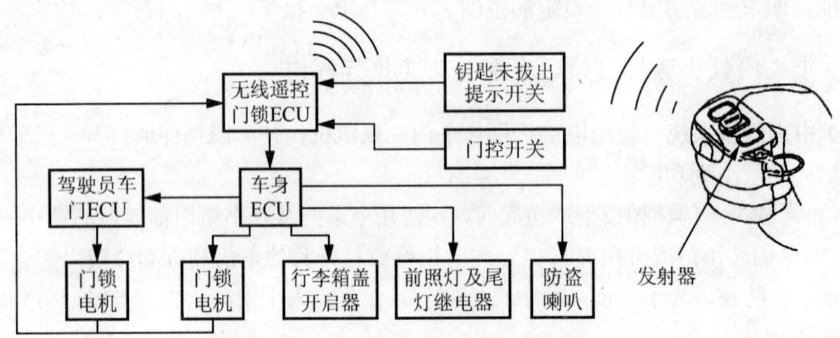

图 2-15 无线遥控门锁系统控制流程

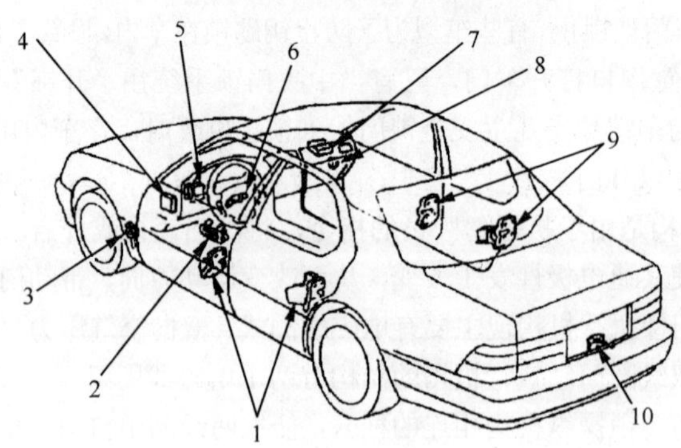

图 2-16 无线遥控门锁系统零部件位置

1．门锁电动机和未锁检测开关 2．门钥匙与未锁开关 3．无线门锁蜂鸣器 4．驾驶员侧车门 ECU 5．车身 ECU 6．钥匙未拔出提示开关 7．无线遥控门锁 ECU 8．防盗喇叭 9．门锁电动机和未锁检测开关 10．行李箱锁

遥控门锁系统具有以下功能：

① 可开启、锁上所有车门，可控制行李箱开启器。

② 具有两级开锁功能。将发射器上的开门开关按下一次时，只有司机门锁开启，再按下一次时，则所有门锁均开启。

③ 具有行李箱开启功能。行李箱可用发射器上的行李箱开关来打开。

④ 具有寻车功能。发射器上有紧急开关，可使防盗系统警报器动作。

⑤ 遥控门锁 ECU 包含天线，用以接收发射器的信号，并采用了电子可编程序只读寄

存器，它可把发射器的识别码再编程。无线遥控门锁系统工作过程见表 2-1。凌志 L5400 无线摇控门锁系统通过按发射器开关，便可产生表 2-1 中所列操作。

表 2-1　无线遥控门锁系统工作过程

操作	工作过程
全部门上锁操作	按下发射器上“锁门”开关，锁上所有的门
二级开锁操作	按下发射器上的“开门”开关一次，只对驾驶席侧门开锁；而在 3s 内按下两次就打开所有的门
全部门开锁操作	按下发射器上的“开门”开关一次，对全部门开锁
行李箱开启操作	持续按下发射器上的“行李箱开启器”开关超过 2s 则打开行李箱
寻车操作	当全部门关上并锁上时，按下发射器上的“锁门”开关，可使前照灯和尾灯闪烁两次
紧急报警操作	当防盗系统已设定，按下发射器上的“紧急”开关可激活防盗报警系统

（3）钥匙控制式的防盗系统　发动机防盗锁止系统是针对发动机安装的一套防盗系统，因此，即使盗车贼能打开车门也无法开走汽车。典型的发动机防盗锁止系统是汽车点火钥匙内装有电子芯片，每个芯片内都装有固定的 ID（相当于身份识别号码），只有钥匙芯片的 ID 与发动机一侧的 ID 一致时，汽车才能起动。相反，如果不一致，汽车就会马上自动切断电路，使发动机无法起动。发动机防盗锁止系统使发动机仅在使用系统认可的钥匙时方可起动。

钥匙控制式的防盗系统是当驾驶员将车门锁锁住的同时，接通了电子防盗系统电路，电子防盗系统便开始进入工作状态。一旦有窃贼非法打开车门，电子防盗系统一方面用喇叭报警求救，另一方面切断点火系统电路，使发动机不能起动，于是起到了防盗报警的作用。这种防盗报警系统主要由电源、控制电路和执行部分等组成。电源的作用是向防盗系统提供电能。控制电路用来启动报警装置和控制发动机不能起动，以达到防盗的目的。执行部分主要由报警喇叭和切断点火电路的继电器等组成。

3. 中央集控门锁的基本结构原理

中央集控门锁系统的基本结构如图 2-17 所示。中央门锁通过设在驾驶座门上的开关，可以同时控制全车车门关闭与开启。中央门锁是用一个开关去控制另一些开关，它用电磁驱动方式执行门锁的关闭与开启。有的汽车的电动机控制开关由门锁杆操作；有的汽车用独立开关操作。开关通常安装在驾驶室车门和前乘客车门上。在具有车门锁杆开关的系统，推动门锁按钮超过锁定位置时，会将全部车门锁住；拉出门锁按钮超过开锁位置时，会打开所有车门。驾驶人员或乘客利用门开关可以接通或断开门锁继电器，门锁继电器包括锁定和开锁两个继电器，此继电器有两种功能，一方面将电源电压施加于电动机，另一方面使电动机另一端接地，形成通路。门锁电动机的转向是可逆的，其转动方向是由流经电枢电流的方向决定的。驾驶室门锁开关使用时（车门锁住），将开关掷向锁定位置，电源供电给锁定继电器线圈，继电器动作，其常开触点闭合，电源电压经此常开触点施加于所有门锁电动机，电动机电枢另一端经开锁继电器常闭触点接地，电动机旋转并将各车门锁住。

当开关断开电源（开关放在中间位置时），锁定继电器释放。

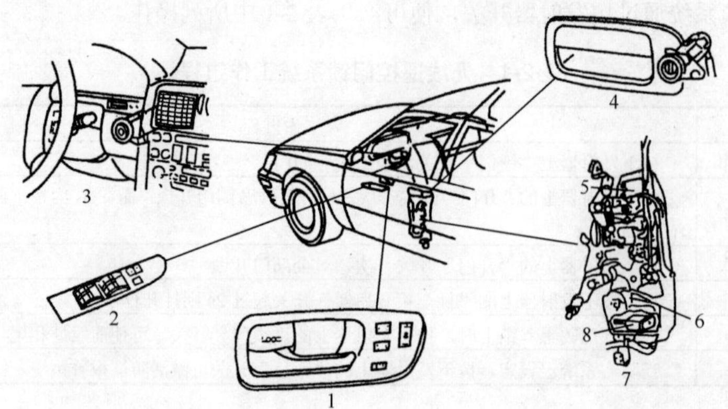

图 2-17 中央控制门锁系统的基本结构

1．门锁按钮 2．门锁控制开关 3．钥匙插入开关 4．门钥匙开关
5．车门锁止开关 6．位置开关 7．门锁总成 8．车门锁止电动机

驾驶室门锁开关使用时（车门开锁），将开关掷向开锁位置，开锁继电器线圈有电，继电器吸合，电源电压经闭合的开锁继电器常开触点施加于电动机，电动机电枢的另一端经锁定继电器常闭触点接地，电动机转动，把门锁打开。当开关放开，回到中间位置时，开锁继电器失去作用。

目前汽车上装用的中控锁种类很多，但其基本组成主要有门锁开关、门锁执行机构和门锁控制器。大多数中控锁的开关由总开关和分开关组成，总开关装在驾驶员身旁车门上，驾驶员操纵总开关可将全车所有车门锁住或打开；分开关装在其他各个车门上，可单独控制一个车门。门锁执行机构受门锁控制器的控制，执行门锁的锁定和开启任务。中控锁执行机构是用于执行驾驶员的指令，将门锁锁止或开启。门锁执行机构有电磁式、直流电动机式和永磁电动机式三种驱动方式。其结构都是通过改变极性转换其运动方向而执行锁门或开门动作。

（1）电磁式驱动 内设两个线圈，分别用于开启、锁闭门锁，门锁集中操作按钮平时处于中间位置。当给锁门线圈通正向电流时，衔铁带动杆左移，门被锁住；当给开门线圈通反向电流时，衔铁带动连杆右移，门被打开。目前，轿车的中央门锁多是电磁线圈式。锁门时，给电磁线圈通正向电流，磁铁带动连杆向左移动，扣住门锁舌片。开门时，给电磁线圈通反向电流，磁铁带动连杆向右移动，脱离门锁舌片。爱丽舍轿车的电子电磁式防盗系统如图 2-18 所示。

（2）直流电动机式驱动 是通过直流电动机转动并经传动装置（传动装置有螺杆传动、齿条传动和直齿轮传动）将动力传给门锁锁扣，使门锁锁扣进行开启或锁止。由于直流电动机能双向转动所以通过电动机的正反转实现门锁的锁止或开启，连杆驱动力由可逆转的直流电动机提供，利用电动机的正转和反转来完成锁门和开门的动作。这种执行机构与电磁式执行机构相比，耗电量较小。

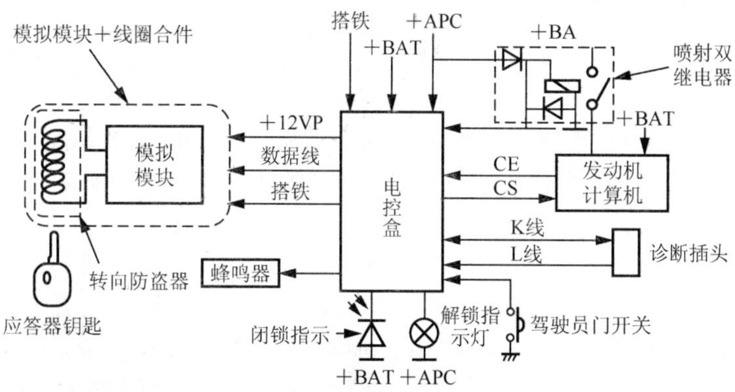

图 2-18　爱丽舍轿车电子电磁式防盗系统

（3）永磁电动机式驱动　是指永磁式同步电动机。它的作用与前两种基本相同，结构差异较大。转子带有凸齿，凸齿与定子磁极径向间隙小而磁通量大。定子上带有轴向均布的多个电磁极，而每个电磁线圈按径向布置。定子周围布有铁心，每个铁心上绕有线圈，当电流通过某一相位的线圈时，该线圈的铁心产生吸力，吸动转子上凸齿对准定子线圈的磁极，转子将转动到最小的磁通处，即是一步进位置。要使转子继续转动一个步进角，根据需要的转动方向向下一个相位的定子线圈输入一脉冲电流，转子即可转动。转子转动时，使门锁锁止或开启。

以上说的是中央门锁的工作原理，实际应用要复杂一些，要考虑电磁线圈或电动机的起动电流值，当轿车四门门锁同时动作的　瞬间，其电流值的变化会造成车上整个电路网络的不平衡。因此，除了中央门锁开关要经过继电器控制电磁线圈或电动机外，还要装电容器电路，利用电容器的充放电特性，避免车上电流发生大幅度波动。长安 CM8 中控锁闭锁器如图 2-19 所示。长安 CM8 中控锁控制器、遥控器如图 2-20 所示。

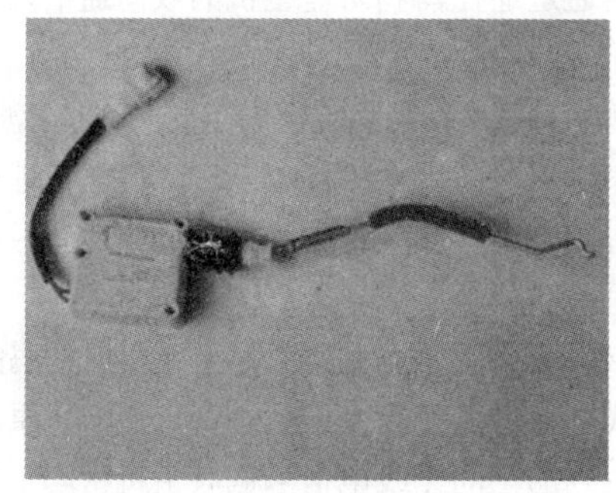

图 2-19　长安 CM8 中控锁闭锁器

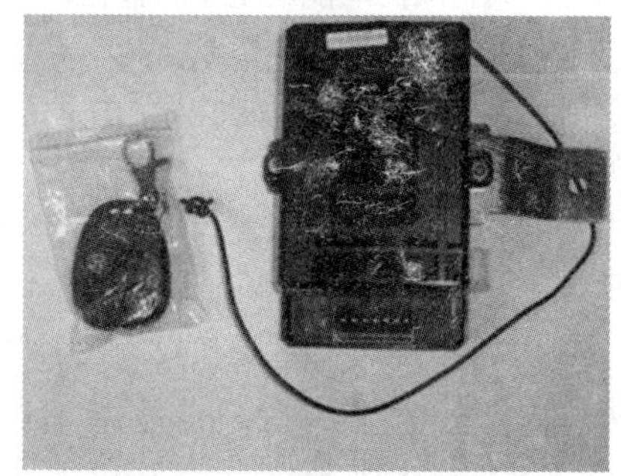

图 2-20　长安 CM8 中控锁控制器、遥控器

4. 车载电子式防盗器

为了克服机械锁只防盗不报警的缺点，电子防盗报警器应运而生。汽车电子防盗报警系统在原有中心门锁的基础上，加设了防盗系统的控制电路，以控制汽车移动的同时而报警。电子防盗报警是目前较为理想的防盗装置。假如有行窃者盗窃汽车或汽车上的物品，防盗报警系统不仅具有切断起动电路、点火电路、喷油电路、供油电路和变速电路、将制动锁死等功能，同时，还会发出不同的求救声、光信号进行报警。

智能型电子遥控防盗器有插片式、按键式及遥控式三种，具有报警、远距离熄灭发动机、远距离控制中央门锁等功能。在使用中，应注意停车时，手挡位应置于空挡，否则容易造成遥控起动冲车现象。其主要配置有主机或探测器部分、门控部分、喇叭等。振荡式报警器分为两段式和三段式，灵敏度较高，外界的噪声（如附近汽车鸣笛、人接触车身等）常引起报警鸣叫不止，因此，在选择调校时应考虑其环保功能。而感应式报警器是根据车体受侵害、侵入、移动等情况实施报警，大大减少了误报、漏报，也更加符合环保要求。

（1）遥控式汽车防盗器的特点 具有可遥控防盗器的全部功能，使用方便，具有振动侦测门控保护及微波或红外探头等功能。随着科技的快速发展，遥控式汽车防盗器还增加了许多方便实用的附加功能，如遥控中控门锁、遥控送放冷暖风、遥控电动门窗及遥控开行李箱等。现在市场上已有双向功能的电子防盗器，这种防盗器不仅能由车主遥控车辆，车辆还能将自身状态传送给车主，例如车门被开启或风窗玻璃被破坏时。

（2）电子式防盗器的特点 在车主遥控锁门后，报警器即进入警戒状态，此时如有人撬门或用钥匙开门，会立即引及防盗器鸣叫报警。行车前车门未关妥，警示灯会连续闪烁数秒。汽车熄火遥控锁门后，若车门未关妥，车灯会不停闪烁，喇叭鸣叫，直至车门关好为止。车主用遥控器寻车时，喇叭断续鸣叫，同时伴有车灯闪烁提示。当遥控器发射正确信号时，中央门锁自动开启或关闭。

电子防盗器是在汽车上加装电子防盗设备来达到监控车辆和报警的目的。现在市场上还出现了具有双向功能的电子防盗器，这种防盗器通过遥控器和防盗主机的双向通信，不仅可以对车辆进行遥控，还具防抢、寻车等功能。

电子遥控防盗装置的遥控器、电子钥匙都有相对应的密码。遥控器发射部分采用微波、红外线系统。利用手持遥控器将密码信号发向停车位置，门锁系统接收开启，驾车者进车后再将电子钥匙放入点火锁内，电子钥匙将内置密码发至控制电路中的接收线圈，产生电感耦合使电路和油路起动。

电子防盗的两个最大的卖点就在于它的密码解锁和报警声，其中密码解锁根据密码的发射方式的不同分为定码式和跳码式两种。定码式防盗器的特点是密码量少，其工作原理主要是利用密码扫描器或解截码器，通过它们接收到的空间无线电信号截取主机密码，从而通过复制解除防盗系统。因为密码式防盗器的密码重复的几率比较大，已经基本被淘汰。跳码式防盗器的工作原理则是通过在防盗工作过程中，不断变化的大量密码函使得主机能确认由车主发出的信号来工作。它的优点就是密码量多，不容易出现重复。现在市面上常见的科警电子数码主要是通过专用微电脑数据来锁定汽车的油路、点火电路以达到控制车辆起动的目的，只有唯一的数码车匙接触对码方可解除锁定。

过去的电子式防盗器在雷声和剧烈的振动、碰撞中会出现报警声，不但扰民，自己听了也觉得心惊肉跳。现在的电子式防盗器在这方面有了一定的进步，如常见的科警电子防盗器一般就只有在窃贼试图剪断防盗线路的时候才会立即报警。

电子式防盗锁是目前应用最广的防盗锁之一，分为单向的和双向的两种。单向的电子防盗系统的主要功能是车的开关门、振动或非法开启车门报警，以及用电子遥控器来完成发动机起动、熄火等。双向可视的电子防盗系统相比单向的先进不少，能让车主随时了解汽车的情况，当车有异动报警时，同时遥控器上的液晶显示器会显示汽车遭遇的状况，不过缺点是有效范围只有100～200m。此外，安装电子防盗器时，必然会改动原车电路，如果安装不正确，就有可能和原车的防盗系统发生冲突，还可能对空调、显示灯等线路造成损害，所以大多数中高档车的经销商都不鼓励再加装电子防盗器。如要安装，也必须找专业的技师来安装才能确保安全。

5. 车载电子射频地锚防盗器

目前，国内市场上的汽车防盗器品种繁多，质量参差不齐，汽车电子射频地锚防盗器就是针对目前汽车防盗器普遍存在的缺点，结合当前国际领先的高科技术，开发研制的先进汽车“电子地锚”防盗装置。

该产品采用机电一体化形式，把机械、电子、电磁、有线遥控合成一体；电子钥匙全密封，不用电池；器械不发热，产品不易老化；与目前市场上的机械式、电子式、芯片式、网络式防盗器相比，具有安装方便，操作简单，费用低廉，占用空间小等优点。其感应电路与有线遥控结合，不同于各种调幅、调频防盗器，频率和密码难于复制与偷测；感应器与控制器有线传递电子钥匙信号，可由司机分别安装在发动机舱和驾驶室内隐蔽处，具有双重保险；断电器断掉全车电源，电源（也可包括电源）以外的一切用电设施都没电；无声、无干扰，不扰民，彻底杜绝车辆上无人时，因线路短路引发的自燃，避免造成重大损失；地锚防盗装置如被盗车贼拆除，将引起全车制动失灵，车辆在原地还是无法移动。

该产品利用电子钥匙近距离感应实施防盗程序后，汽车全车无电，起动机不转，供油系统停油，汽车发动机无法起动。该产品先进的电器配置把远距离发射电磁波转变为近距离高频感应，严防盗贼复制、偷测密码。密码有线控制，可增强保密性、安全性、信号可靠性，增大抗干扰性；防盗器工作时不带电,电子钥匙不用电源，这样盗贼无法利用高科技工具、仪器破解防盗密码，器件不发热，不易老化；机电一体化，电子钥匙对感应器在车内近距离非接触触发，感应器对控制器有线遥控指挥，感应器与控制器分开安装在不同部位，信息密度高、安全性强、适应环境广，不干扰生活环境。多功能无线车载监控系统如图2-21所示。

图 2-21　多功能无线车载监控系统

6. 网络式车载防盗装置的防盗原理

网络防盗是指通过网络来实现车门的开关、发动机起动、停止等操作，同时能够实现汽车的定位和远程车况报告等。网络防盗主要是突破了距离的限制，主要依靠 GPS 全球卫星定位系统来实现，其遥控操作功能是以往防盗措施不能比的。网络防盗得益于卫星监控中心对车辆的 24h 不间断、高精度的监控服务，该系统由安装在指挥中心的中央控制系统、安装在车辆上的移动 GPS 终端以及 GSM 通信网络组成，由卫星计算出移动目标的经度、纬度、速度、方向，具有传统的 GPS 通信方案所无法比拟的优势。目前有一种介于 GPS 卫星定位系统与电子防盗装置之间的网络形式，它的功能有防盗、网络防盗、一般看护、夜间看护、异地看护、网络看护、寻车服务、统一管理等，这种新产品异军突起，在现阶段也是非常好的措施。还有一种无线网络防盗器，也是当前新产品，具有防劫、防盗、远程控制、自锁车门、语音报警、电子钥匙、自设密码、统一管理等功能。价格稍贵，年服务费较便宜，也是很好的选择。

GPS 卫星定位汽车防盗系统属网络式防盗器，主要是靠锁定点火或起动来达到防盗的目的，同时还可通过 GPS 卫星定位系统（或其他网络系统）将报警信息和报警车辆所在位置无声地传送到报警中心。具有车辆定位、遥控熄火、网络查询及跟踪、车内监听、路况信息查询、人工导航等多种功能，是全方位的防盗系统。它主要靠锁定点火或起动达到防盗的目的，可以在全国范围内实时监测车辆位置，还可以通过车载移动电话监听车内声音，必要时可以通过手机关闭车辆油路、电路并锁死所有门窗。假如 GPS 防盗器被非法拆卸，它会自己发出警报信息，但缺点是价格较为昂贵。网络式防盗系统主要依靠社会公共网络监控车辆行驶。

CDMA 无线监控、GPS 追踪系统如图 2-22 所示。网络跟踪车载电子监控摄像机如图 2-23 所示。车辆长期放置不使用会耗尽蓄电池电量。车停在地下、树下、大厦旁边、室内系统都不起作用。目前盗贼的手段是使用手机信号干扰器，阻断车辆与报警中心的联系，导致防盗系统失效。GSM 移动防盗器依托 GSM 通信网络，进行手机与汽车的智能联动防盗，具有防盗、监控、远程控制、远程报警、定位、反劫等多种功能。与同类产品相比，该系统还具有安装更隐蔽、技术更先进、性能更可靠等特性，具有不需建基站、报警不受距离限制等优点。缺点是需要缴纳 GSM 号码的月租费，依赖 GSN 网的覆盖。GPS 的工作原理是利用接收卫星发射信号与地而监控设备和 GPS 信号接收机组成全球定位系统，卫星连续不断发送动态目标的三维位置、速度和时间信息。保证车辆在地球上的任何地点、任何时刻都至少能收到卫星发出的信号。GPS 主要是靠锁定点火或起动来达到防盗的目的，同时还可通过 GPS 卫星定位系统，将报警处和报警车辆所在位置无声地传送到报警中心。因此，只要每辆移动车辆上安装的 GPS 车载机能正常地工作，再配上相应的信号传输链路（如 GSM 移动通信网络和电子地图），建立一个专门接收和处理各个移动目标发出的报警和位置信号的监控室，就可形成一个卫星定位的移动目标监控系统。

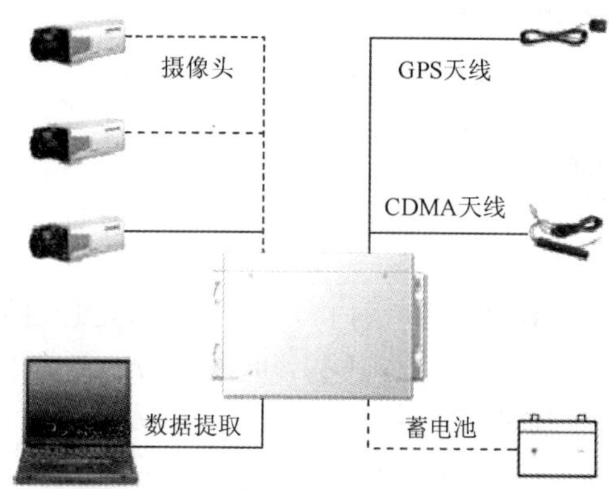

图 2-22　CDMA 无线监控、GPS 追踪系统

图 2-23　网络跟踪车载电子监控摄像机

7. GPS 车载网络防盗系统

GPS 车载网络防盗系统是主动的网络系统。监控中心的服务人员为车主提供 365 天 24 小时不间断全天候服务，包括报警、出警前的铺垫和协助出警等工作。

GPS 系统网络车载防盗功能多、精度高、覆盖面广，在全球任何位置均可进行车辆的位置监控工作，能够满足网络 GPS 所有用户的要求得到；定位速度快，有力地保障了物流运输企业能够在业务运作上提高反应速度，降低车辆空驶率，降低运作成本，满足客户需要；信息传输采用 GSM 公用数字移动通信网，具有保密性高、系统容量大、抗干扰能力强，漫游性能好、移动业务数据可靠等优点；构筑在国际互联网这一最大的网上公共平台上，具有开放度高、资源共享程度高等优点。

GPS 网络车载防盗系统是一套全新的通过手机短消息平台来实现定位防盗的系统，与传统的 GPS 有月租的防盗器完全不同,它实现了由车主自主进行防盗这一功用。它主要包括一套感应探头、一个感应天线、一台无线电发射器、一部智能信息汇总器以及两个微型手持感应式遥控器。只要安装 GPS 防盗系统被盗窃过程在 15s 之内就会完成。这个无线电发射器可以事先存入三个号码，可以是车主的手机号，也可以是家里的电话。

GPS 卫星定位系统目前在国内外都是最先进的，儿其在防盗方面更显具优势。汽车

GPS 导航系统如图 2-24 所示。

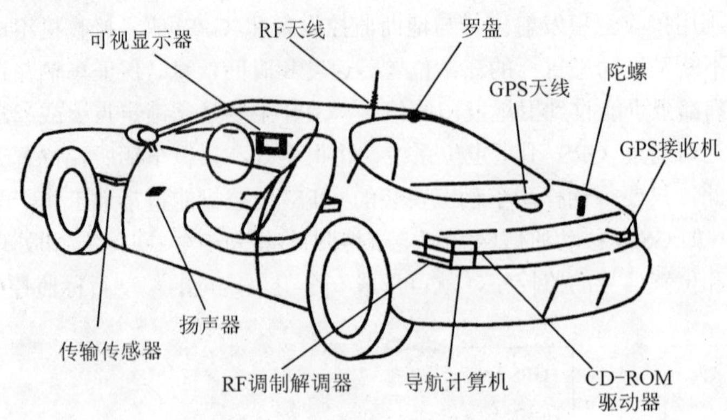

图 2-24 汽车 GPS 导航系统

8. GSM 汽车防盗器的结构原理

一般的电子汽车防盗器里有一个集成芯片，里面有一些开关门，当外加一个触发电压的时候，开关门就打开输出一个正电压到驱动电路，推断执行机构和报警电路。外加电压靠传感器或开关来完成，具有隐蔽性和不可破坏性。电控汽车一般都是原厂带的防盗器，原理与电子防盗器大致相同。网络防盗器除了有比电子防盗器更强的功能外，还能把盗窃情况发送到车主的手机上，并具备锁死发动系统的能力。其手机定位可把车辆定位在某个范围内。

现在的 GPS 卫星定位防盗器功能就更强了，几乎综合了所有的防盗功能，并能用卫星准确定位在 5m 范围内。其传感器是采用无线传感的，很难破坏。随着科技的不断发展和进步，汽车防盗器现在推出了较强的功能，即通过按下遥控器的上锁键，汽车防盗系统将自动进入防盗警戒状态，如果车门被非法打开、点火、振动或者尾箱被非法打开时，汽车防盗器的防盗报警系统将会自动发送报警短信，确保汽车的安全。GSM 遥控防盗器主板如图 2-25 所示。GSM 遥控防盗器主机及软件如图 2-26 所示。

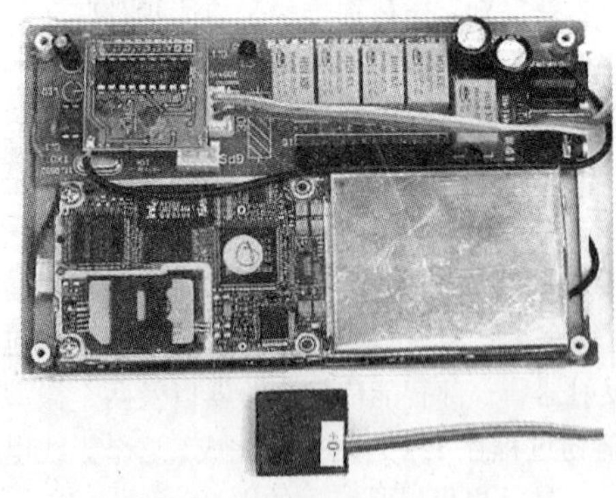

图 2-25 GSM 遥控防盗器主板

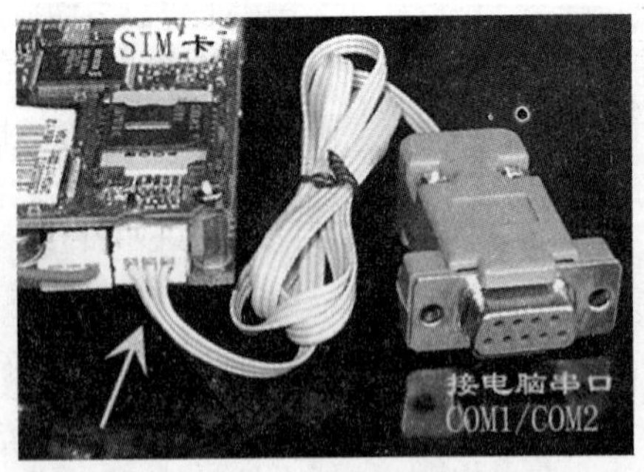

图 2-26 GSM 遥控防盗器主机及软件

GSM汽车防盗器是集GSM网络数字移动通信技术和汽车防盗技术于一体的高科技防盗产品，是继单向防盗器、双向防盗器后的新一代汽车防盗产品。例如赛将军牌 GSM 汽车防盗器利用移动通信网络，彻底解决了普通防盗器无法解决的距离限制和易于破解的难题。除具有普通防盗器功能外，还具有手机控制、短信定位、远程监听、远程报警、全语音提示操作等功能。无论在何时何地，只要通过电话就可对车辆进行监控。GSM 汽车防盗器一般分为通用型和升级版两种，对于车上没有安装单、双向防盗器或遥控中控锁的车，可以选用通用型，对于车本身就有安装单、双向防盗器或遥控中控锁的最好选用升级版。GSM 防盗报警器如图 2-27 所示。

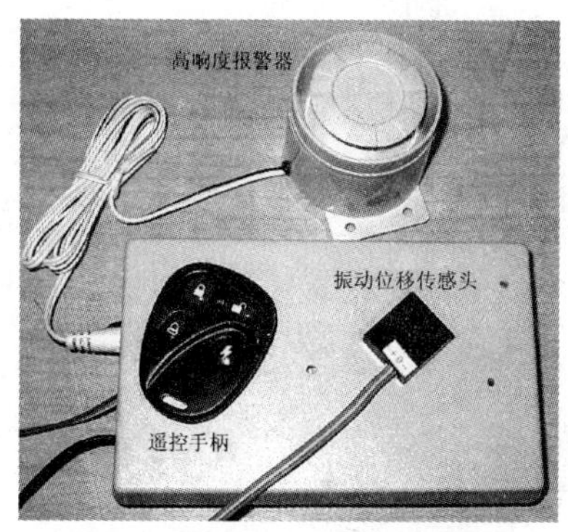

图 2-27　GSM 防盗报警器

9. 广本奥德赛的防盗系统实例

广本奥德赛所安装的电子防盗系统一般有两种，一种是发动机锁止系统，另一种为安全防盗系统。发动机锁止系统是将车匙电子化，通过车匙、防盗模块和发动机 ECU 之间的通信，识别密码吻合后，方能起动发动机。通过破坏机械锁，复制车匙及回路短接等方式非法起动发动机时，该系统可起到锁止发动机限制车辆移动的作用。安全防盗系统主要是为防止非法进入车内而设的。该系统是通过车门和机罩的开关传感器及车身振动传感器来触发喇叭或灯光报警，起到警示作用。奥德赛防盗系统电路如图 2-28～图 2-30 所示。

广本奥德赛汽车装备了防起动系统，不使用正确的点火钥匙汽车将无法起动，该系统由一个位于点火钥匙上的应答器、一个防起动接收装置、一个指示灯及 PCM 组成。当把钥匙插入到点火开关并转到位置 2 时，防起动接收装置给点火钥匙上的应答器发送信号，应答器然后将一个编码信号通过防起动接收装置发往 PCM，然后 PCM 电脑控制燃油系统开始工作。

车辆配备有两种钥匙，一种是黑色的主钥匙，用于点火开关、门锁、开启行李箱盖锁和手套箱锁；另一种是灰色的副钥匙，用于点火开关、门锁。每辆车最多可以配置六个钥匙代码，当使用一把新的钥匙时，必须先用本田专用仪器 PGM/HDS 进行匹配，没有匹配过的钥匙将不能起动发动机。

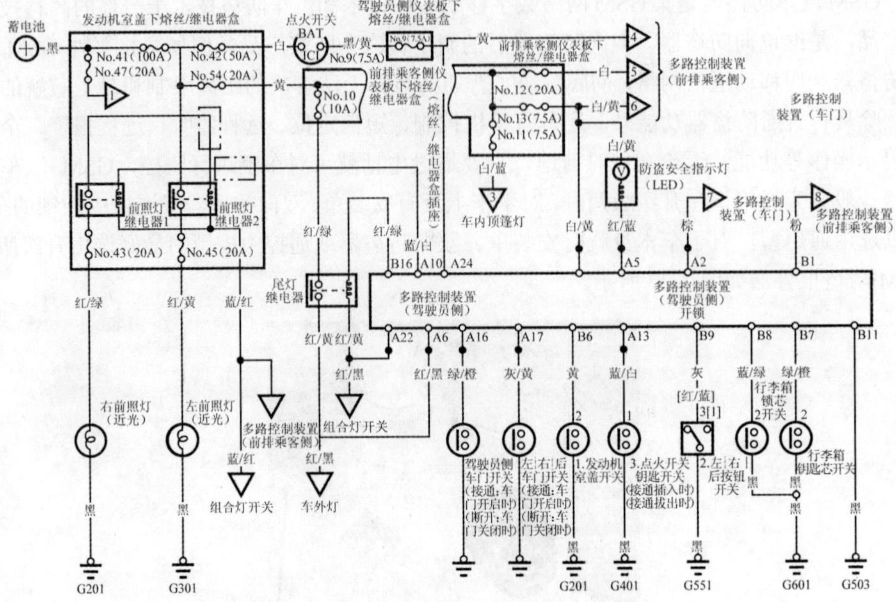

图 2-28 奥德赛防盗系统电路图（一）

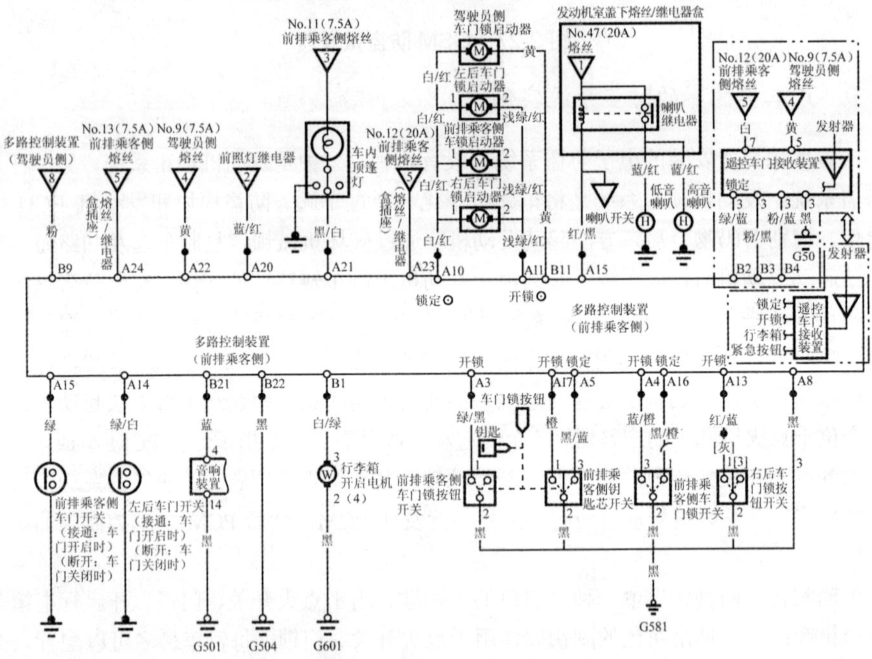

图 2-29 奥德赛防盗系统电路图（二）

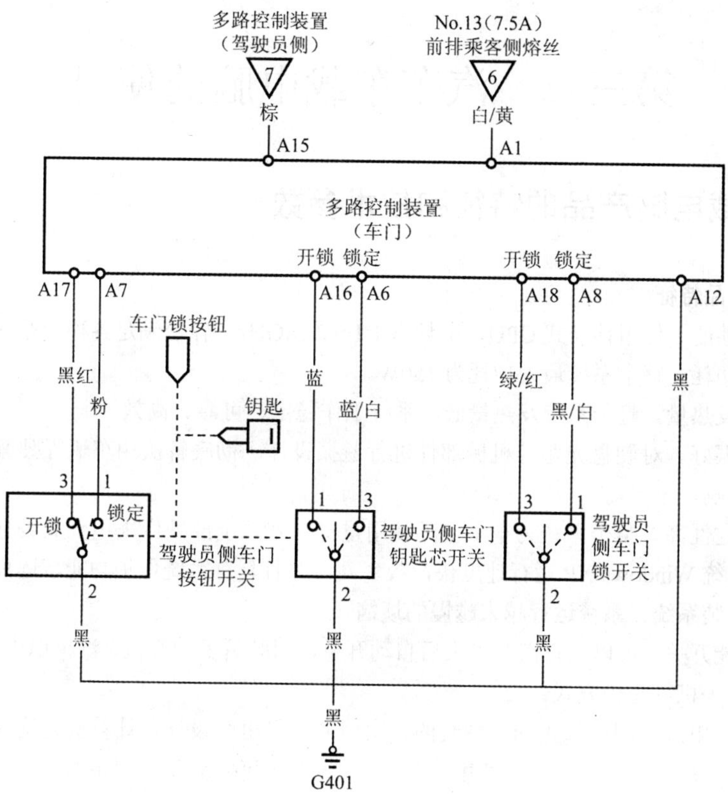

图 2-30　奥德赛防盗系统电路图（三）

第三章　汽车车载电脑的使用

一、车载电脑产品的特征和技术参数

（1）产品特征

① 高性能。使用移动式 CPU，主频为 1.1～2.26GHz，轻松满足各种行业应用需求。

② 低功耗。整个系统最大功耗为 150W。

③ 低发热量。整个系统发热量低，系统工作稳定、可靠、高效。

④ 防振好。对硬盘光驱等机械部件进行避振设计，彻底解决由车辆行驶颠簸给计算机带来的影响。

⑤ 稳定性高。整个系统为车上实际使用量身定做，全部硬件采用工业级标准设计生产，操作系统 Windows XP 运行速度快，效率高，并且具有系统保护功能，远离病毒，彻底消除了重装系统、系统运行越来越慢的烦恼。

⑥ 智能开关。可以选择汽车点火后自动开机、驾驶员手动开机、汽车熄火自动关机、驾驶员手动关机等几种方式。

⑦ 智能电源。国内领先的、独有的、实用的车用电源设计，计算机无论在汽车起动或者熄火的情况下都能保证正常使用，独特的欠压保护功能，避免对电源深度放电计算机造成影响。

⑧ 安装简便。2DIN 主机，体积小巧，标准安装位置与原车无缝对接。

车载电脑 Windows XP 系统＋160GB 硬盘安装效果如图 3-1 所示。

图 3-1　车载电脑 Windows XP 系统＋160GB 硬盘安装效果

（2）技术参数

① 处理器：支持迅驰 2（Dothan 核心）CPU 标配 1.2GHz 的处理器。

② 内存：支持 DDR2 533/667MHz 内存，标配 1GB。
③ 硬盘：支持 160GB 硬盘。
④ 主板：915 芯片组，集成 GMA900 显卡，支持 Direct 9.0。
⑤ 显示：7 英寸高清数字液晶屏，分辨率为 800×480。
⑥ 声音：5.1 声道带 45W×4 功放。
⑦ 控制：触摸屏，无线键盘鼠标，遥控器。
⑧ 接口：4 个 USB 2.0 接口，SD 读卡器。
⑨ 光驱：内置 DVD-COMBO，最高支持 DVD-RAM。
⑩ 系统控制：带专用遥控器。
⑪ 电源：12V 车载电源。
⑫ 输入：12V 直流电瓶输入。
⑬ 工作环境温度：－10℃～＋50℃。
⑭ 工作环境相对湿度：10%～90%。
⑮ 外形：188mm×178mm×100mm。
⑯ 质量：约 3.5kg。

二、车载电脑嵌入式硬件平台和嵌入式操作系统

将信息技术加载到汽车上，已逐渐成为欧、美、日等国汽车产品实现差异化、增强市场竞争能力的重要增值方案。从单一的收音机到磁带机、CD 机、VCD 机，再到如今市场上常见的 DVD 机、导航、蓝牙等多功能综合产品的出现，信息娱乐设备正沿着多功能、网络化、智能化的轨迹发展，并且越来越高度整合。

根据 IEEE（电气和电子工程师协会）的定义，嵌入式系统包括控制、监视或者辅助装置、机器和设备运行等装置。嵌入式系统是软件和硬件的综合体等附属装置。嵌入式系统是与应用紧密结合的，具有很强专用性，必须结合实际系统需求进行合理的裁减利用。它是以应用为中心、以计算机技术为基础、软件硬件可裁剪、适应应用系统对功能、可靠性、成本、体积、功耗严格要求的专用计算机系统。

ARM 架构嵌入式平台，操作系统一般采用 Windows CE、Linux、Android 等嵌入式操作系统。其中 Microsoft Windows CE 是从整体上为有限资源的平台设计的多线程、完整优先权、多任务的操作系统。它的模块化设计无论是掌上电脑还是专用的工业控制器电子设备都可以进行定制。操作系统的基本内核需要至少 200KB 的 ROM。VxWorks 是目前嵌入式系统领域中使用最广泛、市场占有率最高的系统。它支持多种处理器，如 x86、i960、Sun SPARC、Motorola MC68xxx、MipsRx000、PowerPC 等。大多数的 VxWorks API 是专有的，它采用 GNU 的编译和调试器。ISI 公司已经被 WinRiver 公司兼并，现在 pSOS 属于 WindRiver 公司的产品。这个系统是一个模块化、高性能的实时操作系统，专为嵌入式

微处理器设计，提供一个完全多任务环境，在定制的或是商业化的硬件上提供高性能和高可靠性，可以让开发者根据操作系统的功能和内存需求定制每一个应用所需的系统。开发者可以利用它来实现从简单的单个独立设备到复杂的、网络化的多处理器系统。QNX 是一个实时的、可扩充的操作系统，它部分遵循 POSIX 相关标准，如 POSIX.1b 实时扩展，它提供了一个很小的微内核以及一些可选的配合进程。其内核仅提供进程调度、进程间通信、底层网络通信和中断处理四种服务，其进程在独立的地址空间运行。所有其他 OS 服务，都实现为协作的用户进程，因此 QNX 内核非常小巧而且运行速度极快。这个灵活的结构可以使用户根据实际的需求，将系统配置成微小的嵌入式操作系统或是包括几百个处理器的超级虚拟机操作系统。

目前，市场上有很多商业性嵌入式系统都在努力地为自己争取嵌入式市场的份额。但是，这些专用操作系统均属于商业化产品，且价格高昂；由于它们各自的源代码不公开，使得每个系统上的应用软件与其他系统都无法兼容。并且这种封闭性还导致了商业嵌入式系统在对各种设备的支持方面存在很大的问题，使得对它们的软件移植变得很困难。在嵌入式操作系统这个 IT 产业的新的关键领域，Linux 操作系统适时地出现在了国际和国内各嵌入式操作系统厂商面前，由于 Linux 自身诸多优势，吸引了许多开发商的目光，成为嵌入式操作系统的新宠。它的出现无疑为发展嵌入式操作系统事业提供了一个极有吸引力的机会。

嵌入式平台具有较低的功耗，能够实现基本的娱乐、GPS、网络应用等功能，但是硬件扩展不方便，软件支持度不高，性能一般。另一种则是 x86 架构的车载电脑，和我们平时使用的电脑一样，可以安装 Windows XP 操作系统，拥有更好的软件支持度，但是功耗较高。

三、车载电脑网络系统的结构

随着汽车技术的发展，在汽车上采用的计算机微处理芯片数量越来越多，多个处理器之间相互连接、协调工作并共享信息构成了车载电脑网络系统。

（1）微处理器（MCU 或 CPU） 从 1975 年摩托罗拉公司为通用汽车公司生产第一个微处理器 68009 应用在 1978 年 Cadillac 汽车上计程开始到现在，汽车上的微处理器类型已经逐渐由 8 位、16 位发展到 32 位，CPU 的结构也由 RISC 逐渐取代 CISC，最近推出了 16/32 位 RISC 微控制器的 M.Core TM 平台。

最近各汽车公司推出的新车型，多数都采用了可编程（Flash）的 32 位芯片。IBM 公司和 Intel 公司宣布合作开发的车载计算机平台将采用奔腾 MMX 处理器，控制功能由简单的计程向复杂的高端应用领域拓展。

（2）汽车网络互联标准 为了解决信息共享、减少布线问题以及满足政府排放法规要求，汽车制造商和相关组织开发了汽车网络，目前主要的汽车网络互联规范有德国 BOSCH 公司最早开发推出的欧洲规范 CAN 和美国汽车工程师协会（SAE）开发的美国规范 J1850。

还有其他的总线类型如 VAN、TTP 等，在汽车内部网络也有使用，不过 CAN 和 J1850 基本上已经成为普及标准。IDB（ITS Data Bus）为汽车网络拓展提供了标准。

（3）CAN 标准　控制器局域网 CAN（Controller Area Network）是由德国 BOSCH 公司于 1986 年提出并推广应用的，按照 ISO 的有关部门规定，CAN 拓扑结构为总线式，所以也称 CAN 总线。最初为 CAN 总线 1.0 版，1990 年推出 CAN 总线 1.2 修订版，1991 年推出 CAN 总线 2.0 版。目前，CAN 总线不但已经成为汽车总线的主要互联规范，而且被公认为最有前途的几种工业现场总线之一，已由 ISO TC22 技术委员会批准为国际标准，它是唯一被批准为国际标准的现场总线。1993 年国际 CAN 用户及制造商组织（简称 CIA）在欧洲成立，主要作用是解决 CAN 总线实际应用中的问题，提供 CAN 产品及其开发工具，推广 CAN 总线的应用。

CAN 采用多主工作方式，节点之间不分主从，但节点之间有优先级之分，通信方式灵活，可实现点对点、一点对多点及广播式传输数据，无须调度。CAN 采用非破坏性总线仲裁技术，优先级发送，可大大节省总线冲突仲裁时间，在重负荷下表现出良好的性能。CAN 采用短帧结构传输，每帧有效字节为 8 个，传输时间短，受干扰的概率低，并且每帧信息都有 CRC 校验和其他校验措施，数据出错率极低。当节点发生严重错误时，具有自动关闭功能，但总线上的其他节点不受影响。CAN 2.0B 规范 CAN 总线最大通信速率可以达到 1Mb/s。

目前，汽车上主要有两条 CAN 总线，即低速（L）与高速（H）CAN 总线，低速线路工作在 125kbps 以内，主要控制车身及舒适系统，如中央门锁、车窗、天窗、收音机、座椅、安全气囊和综合显示仪表等；高速线路工作在 125kbps 以上，主要控制动力系统，如发动机、自动变速器、制动系统以及防侧滑系统等，随着汽车技术的发展，总线的数量越来越多，功能也越来越强大。亚洲汽车厂商的汽车网络尽管没有自己开发的规范，但多数厂商的汽车网络规范选择了 CAN，在中国 CAN 标准的采用也占多数。

（4）J1850 标准　J1850 是美国汽车的车内联网标准，包含了两个不兼容的规程。通用汽车公司（GM）和克莱斯勒汽车公司（Chryler）采用 10.4kbps 可变规程的类似版本，在单根线的总线上通信；福特汽车公司（FORD）采用 46.1kbps 的 PWM 行，在双线的差分总线上通信。J1850 也是采用载波传感、多路存取、碰撞分辨的仲裁规程。当多个节点同时发送数据时，优先级低的节点重新发送，优先级高的节点信息则连续传送至其目的地。J1850 标准的速率远低于 CAN 标准，目前部分北美的发动机和变速器系统使用了速率更高的 CAN 进行通信，但美国大量的检测工具都是按照美国加利福尼亚州空气资源委员会和环境保护局（EPA）规定的 J1850 标准，这就需要有一个网关将 J1850 的检测工具接入 CAN。因此，SAE 正在调研将测试工具改为 CAN 的可能性。

（5）IDB（ITS Data Bus）标准　智能交通系统 ITS 使汽车运行更加安全、便利，汽车上的电子装备越来越多，包括传输、计算、导航、定位、娱乐和办公设备等。但由于汽车网络的不同，设备制造商不得不制造不同网络标准的产品，以适应不同网络标准的汽车。目前，SAE 的 IDB 委员会已拟定部分 IDB 的大纲协定，但其中对传输速率在 1.6Mb/s

和 10 Mb/s 时，IDB 能否传输视频、声音等冗长信息问题仍处于讨论中。

（6）传输介质 汽车网络可用的传输介质主要有同轴电缆、双绞线、光纤电缆和无线电。光纤电缆以其抗电磁干扰、信号传输速度快和音频响应好的优点，将逐渐取代传统的同轴电缆和双绞线。特别值得一提的是短程无线通信标准——蓝牙技术在汽车应用中的实现，使汽车网络更加丰富多彩。2000 年 12 月，日本矢岐总业公司展示了使用蓝牙技术控制汽车内部的样车。该样车配备蓝牙接口的网关设备连接到汽车内部网络 CAN 上，通过汽车外部的笔记本式计算机实施开关车门、车窗等，还将通过蓝牙手机实现这些功能。

汽车系统集成商 Kvaser 公司，将在汽车应用的互联协议研发项目中采用 CAN 和蓝牙产品。预计不久，该公司会将车内 CAN/Bluetooth 系统应用于全球 50%的汽车中。

（7）开发语言及操作系统 在使用 8 位和 16 位处理器时，开发人员主要使用汇编语言。随着开发周期的缩短要求及复杂性的提高，高级语言被逐步使用，使用高级语言编写可重复使用模块的工作比较容易。开发语言使用的趋势朝着 C 语言发展，但在关键的定时情况还要使用汇编语言。

在操作系统方面，欧洲汽车制造商规定 OSEK 标准为汽车控制器开发公共平台的应用编程接口，简称 OSEK（德语缩写），意思是汽车电子开放系统和通信接口。该接口包括实时操作系统（OS）、通信系统（COM）、网络管理系统（NM）和功能库。OSEK 是与元器件产品融为一体的，元器件必须有兼容性。

摩托罗拉公司提供了较全面的 OSEK 器件产品，还为 Window NT 提供了 OSEK OS 及 OSEK 编程器，可以使应用程序开发独立于目标软件，大大缩短开发周期。此外，多家公司也推出了 OSEK 兼容操作系统。目前，汽车在推出之前，制造商已经可以对汽车的所有功能进行仿真，不久，将可以对汽车的运行情况进行仿真。

QSSL 公司的实时操作系统（RTOS）可针对车内的路况引导系统，对实时全球定位系统（GPS）信息与交通图线和音频命令进行协调。雪铁龙 C5 装备了雪铁龙公司与 Microsoft 公司共同开发的车载电脑系统——Xsara Windows CE，可以实现语音分析识别、自动照明系统、电子泊车辅助装置以及多功能信息系统等多种新的强大功能。此外，IBM 公司将在该公司开发的汽车软件里面加入移动客户服务器结构和嵌入 Java 系统。汽车系统电子化、模块化、信息化和网络化的发展趋势，将使汽车的安全性和各项功能得到进一步的提高，生产成本将会进一步下降。

四、车载电脑 ARM 处理器系列的应用

在车载电脑应用方面，系统功耗是相当值得注意的话题。x86 处理器在绝对性能表现方面相当出色，软件兼容性也很强。但受限于本身架构以及产品等问题，x86 处理器在功耗表现上并不出色。真正适用于超低功耗设备的处理器是 ARM 架构处理器。在手持设备和平板设备上，已经出现很多使用 ARM 架构的产品，这些产品在保证超低功耗的情况下，

还提供了相当不错的性能。一部分以 ARM 微架构的处理器，在扩展优化增强显卡性能后，拥有很强的 3D 处理能力。

ARM 架构的处理器目前都是 32 位 RISC（精简指令集计算机）架构，由于 RISC 的一些天生优势再加上 ARM 的设计目标，ARM 架构的处理器往往拥有特别优秀的功耗表现和能耗比。

目前采用 ARM 架构的处理器主要有 NVIDIA Tegra 系列、ST Cartesio 系列、高通 Snapdragon 系列、NXP VICARO2 以及 TI 的 ARM 产品。在车载应用中，由于传统的 ARM 架构处理器一般性能较低，在汽车里面通常作为单一设备的主控芯片，如车载 DVD、GPS 导航仪、流媒体播放等，各种产品之间不能互相融合。奥迪、宝马已经开始在车载电脑中引入 NVIDIA 的 Tegra 2 处理器，用于支持车载电脑的 3D 导航、智能行车、智能控制等多方面的特色应用。车载电脑 Tegea 2 处理器架构如图 3-2 所示。Tegra 2 处理器拥有两个 1GHz 的 ARM Cortex A9 核心和一个 ARM7 处理器，除此之外还有一些功能性设备，如 2D/3D 图形处理器、视频编码处理器、音频处理器及一个影像处理器。特别值得一提的是 Tegra 2 的图形处理器部分，它借助了 NVIDIA GPU 的强大性能，是目前所有 ARM 架构处理器中较为出色的，能够轻松执行各种 3D 计算任务，并进行较复杂的 3D 游戏计算。在奥迪 A8L 上，MMI 系统采用了 Tegra 系列处理器，实现了 3D 路况的实时播报。

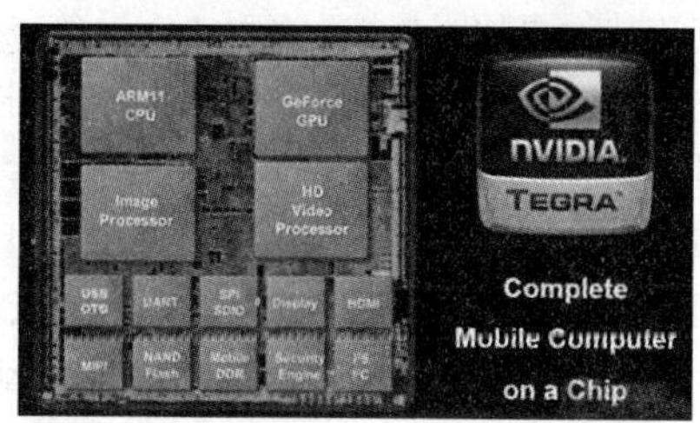

图 3-2　车载电脑 Tegra 2 处理器架构

在 2011 年美国拉斯维加斯国际消费电子展上，奥迪和宝马展示了使用 Tegra 2 处理器的车载智能电脑。Tegra 2 车载智能电脑以 3D 化模式帮助用户迅速找到所需路线，无论是显示效果还是速度都相当令人满意。和国内目前的一些导航设备的 3D 化不同的是 Tegra 2 利用强大的图形处理能力，在画面效果、图形质量上的表现相当出色，用户看到的是真正有立体效果的、可以纵览全局的导航。

Tegra 芯片应用于汽车车载电脑中，除了具有高清视频播放、车载电话、CD 播放等功能外，还可以利用其强大的性能进行更多的智能控制，如利用其强大的 3D 性能模拟数字仪表盘，同时监控汽车状况，包括交通标志、盲区、车道偏离检测、驾驶员警示监控、辅助停车、夜视装置等，还有可以结合目前的软件如谷歌“地球”等实现更人性化的操作。这套车载辅助系统，不仅能够实现 3D 地图显示，还能够实时计算路况，根据前置摄像头识别路牌，根据路牌提出警示。

（1）车载电脑硬件 x86 处理器 Atom　Atom 属于 CISC 复杂指令集处理器，和我们平时所使用的电脑系统完全兼容，最大的特点就是具有非常低的功耗。目前流行的车载电脑搭配的Atom处理器是Z510PT/Z530PT系列。Intel公司正式推出面向车载信息系统、数字安全监控、工业自动化领域的全新SoC产品Atom E600。这款代号为“Tunnel Creek”的处理器集成了Atom处理器内核、内存控制器、图形引擎，并首次允许设备厂商开发与PCI Express兼容的设备，使该设备直接与芯片相连，从而让嵌入式应用更加灵活自如。

Atom E600芯片拥有1.6GHz的高频率，满足了汽车信息娱乐处理的速度需求，它只有5W功耗，更适合空间受限的车载电脑使用。它包含了一个45nm制程工艺Atom处理器，具有512KB二级缓存、24KB数据和32KB指令一级缓存，支持DDR2 800内存，整合GMA 600图形引擎，支持Open GL ES 2.0、Open GL ES 2.1和Open VG 1.1，以及HD视频硬件解码功能，能满足汽车对高清影音的需求。

Atom E600系列抛弃了以往的FSB或DMI总线，转而使用开放式PCI Express总线接口。它可以与EG20T芯片组或许多来自第三方厂商的芯片通过PCI Express总线配合使用，以满足各种嵌入式应用要求。

Intel EG20T主控芯片是一个平台控制器中心，就像主板上的南桥芯片。它整合了一系列常用I/O模块。这些模块包括SATA、USB、SD/SDIO/MMC和千兆以太网MAC，以及普通嵌入式接口，如CAN、IEEE 1588、SPI、I2C、UART和GPIO。将许多附加的功能全部整合至芯片内，其开放互连特性更加容易搭配各种I/O设备。可以和汽车的信息接口连接，检测车辆的行车信息，还可以和车辆应用设备连接，扩展用户对汽车功能的需要。该系统单芯片的弹性让创造独特的个性设计变得更容易，尤其适合支持、包括车用信息娱乐系统。对于需要最少I/O接口的应用，开发人员还可以使用PCI Express总线连接以太网控制器或SATA控制器，而非I/O中心。为了能够满足汽车和嵌入式客户的要求，Intel公司在E600系列中还使用了其“超线程”、“虚拟化（VT）”、“主动管理（AMT）”和“安全化”等多项核心技术。以超线程技术为例，通过让处理器并行执行两个指令线程，能够为车载的多任务应用提供更高的性能和更快的系统响应。Intel Atom E600的低功耗、高集成化、易于扩展性的特点打破了以前车载电脑设计繁杂、功能模块繁多、功耗过大的缺点，是目前车载电脑的理想选择。

(2)车载电脑系统操作系统和应用 Microsoft Windows操作系统功能强大，性能稳定，兼容性强。近期，微软发布了嵌入式车载操作系统Windows Embedded Automotive 7，这款操作系统在使用习惯上以提升人和车的交互体验为本，界面操作方便快捷，为车主提供更有效的安全服务和帮助。它也能为车主和乘客提供丰富的应用，如音乐、导航、电影、信息查询、通信录、语音记事本、移动办公、个人助理、天气服务、团购、户外自驾等。

Windows Embedded Automotive 7可以实现车主、商家、4S店为一体的车载信息服务体系，包含4S店车辆信息交互平台、广告推送互动平台、车载电脑终端应用平台和后台系统平台，这些形成真正切实可行的车载信息服务网络。4S店车辆信息交互平台主要提供给4S店使用，4S店通过此系统能及时查看到车主信息及车辆状态，管理维修保养记录，针对各项数据实时的统计分析，给车主提供针对性的服务，并能对车辆进行远程诊断，处理紧急救援请求。并且通过该平台车主可以在车载电脑终端查看到4S店推送的活动信息，对活动进行反馈，使4S店和车主近距离交流，具有强大的交互性。

深圳合正汽车电子有限公司在第七届中国（广州）国际汽车改装服务业展会上展示了首款Windows Embedded Standard嵌入式操作系统的车载信息娱乐系统。目前支持ARM系统的如Android，也已经拥有成千上万的软件支持。上海荣威350汽车原厂搭配了Android系统的inkaNet车载终端和3G网络，实现了丰富的智能应用。除了原厂之外，更多的车载电脑厂商也已经关注Android在汽车上的应用。

嵌入式Windows系统的车载电脑如图3-3所示。雅阁轿车搭配Windows XP系统的车载电脑如图3-4所示。

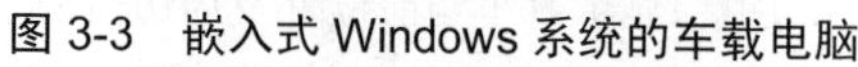

图3-3　嵌入式Windows系统的车载电脑

图3-4　雅阁轿车搭配Windows XP系统的车载电脑

五、车载电脑常见专用软件

车载电脑中控软件是管理车载电脑软、硬件资源的操作系统和程序的总称，同时也是车载计算机系统的内核与基石。车载电脑实际上就是把一台电脑搬到了车上，所以它应该安装的软件也基本和台式计算机、笔记本式计算机相同。操作系统是一个庞大的管理控制程序，大概包括音视频播放功能管理、数字移动电视播录管理、立体实时导航地图管理、蓝牙通信免提管理、广角夜视倒车影像管理等功能。这里介绍车载电脑六类常见的专用软件。

（1）操作系统　操作系统推荐用Windows XP，它的好处是系统稳定，兼容性强。这里推荐使用Windows XP SP3。

（2）中控软件　车载电脑的中控软件有很多如Road Runner、Digital Dash、Media Car、Media Engine、Frodo Player、Carbox、CNS Maestro等，这里推荐用RoadRunning，它的界面简单明了，种类繁多，操控性强。

（3）Winamp　虽然现在Winamp已经很少有人在使用了，但在车载电脑中Winamp还是必不可少的一个软件。推荐用2.95汉化版。

（4）暴风影音　暴风影音是播放功能较强的一款播放软件，下载最新的版本安装即可。

（5）导航软件　导航（GPS）软件有城际通、灵图（天行者）等，推荐使用城际通，功能强大、内容丰富，而且非常稳定。

（6）蓝牙手机免提软件 Phone Control.NET 蓝牙软件是一款可以让你使用车载电脑控制电话的应用软件。它是以车载电脑的概念为设计基础，使用户更容易地在路上拨打、接收电话，查看联系人信息，收发短信息。尤其直观的界面专为车载电脑的触摸屏实现完美无缝结合。另外，磁盘分区最好采用 NTFS 格式，这种格式稳定性要比 FAT32 格式强。

六、GPS 汽车导航系统和汽车黑匣子

1. GPS 汽车导航系统的概念和功能描述

（1）GPS 汽车导航系统概念 车载电脑导航是指具有导航功能的车载电脑，因为汽车智能化是由高速无线上网、安全、便捷、信息、娱乐等几部分组成。车载多媒体集多种功能于一身，在有限的空间为驾驶者创造最大的价值。

GPS 汽车导航系统如图 3-5 所示，是将 GPS、地理信息系统和现代通信技术综合在一起，研制成的一种新型汽车导航设备，具备监控、调度、报警、监听遥控熄火和遥控断油、导航系统显示、自动存档、系统自检等功能，它可将汽车的任何动态位置随时、准确无误地显示在仪器的电子地图上。导航仪的电子地图自动跟踪显示汽车当前位置及周边情况，它存储了我国各大城市道路的电子图及高精度的全国公路网及其沿线村镇以上级别的地图，驾驶员可随时在导航仪上查询周边半径 300km 地区的地理信息。

图 3-5 GPS 汽车导航系统

GPS 汽车导航系统可以显示车辆当前所在位置，并将运行中有关道路图、停车设施、道路情况（道路名称、单向交通路段、禁止转弯路段、载重限制及净空限制等）和其他有用的服务信息直观地呈现在驾驶员面前，协助驾驶员在陌生的交通道路环境中准确掌握前往目的地的道路，当驾驶员将目的地输入车载电脑，并选择行驶条件时，电脑便能根据市内道路情况、红绿灯数、速度限制等选出最佳行驶路线并显示在荧屏上。

（2）车载 GPS 导航系统的功能

① 导航功能。使用者在车载 GPS 导航系统上选择去往目的地，导航系统便会自动根

据当前的位置，为车主设计最佳路线。另外，它还有修改功能，假如用户因为不小心错过路口，没有走车载 GPS 导航系统推荐的最佳线路，车辆位置偏离最佳线路轨迹 200m 以上，车载 GPS 导航系统会根据车辆所处的新位置，重新为用户设计一条回到主航线路线，或是为用户设计一条从新位置到终点的最佳线路。

② 转向语音提示功能。车辆只要遇到前方路口或者转弯，车载 GPS 语音系统提示用户转向等语音提示，可以避免车主走弯路。它能够提供全程语音提示，驾驶员无需观察显示界面就能实现导航的全过程，使得行车更加安全舒适。

③ 增加新地点功能。由于我国大部分城市都处于建设阶段，电子地图的更新也成为众多消费者关心的问题。因此，遇到一些电子地图上没有的目标地点，只要你感兴趣或者认为有必要，可将该点或者新路线增加到地图上。

④ 定位。GPS 通过接收卫星信号，可以准确地定出其所在的位置，位置误差小于 10m。如果机器里带地图的话，就可以在地图上相应的位置用一个记号标记出来。同时，GPS 还可以取代传统的指南针，显示方向，取代传统的高度计，显示海拔高度等信息。

⑤ 测速。通过 GPS 对卫星信号的接收计算，可以测算出行驶的具体速度，比一般的里程表准确。

⑥ 显示航迹。GPS 带有航迹记录功能，可以记录下用户车辆行驶经过的路线，且小于 10m 的精度，甚至能显示两个车道的区别。

（3）GPS 车辆管理系统功能

① 实时监控。GPS 车辆管理系统应用了移动 GPRS 为监控数据的载体，真正实现了对车辆的全天候实时监控（速度、方向等），监控频率可达到 1s 级。

② 行驶信息管理。系统可对车辆以往的行驶数据信息进行下载、回放、保存等。

③ 车辆超速报警。管理员可单独或是设定全部车辆的行驶上、下限速度，当车辆行驶速度超过该限制时，系统即会提示车辆超速报警，并伴有声音和窗口弹出提示。

④ 自建图层。管理员可以通过文字和图像在地图上自行标注公司以及其他的方位；也可以自行构建道路上没有的路线，更好地完善地图来管理车辆。

⑤ 文字调度管理。管理员可通过文字方式向某一辆车或是某一群车辆发送文字调度信息。发送的信息将保存下来，以供日后查证。

⑥ 超速报警统计。通过系统提供的行驶数据保存功能，在事后可将某车在某日某一段时间的行车数据进行回放，并可生成报表供打印。

⑦ 行车线路跟踪。可对单独一辆或是全部车辆进行实时记录行驶路线功能，当车辆驶过后就会在地图上划出一条黑线，管理员可直观地看到车辆的行驶路线情况。

⑧ 区域报警功能。可以设定禁区，当车进入禁区监控处发出警报提醒。定制行驶路线，当驾驶员驶离预定的驾驶路线发出报警。

⑨ 完善管理员管理功能。车辆信息管理可对车辆信息进行查询、统计、增、删、改的维护工作；可对管理员进行权限分配，实现分级、多级管理；日志管理，如登录日志、报警设定、消息发送等。

⑩ 里程油耗统计。通过系统提供的行驶数据保存功能，可将某车在某日某一段时间的行车里程数及所耗油量统计出来，可生成报表供打印，该功能可作为参考。

⑪ 产品配件防拆盒防止人为恶意拆除。当拆除 GPS 后，系统自动锁车并报警；继电器控制汽车油路电路，根据指令达到断油断电的目的；通话手柄接收发送与中心的互动信息，配合音箱可以轻松自如地在免提通话模式与手机模式中相互切换；调度屏接收、显示中心下发的互动信息；摄像头图像拍摄清晰，传输速度快，用于监控车内情况；四路图像采集器可进行多路图像的采集。

2. GPS 汽车导航系统设备组成和结构特点

（1）车载 GPS 导航系统的组成 在了解车载 GPS 之前，应该知道车载 GPS 导航的结构和与车辆跟踪系统的区别。汽车导航系统是由 GPS 导航、自主导航、智能化地图匹配器、微处理器（MPC）或数字信息处理器（DSP）、车速传感器、陀螺传感器、CD-ROM 驱动器或 DVD-ROM 驱动器、显示器以及电子地图数据库相应的软件组成的。车上需要的装备主要有 GPS 天线、GPS 接收机（接收板）、计算机（CPU）、CD-ROM 驱动器及 LCD 显示屏。由 GPS 天线和 GPS 接收机组成 CPS 导航设备。就目前的车载 GPS 系统终端，通常由 GPS 模块、无线通信模块、报警控制模块、语音控制模块、显示模块和车载 PC 等几个部分组成。

① GPS 模块。它是安装到车辆上的小型装置，是 GPS 车载单元的一部分，用来接收卫星所传递的信息。

② 无线通信模块。通常采用车载无线电话、电台或移动数据终端（MDT）以完成信息交互功能。

③ 报警控制模块。向监控中心网络发出报警信号，通报车辆异常信息。

④ 语音控制模块。完成声音控制及服务等功能。

⑤ 显示模块。用来显示位置路况等视频图像信息，可选用 LCD、CRT 或 TV 显示。

⑥ 车载 PC。整合处理各功能模块，配合相应的软件，完成指定功能，如进行数据处理，计算出所在位置的经度、纬度、海拔、速度和时间等。

目前有两套较大全球定位系统除采用单一系统接收外也可以采用组合双系统接收（GPS＋GLONASS=GNSS）。由于两个系统的工作频率、坐标系、传输识别方法不同，所以对天线和接收机的参数要做相应改变方可工作。根据卫星倾角、轨道面及其上面分布的卫星数目的不同（如 GPS 系统 550 倾角 6 个轨道面，每个轨道面上分布有 4 颗卫星，运行周期 11 小时 58 分），在地球上任一点最多可能接收到 8 颗卫星参数。而根据定位要求只要接收到 4 颗卫星参数就能求出地面定位坐标。为减少城市中高楼大厦的遮挡影响，美国 Rockwell 公司出品的 12 通道 GPS-OEM 板，常用作 GPS 接收机的主机。

（2）车载 GPS 导航系统元件的特点

① 传感器和陀螺传感器。GPS 汽车导航系统设备由车速传感器和陀螺传感器组成。当汽车行驶在隧道、高层楼群、高架桥、高山群涧、密集森林等地段时，将与 GPS 失去

联系。在中断信号的瞬间，机内自动导入自主导航系统，此时车速传感器从汽车前进的速度检测出车速脉冲通过汽车微处理器（MPU）的数据处理由速度和时间直接求出前进的距离。为了减少高速行驶中因轮胎受热膨胀而影响计算精度的误差，要取一个距离系数进行修正，以提高导航的精度。陀螺传感器可直接测出前进方向的变化和行驶路线状态，如汽车行驶在勾状山道、发夹式弯路、蛇形路面、环状盘形路、雪道空地等地段时，所有这些曲线行驶的距离与卫星导航的经纬度一般会产生误差，此时只有通过陀螺传感器和微处理器的运算修正，才能得到汽车的正确位置。车速传感器常采用数字里程表，陀螺传感器采用压电晶体陀螺。

② 地图匹配器。由 GPS 导航和自主导航（包括车速传感器和陀螺传感器）所测得的汽车坐标位置数据、前进的方向和行驶路线轨迹，在电子地图上都存在一定误差，为了修正这些误差，需采用地图匹配技术。所以需增加一个地图匹配电路，对汽车行驶的路线（包括各种传感器检测到的轨迹）与电子地图上道路的偏差进行定时数字相关匹配。由地图匹配器做出自动修正，然后由微处理器整理程序进行实时快速处理，在电子地图上得到汽车正确位置的显示。 随着技术的进步，近年来利用模糊逻辑控制原理替代原来的复杂数字相关匹配技术组成的地图匹配器，可以大大简化系统结构，降低成本，提高精度。

③ LCD 显示器。世界平板显示器发展表明，薄膜晶体管有源矩阵液晶显示器（TFTAMLCD）是个发展方向。因为它每个像素后面都配了一个半导体开关器件来驱动，从而实现了高亮度视频图像显示，具有对比度好、扫描线多、视角宽、低反射等优点。日本导航研究会把三基色（RGB）TFTLCD 制定为导航用的标准，尺寸为 5.6 英寸 224640（234×960）个像素，6.4 英寸 449280（234×1920）个像素。这种显示器由于视角宽、亮度高，使得在副驾驶座和后座位上均能看到清晰的画面，因而应用广泛，在我国已经生产。

最近国际上又推出一款宽屏幕画面 7 英寸液晶显示器，336960（234×1440）个像素，对角线为 180mm，纵模比为 16∶9。它具有一般家用彩电功能，通过增加电路能提供双画面和画中画画面，还具纵向长距离扩大画面显示等功能，这样就实现了导航地图画面、电视接收重调多频信息接收等多种功能，给驾驶员长途驾驶带来乐趣。

④ 通信系统。车辆的移动性决定了系统的通信必须采用无线电通信方式，现在常用的通信方式为常规通信、集群通信、GSM 的短信息业务三种。其中 GSM 的短信息业务用于定位数据传输，目前较为流行。因其覆盖范围广，可以实现全球通用。我国 GSM 公用数字移动通信是覆盖面最大、系统可靠性最高、保有量最多的数字移动通信系统。

⑤ GPS 公共汽车在线跟踪控制系统。由于公共汽车线路固定，不存在选择最佳行驶路线的要求。采用 GPS 定位系统的目的主要在于跟踪控制车辆，及时调度方便乘客。为进一步方便乘客和调度车队，新加坡新捷运（SBS）已在试验实施 GPS 公共汽车在线路跟踪控制系统。该系统包括安装在主要公共汽车站的乘客显示牌、GPS 公共汽车在线定位系统（每辆公共汽车上都配有车载计算机及 GPS 定位机）、公共汽车驾驶员显示屏中心控制计算机等。中心控制计算机时刻跟踪监控每辆公共汽车。监控其预定的到站时间，以及每辆公共汽车的上座率，并在各站点的乘客显示牌上显示信息，供等车乘客参考，以便乘客

更好地计划自己的行程，减少等车时间，同时也使车队更好地调节车辆发车的频率。

⑥ GPS 出租车队自动调动系统。出租车已成为各大城市中的重要交通工具。该系统允许等车的乘客通过电话接入系统控制计算机，待乘客输入如起始点和时间后，计算机通过 GPS 搜索到与乘客接近的空车，并将需要信息以闪烁方式显示在驾驶员显示屏上，此时，若驾驶员接受该客人可按应答键确认接受。待驾驶员按 “确认”键后，该客人的起始点等信息才予显示（防止驾驶员拒载）。若驾驶员不接受，则在按“不接受”键后系统会自动搜索另一部较近的出租车。系统还可提供定时预定、定点接送等服务。

⑦ GPS 行车记录仪。行车记录仪主要用于记载车辆运行路线、运行速度及加速度变化情况，以便管理部门检查车辆的运行情况。它可约束疲劳驾驶、车辆超速等违章行为，对保障车辆行驶安全有重要作用，并且为交通安全管理部门提供了有效的执法工具。20 世纪 70 年代，欧盟、日本等国家在部分客运和货运汽车上强行安装行车记录仪。行车记录仪由 GPS 接收机、电子地图及电子地图匹配器、处理器等组成，它实时接收移动车辆的 GPS 定位数据，并将其通过坐标转换，由地理坐标变为屏幕坐标，在电子地图上以一定符号显示车辆定位的动态轨迹，并可以全屏显示、缩放和分层显示，还可以选择任意路段回放车辆轨迹和回放速度。由于行车记录仪的任务只是进行车辆轨迹的描述，不需要通信系统，因此，结构非常简单，成本低廉，而且容易实施。在国内外应用相当广泛。

（3）车载 GPS 导航系统的类型和特点 由于使用环境的特殊性，作为系统核心的车载电脑必须体积小，集成度高，功耗低，处理能力强，操作简单、便捷。目前车载电脑较多地使用嵌入式操作系统，如 Windows CE 和嵌入式 Linux 等。根据车辆使用的频繁性以及道路的复杂性的要求，它的可靠性必须要高，且扩展性和兼容性要好。GPS 车辆应用系统一般分为车辆跟踪系统和车辆导航系统两大类。它们在功能上截然不同，一种是用于车辆的防盗，一种则是用于车辆的自主导航。GPS 技术是利用 GPS 卫星信号接收的，可以 24 小时不间断地接收卫星发送的数据参数，算出接收的三维位置、三维方向以及运动速度和时间信息。由于“只接收，不发射”信号是 GPS 接收系统的一大特点，所以用于防盗的 GPS 跟踪系统，就是要借助通信网络以及政府配套系统给 GPS 车载防盗仪提供收取使用费用的解决方案。而车载导航仪是通过接收卫星信号，配合电子地图数据，适时掌握自己的方位与目的地，自主导航的模式不收取任何使用费用，用户可以根据自己的需要有选择地购买地图数据。

3. 车载 GPS 导航系统与“智能交通”

随着我国经济改革的不断深入和市场经济体制的逐步建立，公路建设、道路运输等各项交通事业正在跨越式地向前发展，为了实现进一步管理好运输市场，保证运输安全等一系列目标，各级交通部门正在积极推行“智能交通”，即通过运用先进的信息、通信、控制等高新技术对传统运输系统进行改造而形成的一种信息化、智能化、社会化的新型交通运输。

（1）现有 GPS 短信系统技术特点 现有车载 GPS 短信系统通信主要采用 GSM 短信

方式来实现，车载 GPS 信息机对 GPS 设备实时采集汽车的位置信息进行收集和运算处理。车载 GPS 信息机对处理后的信息定时以短信方式发送给运管监控中心相应的 SP 或者指定手机号码。运管监控中心通过 SP 或指定手机号码接收相应的车载 GPS 信息。特殊情况下，运管监控中心通过 SP 或指定手机号码直接发送短信控制车载 GPS 系统，如报警或强制熄火等。

（2）现有 GPS 短信系统缺点

① 传送时间不确定。因为短信采用信道命令时隙来传送，没有专门的数据通道，所以在命令时隙出现繁忙时，就容易出现数据传送延迟或丢失的情况。

② 信道容量有限。一条短信最多能传送 140 个有效字节，不能全面及时地反映车辆的实时信息。

③ 通信费用高昂。基本按照收发的总条数来计算。

④ 可扩展性差。以 SMS 为主要通信链路，受链路带宽的影响，无法进一步扩展将来的其他数据传输业务，如车辆运行中的图像监控等。尽管车载 GPS 监控系统有利于交通部门实现交通管理智能化，但目前短信方式的综合性能较差从而阻碍了该系统的全面推广。

（3）GPRS 发展现状及技术分析　GPRS（General Packet Radio Service，通用分组无线业务）是在现有 GSM 网络上发展出来的一种新的分组交换数据应用业务。GPRS 是全球移动通信网络技术向第三代移动通信（3G）演进的主流技术和重要里程碑，被称为 2.5 代移动通信。与传统的 GSM 电路拨号交换相比，GPRS 在资源利用效率、交换容量和性能上都有一个质的飞跃。

GPRS 抛弃了传统的独占电路交换模式，采用分组交换技术，即每个用户可同时占用多个无线信道，同一无线信道又可以由多个用户共享，从而有效地利用了信道资源，带宽最高可达 171.2kbps。目前中国移动的 GPRS 覆盖范围在中心城市几乎达到了 100%，在边远地区也达到了 80%以上，实际应用带宽大约在 20～40kbps，特别适合像金融交易、远程监测等行业各种中、低速率的突发通信需求，完全取代过去传统的有线 MODEM、X.25、数传电台、短信等通信方式。GPRS 采用 TCP/IP 协议，非常容易和现有 Internet 技术及应用平台整合，将各种 IP 技术与服务同移动通信技术相结合，为客户提供各种高速高质的移动车载数据通信业务。

（4）GPRS 数据传输的优点

① 移动通信。GPRS 无线通信打破了过去有线通信的固定位置限制，可根据业务需要随时增减数据传输点，极大地拓展了通信的领域。

② 费用低廉。GPRS 网络按照客户收发数据包的数据流量来收费，而不是采用 SMS 的按短信条数的方式收费，极大地降低了通信使用费用。以 GPS 监控系统为例，同样的一笔业务，其通信费用为过去的 1/8～1/5，具有较强的成本竞争能力和市场推广性。

③ 永远在线。客户随时都与网络保持联系，即使没有数据传送时，客户仍然在网上与网络之间保持连接。

④ 登录快速。连接时间很快。GPRS 无线终端一开机，就已经与 GPRS 网络建立了连

接，每次登录网络，只需要一个激活过程，一般仅需 1～3s。

⑤ 高速传输。由于 GPRS 网络采取了先进的分组交换技术，数据传输最高理论值可达 171.2kbps。实际使用中一般能达到 20～40kbps。

⑥ 组网灵活。GPRS 网络覆盖面广，可在全国漫游而不增加额外费用，特别适合中小用户以低成本方式在短时间内组建自己的跨区域性数据网络。

⑦ 信道保障。GPRS 通信链路由专业运营商维护，在出现通信链路中断的情况下能得到及时抢修，免除通信链路维护的后顾之忧。

⑧ 防雷击。GPRS 采用小功率短天线，不需要室外架设大天线，克服了有线传输设备和无线电台容易被雷击而损坏和中断通信的情况。

（5）GPRS 无线数据通信产品主要功能

GPRS 是一款集数据采集、分析与处理功能，GPRS 传输功能和 TCP/IP 网络功能于一体的新型无线移动通信网络设备。实现了完整的 PPP 协议及上层 TCP/IP 协议，使非 IP 系统可以通过简单的串口通信实现 Internet 和 Intranet 接入。

GPRS 无线数据通信产品的主要功能如下：

① 数据的分析与处理。可按业务数据采集设备要求进行计算与处理，如 GPS 定位信息的加权平均计算等。

② 无线 IP 传输功能。GPRS 内嵌完整 TCP/IP 协议栈，可以将数据封装成 IP 帧，然后通过无线模块传送到 GPRS 网络上。而大多数传统数据终端设备（如 GPS 设备）一般不具有 IP 功能，通过 GPRS 能轻松联网。

③ 短信备份功能。利用 GSM 网络短信通道作为 GPRS 网络链路的备份链路。可以在 GPRS 网络链路出现故障时，自动切换到短消息备份链路，有效保证了关键信息的可靠传输。

④ 友好管理界面。通过内嵌的 Web Server 进行配置管理，非常直观，操作简便，支持远程维护，根据管理权限可实现远程配置、升级和重启动。

（6）汽车导航仪按键识别

目前，大多数汽车原厂配置的导航仪都是国外品牌，如广州丰田和凯美瑞的导航系统由电装公司提供，上海通用别克君越的导航系统由德尔福公司提供。这些导航仪控制面板上的按键均是英文，维修人员必须清楚这些英文的含义。

汽车导航仪上常见的英文的含义如下：

SET——设置，按下此按键，进入总设置界面。

EJECT——弹出，按下此按键并保持约 10s，可退出地图光盘。

NAV——导航，按下此按键，进入导航界面。

DEST——目的地，按下此按键，进入目的地设置界面。

GUIDE——导航重复，按下此按键，可以重复一次最近的语音提示。

TILT——翻转，按此按键的上部或下部可相应调节显示屏的倾斜角度。

MENU——菜单，按下此按键，返回初始菜单。

MAP——地图，按下此按键，可以进入地图输入菜单。

4. SB-810VE2S 在 GPS 车载终端中的应用

GPS 卫星定位系统从美国军用到现在大量的民用化已有多年的历史，随着 GPS 系统技术不断成熟和经济的发展，人们对它的要求不仅只是定位、调度、报警功能，还需要导航、娱乐、多媒体等功能，而且对其外观要求小巧美观等。GPS 车载终端又称 GPS 车辆管理系统或 GPS 车载监控系统，它是依托卫星定位、地理信息及无线通信等技术手段，实时掌握车辆位置和状态，提供调度管理信息的软硬件综合系统。系统主要由三大部分组成，即车载 GPS 监控终端、通信网络和调度监控中心。其中车载 GPS 监控终端又称车机、GPS 终端、GPS 监控终端，它负责接收、发送 GPS 定位信息、状态信息及控制信息，通信网络则是实现车辆与调度监控中心信息交换的载体，一般指 GSM/GPRS/CDMA 基站及 Internet，调度监控中心是整个信息系统的通信核心，负责与车载 GPS 监控终端的信息交换、各种内容和控制信息的分类、记录和转发。

（1）系统特点

① 稳定性高。终端设备在夏天高温和冬天低温下能长时间稳定工作。

② 抗磁抗振性强。终端设备在车上的抗振性和抗磁性要求比较高，不会因此产生死机现象。

③ 体积小。车内本身空间小，终端设备应该放在车内比较隐蔽不易发现的地方，所占的空间应以小为宜。

④ 操作方便。在显示屏上提供按键方式或触摸屏方式。

⑤ 运作速度快。数据在上传及下载的过程中，要求数据处理速度快，并不会丢失数据。

⑥ 扩展性大。随着技术的成熟，终端设备在不需要完全重新更换的情况下功能可扩展。

（2）系统原理　车载设备接收 GPS 卫星发送的信息，经过数据处理以后，再通过无线通信将数据传送到调度中心，显示在电子地图的相应位置上。这样调度中心可随时跟踪车辆当前所处位置、速度、方向等情况，实时完成车辆信息的收集和对车辆的调度指挥。

（3）系统配置　例如上海思泰基电脑有限公司在深入了解 GPS 系统的各种应用和大致的发展情况下，为 GPS 系统的车载终端设备量身定做了一款产品 SB-810VE2S 作为硬件开发平台。SB-810VE2S 系统配置如图 3-6 所示。

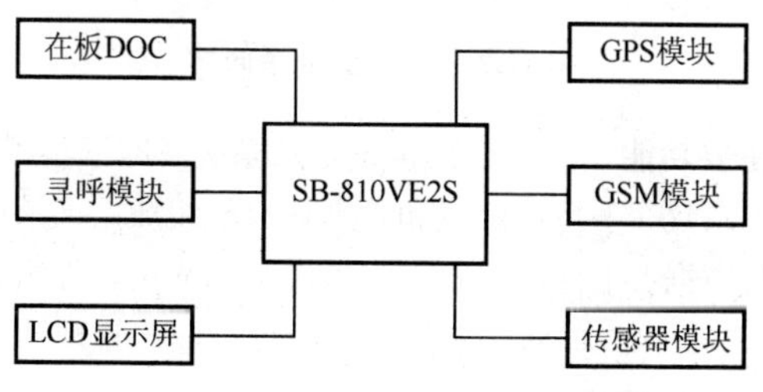

图 3-6　SB-810VE2S 系统配置

（4）系统评价 SB-810VE2S 充分满足了车载终端的要求，具有体积小、集成度高、功耗低、数据处理速度快等特点。

5. 汽车黑匣子（智能记录仪）的功能及结构特点

（1）车载电脑黑匣子对于分析和处理交通事故的意义 针对机动车与非机动车、行人之间发生交通事故时的责任判定，可以使用汽车黑匣子还原事故现场。汽车黑匣子采用数码影像传感技术和高性能的数字影像微处理芯片技术，将交通事故前后的全过程进行动态影像记录与处理，并可通过自带显示屏或电脑播放器播放，将交通事故前后的全过程重新回放，可以清楚、直观地查看到事故发生时的地理环境、车辆行驶状况，以及影响交通安全的各类因素等动态画面，为交通、车辆管理部门进行事故分析，判定肇事方的责任提供法律依据，有效地保护了机动车驾驶者的合法权益。

汽车黑匣子是汽车智能记录仪，是类似飞机上的黑匣子，用以记录汽车行驶状况的电子装置。车载电脑黑匣子如图 3-7 所示。汽车黑匣子由记录器、显示器、数据采集处理卡、软件系统及传感器组成。记录器可用磁带记录汽车行驶的各种状态，如前进、倒车、加速、减速、转弯、上坡、滑行等。当发生事故或电源被切断后，所记录的数据仍然能够保留。为了能够安全回收，汽车黑匣子具备耐火、耐压、耐撞击、耐腐蚀、防水、防潮的能力。这种装置可以准确记录汽车发生事故之前 10 分钟的各种数据，对于分析和处理交通事故有重要的意义。

图 3-7 车载电脑黑匣子

（2）系统组成及主要功能 汽车行驶状态记录系统（即汽车黑匣子或智能记录仪），主要由汽车行驶状态记录仪、手持读码器和管理计算机组成。记录仪安装于汽车上，实时监测并记录车辆的行驶数据；手持读码器由掌上电脑和应用软件组成，用于控制和操作记录仪的运行及通过 RS-232 串行口对记录仪进行数据读取；管理计算机用于对原始记录数据进行统计、报表、存储及查询。

记录仪是整个系统的核心，其主要功能如下：

① 可实时监测并记录汽车行驶的各种状态信息如时间、车速、里程、车门开关、制动状态、方向灯状态、近远光灯、发动机转速、发动机异常、机油压力、温度等。

② 运行数据存储在大容量串行 Flash 存储器中，即使掉电，数据也不丢失。

③ 具有超时（疲劳）报警及记录功能，从而有效遏制司机疲劳行车，保证长途行车的安全。

④ 分级超速报警功能。用户可按需求设置三级限速，当车辆超速时，会按不同限速分级声光报警，从而有效遏制超速行车，保证行车安全。

⑤ 车牌号、车型号、限速值等数据可方便地通过手持读码器在线写入或修改。

⑥ 备有 GPS 接口，可方便地扩展 GPS 对时、通信、定位、信息服务等功能。

⑦ 具有与手持读码器和管理计算机通信的标准 RS-232 接口。

⑧ 管理软件可统计分析任何时段的行车速度、行驶里程、停车次数、停车时间、超速次数、超速时间以及收、发车时间等，提供给管理人员关心的各种数据。

（3）记录仪硬件功能要求和工作特点　根据记录仪功能要求和工作特点，在设计时，主要从运行可靠性、记录数据准确性及数据存储容量三方面考虑。记录仪结构主要包括单片机及其外围电路、电压量、电阻量、脉冲量及开关量采样电路、实时时钟电路、数据存储电路、声光报警电路、RS-232 通信接口电路及各种车用传感器等。

① 单片机。采用如 Cygnal 公司生产的 C8051F005 单片机作为控制核心。在该记录仪中，PCA 定时器阵列完成 V/F 变换脉冲计数；两个电压比较器实现蓄电池过电压、欠电压检测；利用片内温度传感器实现温度检测；I/O 接口实现开关量检测；SPI 接口控制 ISD4004-16 芯片完成语音报警、实时时钟芯片 MAX6902 时钟的读写以及数据存储芯片 AT45DB081B 的读写；片内 RS-232 口将记录数据上传到上位机。由此可见，采用 C8051F005 单片机，单个芯片即可完成系统的控制和检测，大大简化了系统硬件设计，显著降低了系统成本。

② 传感器选择。汽车内传感器的工作环境十分恶劣，因此，对传感器的要求也十分严格。这些传感器必须要经受住－40℃～＋150℃的温度变化，而且要求精度高、可靠性好、反应快、抗干扰和抗振动能力强，才能准确地实时检测汽车运行的有关状态，并将这些状态转换成电信号供给单片机处理。

③ 信号检测。汽车传感器输出信号一般为电压、电阻、脉冲信号及开关量等，下面分别介绍这些信号的检测方法。

④ 电压信号。为了提高抗干扰能力和检测精度，先将电压信号经信号调理电路变换为 0～5V 的标准信号，再经 V/F 变换转换为脉冲量，经光耦隔离后通过 C8051F005 单片机的 PCA 阵列计数处理。V/F 转换器的应用电路中，将有源时钟振荡器输出的 3MHz 脉冲信号经 74HC393 四分频后作为 AD652 的外部时钟源。

⑤ 电阻信号。电阻信号先经单臂电桥转换为 0～5V 的标准信号，再经 V/F 变换转换

为脉冲量，经光耦隔离，最后通过 C8051F005 单片机的 PCA 阵列计数处理。

⑥ 脉冲信号。经光耦隔离后的脉冲信号直接通过 C8051F005 单片机的 PCA 阵列计数处理。

⑦ 开关信号。当制动和转向灯等工作状态发生改变时，其辅助接点将接通 YX 回路的＋12V 电源，此时光耦导通，其输出状态发生改变，在单片机定时，中断服务程序内通过 I/O 接口读取该状态即可，其动作分辨率可达 1ms。

⑧ 语音报警。当系统有超速行驶报警时，高亮度红色 LED 闪亮，同时启动语音报警功能，发出“超速行驶，请注意”的警告语音。该记录仪采用了单片语音录放电路 ISD4004-16 作为放音芯片。ISD4004-16 芯片工作电压为 3.3V，单片录放时间为 16min，最多可分 2400 段，音质好，适用于移动电话及其他便携式电子产品中。芯片采用 CMOS 技术，内含振荡器、防混淆滤波器、平滑滤波器、音频放大器、自动静噪及高密度多电平闪烁存储阵列。芯片设计是所有操作的基础，必须由单片机控制，操作命令可通过串行通信接口 SPI 送入；同时采用多电平直接模拟量存储技术，每个采样值直接存储在片内的闪烁存储器中，因此，能够非常真实、自然地再现语音、音乐、音调和效果声，避免了一般固体录音电路因量化和压缩造成的量化噪声和“金属声”；采样频率为 4.0kHz，片内信息存于 Flash 存储器中，可在断电情况下保存 100 年（典型值），反复录音 10 万次。在该记录仪中，将语音报警内容分为 64 段，在放音时可进行自由组合。

⑨ 实时时钟。为了能准确记录数据的采样时间，该记录仪采用了具有 SPI 接口的串行时钟芯片 MAX6902。MAX6902 可工作在＋2V～＋5.5V 的宽电源范围内，封装为 SOT23-8，片内具有 31B SRAM，具有体积小、外围电路简单、运行稳定性好、精度高、功耗低等优点，可满足记录仪对时间的要求。

⑩ 数据存储。由于要记录的数据量比较大，因此，记录仪要求具有掉电记忆的大容量存储器。通过比较采用了 ATMEL 公司生产的 Flash 存储器 AT45DB081B。AT5DB081B 为串行接口；采用 SPI 接口的 0～3 方式与 C8051F005 单片机进行通信，几乎无需外接元器件，集成度高，数据存储量大，数据掉电保存；工作电压为 3.3V，工作电流为 4mA（待机状态下仅为 2μA）；其主存共 4096 页，每页 264B，总容量为 1056KB（约合 8Mb），存放在主存中的数据掉电不丢失。除了主存以外，AT45DB081B 还有两个容量为 264B 的数据缓存，缓存可以用做主存与外部进行数据交换时的缓冲区域，也可以暂存一些临时数据，缓存读写方便迅速，但掉电数据会丢失。AT45DB081B 数据读写采用串行方式，读写速度快，从页到缓存的传输时间为 80μs 左右，并且兼容 CMOS 和 TTL 电平的输入、输出。

⑪ 防拆卸设计。为了防止记录仪被非法拆开，系统采取了防拆卸设计。正常状态下一弹簧将一按键开关压下，该开关闭合；当记录仪外壳被拆开时，弹簧弹起，按键开关断开。通过单片机的 I/O 接口定时读取该开关的状态及记录开关状态的变化并报警。

（4）系统软件的功能 系统软件主要完成两方面的功能：实现汽车行驶状态的实时检测和记录，检测到故障时声光报警；将记录数据通过 RS-232 口上传到上位机，以便进行日常管理和事故诊断。软件的设计完全按照结构化的程序设计方案，将整个程序按照功能分为若干个程序模块，以方便调试和检查。采用 Keil C51 语言编程。本设计中的软件在 KeilμVision2 V2.05 集成环境中编辑、编译、连接、调试后，直接通过 JTAG 接口将程序下载到 C8051F005 单片机中（ISP）。程序主要包括主程序、模拟量采集程序、开关量采集程序、脉冲量采集程序、数据存储程序、时钟处理程序、故障处理程序、语音报警程序及串口通信程序等。

（5）系统的可靠性　作为汽车行驶状态记录仪，由于汽车内的工作环境十分恶劣。因此，如何保证系统的稳定性和可靠性至关重要。尽管系统硬件经过了精心设计，如多层印制板、可靠的元器件选择、输入和输出的光耦隔离、电源输入和输出滤波器的采用、硬件看门狗等，起到了很强的抗干扰作用；但是由于记录仪的工作环境是比较复杂的，要保证系统的可靠运行，上述措施还是不够的，还需要从软件设计上进行全面考虑，以增强系统的综合抗干扰能力。

系统遇到干扰的直接结果是程序“跑飞”。在软件设计中，主要从软件的模块化设计和事件驱动方式、指令冗余和软件陷阱、软件重要变量的多重复制、软件的可重入设计和数字滤波等方面进行了考虑，以增强系统的综合抗干扰能力。实践证明这些措施都取得了较好的效果。该记录仪严格遵循汽车电子产品的要求，充分考虑了车内环境（如电磁干扰、振动、温度、湿度等），在电路原理设计、电子元器件选择、结构设计、接插件选择等各个步骤上均严格按照相应的电子设备标准进行设计并已通过各项环境测试。自投入运行以来，取得了良好的效果，完全能满足汽车行驶数据实时记录的需要。

6. 华宝科技——卫星定位汽车行驶记录仪

卫星定位汽车行驶记录仪又称 GPS 汽车行驶记录仪，是对车辆行驶速度、时间、里程及有关车辆行驶的其他状态信息进行记录、存储并可通过接口实现数据输出的数字式电子记录装置。内部集成有 GPS 定位模块和 GPRS 通信模块，可以通过 GPRS 上传定位信息，超速、疲劳、疑点数据，下载文字信息，上传图片等。

为了加强道路交通安全管理，有效预防道路交通事故发生，根据《中华人民共和国道路交通安全法实施条例》和政府预防重特大安全事故工作会议精神，2009 年，深圳华宝电子科技有限公司（华宝科技）拥有独立知识产权的 HB-R03 卫星定位汽车行驶记录仪顺利通过产品质量监督检验中心检验。华宝科技卫星定位汽车行驶记录仪的研发成功，将为推动我国卫星定位汽车行驶记录仪的普及起着极其重要的促进作用。2011 年 7 月，华宝科技卫星定位汽车行驶记录仪通过了交通部汽车挂车质量监督检验测试中心的检测，并通过了交通部的符合性审查，成为业内首批成功获得中国交通部“部标”（交通运输行业标准 JT/T 794—2011《道路运输车辆卫星定位系统　车载终端技术要求》）认证资格的企业。卫星定位汽车行驶记录仪如图 3-8 所示。

图 3-8 卫星定位汽车行驶记录仪

华宝科技卫星定位汽车行驶记录仪主要功能如下：

（1）自检功能 记录仪通电后会对系统各部件及接口进行检测，自检通过后会“嘀”一声响，并在 LCD 上显示“汽车行驶记录仪系统正在自检”提示用户记录仪开始正常工作。

（2）记录、存储、采集的功能 实时时间、日期及驾驶时间的记录、存储、采集的功能。记录仪可以提供北京时间日期和时钟，并以年、月、日的方式记录实时日期；以时、分、秒方式记录实时时钟。

（3）行驶管理功能 每日能统计出一天的行驶里程、行驶时间及累计行驶里程；每分钟速度记录，能记录最近 360h 内的行驶状态信息，即车辆在行驶过程中与实时时间相对应的每分钟间隔内的平均行驶速度值。

（4）预防事故功能

① 超速报警。当汽车速度超过预先设置的超速值时（可设置，如 120km/h），记录仪会第一时间发出“滴、滴”的报警声，提醒驾驶员减速，并且第一时间把超速记录的内容上传到监控中心。

② 超速记录。当汽车速度超过限速值时，记录仪能够记录超速次数、开始超速时刻、持续时间、最高速度、驾驶员代码。

③ 疲劳驾驶报警及记录功能。当同一驾驶员连续驾驶接近设定值（国际标准规定连续行驶超过 4h 为疲劳驾驶，对于中途停车休息不足 20min 的视为连续驾驶），记录仪会声音提示，并且第一时间把疲劳驾驶记录的内容上传到监控中心。超过设定值就开始记录，并声音提醒，设定值可以远程设置。

④ 事故疑点记录分析功能。记录最近 10 组停车前 20s 内的常规数据，记录仪会以 0.2s 间隔持续记录并存储停车前 20s 实时时间对应的车辆行驶速度值及车辆制动状态信号等信息。

⑤ 显示打印功能。可通过液晶（LCD）显示并能即时打印最近 15min 内每分钟的平均车速记录、超时驾驶（疲劳驾驶）记录、超速记录及车辆和驾驶员的相关信息。

⑥ 车辆信息、驾驶员档案的管理功能。记录仪具有记录驾驶员身份的功能；在每次驾车前，由驾驶员插入 IC 身份卡确认自己的代码；断电保护，数据通信功能，定位跟踪，实时定位监控，限速报警，偏航报警（电子围栏），轨迹回放，劫持报警，远程数据提取，

远程断油、断电，信息调度及拍照功能。

七、车载信息娱乐系统

1. 车载信息娱乐系统的要求

车载信息娱乐系统（In-Vehicle Infotainment，IVI）是采用车载专用中央处理器，利用车身总线系统和互联网服务，形成的车载综合信息处理系统。IVI 能够实现包括三维导航、实时路况、IPTV、辅助驾驶、故障检测、车辆信息、车身控制、移动办公、无线通信、基于在线的娱乐功能及 TSP 服务等一系列应用，极大地提升了车辆电子化、网络化和智能化水平。现在汽车厂商已经开始注重消费者对车内视觉和听觉环境的切身体验。普通消费电子应用和车载信息系统的应用还有很大的区别，IVI 在“视、听、行”方面都有自己的要求。

就“视”来说，车要自动帮助驾驶者查看周边的环境，是不是有人、车临近，晚上要通过夜视功能提醒开车人是否有人通过等。这些“视”的功能与消费电子类的应用范围有很大的差异。

就“听”来说，车载应用除要求高清的音频效果外，还有车载蓝牙功能，通过蓝牙进行对讲通话，如寻找附近的加油站可以通过语音命令来控制；又如把网上的新闻用转成声音的播放出来。

所有跟安全有关的服务都是“行”。而 Intel Atom 平台正是目前嵌入式领域最好的开放式平台。Intel 公司在 2010 年推出了 Atom 处理器的第二代 IVI 平台方案。第二代系统进一步提高了灵活性，在芯片层面集成了 I/O 接口；同时还引入了更多的合作伙伴，如日本罗姆半导体公司提供的 IOH。事实上，第二代 Atom 平台不仅是对芯片的性能、集成度和视频编解码性能有一定的提升，在对 OS 和第三方软件的支持以及成本的优化等方面都有提升。

新一代处理器对于设计车载信息系统带来了很大的帮助，如整个系统的起动时间可以缩短到 10s 以内，另外很多 Telematics（汽车物联网）应用也都加入进来。在后续上市的一些新车型中，用户可以看到这些服务。现在的车载信息系统和服务就是要能够把车内外的部件和信息单元联系起来。随着 3G 互联网时代的到来，车载信息系统的前进步伐越来越快。整个系统开始囊括除了娱乐、通信、导航等服务以外的更多功能，如听书、一键呼叫和远程服务等。

应用在不断升级，客户的需求也会不断升级。随着功能的增加，在跨平台时就必然面临设计层面的调整。车厂对产品的升级换代是非常慎重的，汽车产品的设计周期又非常长，一般完整的产品开发周期是三年以上。如果我们今天针对一个车型设计产品，明天要换另外一个车型的时候又要重新开发，那么效率会很低。所以一般选择采用 Intel Atom 跨平台方案，大大延长这个周期。其优势在于，无论从一个应用转到另一个应用或者增加一个新应用，因为都是以开放的 x86 架构为基础，所以几乎不需要做大的调整，而且硬件升级也可以是很平滑的过渡。Windows XP 作为桌面应用具很大的优势，但是在车载系统上它有很多不足，包括系统起动时间、系统可靠性等，Windows XP 启动需 30～60s，车载系统希望做到 10s 以内。因此，车载系统会以专用系统为发展方向。又以可靠性为例，车载信息系统要求满足 10 万次反复开关机，另外在车载信息系统应用上必须有更专业化和针对性的设计，包括操作系统，这样用户使用起来才会更方便、更安全、更可靠。ALP INE 汽车多媒体影音系统如图 3-9 所示。

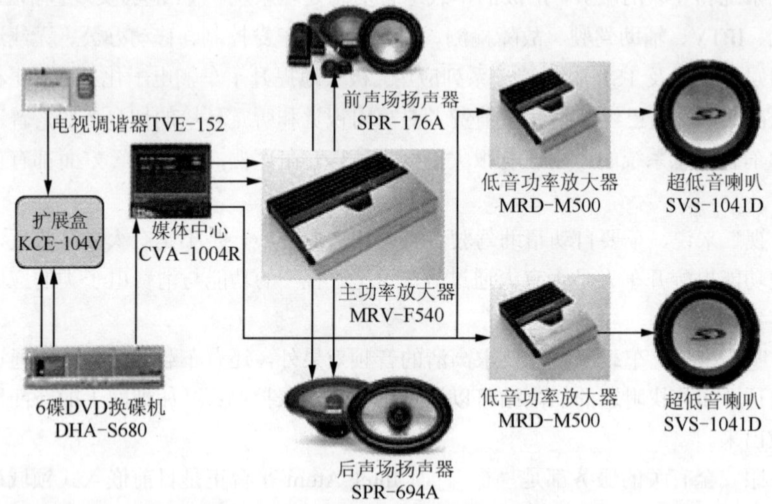

图 3-9　ALP INE 汽车多媒体影音系统

Telematics 应用和车辆安全相关的应用将成为 IVI 中的关键应用，它包括语音导航、服务中心、远程救助、在线音乐、听书等功能以及语音控制、辅助驾驶、胎压监测和故障监测系统等跟驾驶安全相关的服务，最终目的是让驾驶者使用信息系统越来越方便，提升驾驶安全性。3G 汽车车载信息应用服务又称“Telematics”，是利用 3G 网络，通过安装在车上的资讯系统，为汽车行驶提供远程、多样化信息服务的一种方式，代表着当今世界汽车信息化发展的潮流和方向。

金辰 K5 是兼容 IEEE 802.11n 的 3G 可携带式路由器，它可以连接并共享用户的高速率 3G 网络。3G 路由器是将 SIM 插入路由器，就可以方便的通过 Wi-Fi 网络共享 3G 连接，从而可以方便地让笔记本式计算机等其他 Wi-Fi 设备随时随地连接 Internet。

2. 汽车视听装饰的作用、种类和安装要求

（1）汽车视听装饰的作用

① 减轻驾驶途中疲劳。在汽车行驶途中，听听音乐、相声、小品等文艺节目，既可提供优美的听觉享受，又可减轻驾驶途中的疲劳，使司乘人员感到轻松愉快。乘客还可通

过汽车电视观看精彩的影视节目，消除途中寂寞。

② 提供交通信息。在一些大中城市的广播电台已相继开通交通信息节目，向驾驶员及时传播道路情况、交通情况、汽车使用、维修服务及安全行车知识等信息，还接受驾驶员的信息咨询和投诉。

（2）汽车视听装饰的种类　汽车视听装饰主要有汽车收放机、汽车激光唱机、车载电视机、车载影碟机等。其中汽车收放机的种类最多，详见表 3-1。

表 3-1　汽车收放机的种类

分类	功能	功率/W	代表型号
简易型	AM 中波，单声道放章	4	LY-202M，TB-807，4B-24，LY-202
普及型	AM 中波，FM 立体声，单声、立体声转换，立体声放音	2×4	TB-700，4B-20
自动返带型	AM 中波，FM 立体声，单声、立体声转换，近、远程转换，自动返带	2×4	LY-203，TB-861，4B-25
频率数字显示型	AM 中波，FM 立体声，近、远程转换，单声、立体声转换，收音频率数字显示、计时功能，自动返带	2×4	LY-204，TB-861，RST-3000
数字调谐型	AM 中波，FM 立体声，单声、立体声转换，自动搜索、手动、存储选台，存储、频率数字显示、计时功能，磁带选择控制，自动返带	2×10	LY-2800，TB-989，OH-7440A

注：① “LY”为航天部燎原无线电厂“乐宇”系列产品。

② “TB”为徐港电子公司“天宝”系列产品。

③ “4B”为上海无线电四厂“凯歌”系列产品。

（3）汽车视听装饰对设备的要求　由于汽车工作环境较差，视听装置在汽车上安装和使用具有一定的困难。在无线电接收发送过程中，电波强度受到地形、地点、时间、气候等多种因素影响发生不稳定的变化；汽车车内空间过分狭小，车窗玻璃和内室部件形成音响的无序环境；无线电接收灵敏度越高，音响特性的真实度越要提高，汽车的电子电器装置所发出的电噪声也越容易接受；由于受热辐射影响，盒式磁带易伸长；汽车振动冲击等易引起光盘走音失真。为此，汽车所安装的视听设备应具备以下特殊要求。

① 应使用直流电源。一般的音响和电视机都使用交流电源，便携式音响使用干电池，而汽车视听装置的电源是用汽车上 12V（或 24V）蓄电池。因此，必须使用直流电。

② 抗干扰性能要强。由于汽车发动机点火装置及其他电器共用一个汽车蓄电池，对

AM/FM （调幅/调频）接收会产生很大的干扰。因此，必须采用抗干扰性能强的电路和元器件。一般汽车音响的电源都有电源扼流圈，外壳必须采用全密封的接地铁壳进行隔离。

③ 抗振性能要好。汽车在各种不同的路面上行驶，对汽车视听装置的振动很大，要求元器件焊接装配要牢固，引脚尽量折弯焊接。

④ 天线应采用外置式。为了减小汽车发动机对收音机的干扰，天线一般采用机外拉杆天线。当天线损坏时，收音部分收不到电台广播。

⑤ 应有防尘措施。汽车行驶时，尘埃很多，故视听装置需进行必要的封装。

⑥ 要选用耐热元件。由于汽车内温度较高，视听装置难以散热，故选择的元器件耐热性能要好，工作要稳定，焊锡温度不能过低。

⑦ 接收灵敏度要高。汽车驾驶室有屏蔽作用，加上汽车飞速行驶，有时离发射台很远，故要求广播的接收灵敏度要高。

⑧ 采用电感式调谐。为了防止汽车在行驶中振动对调谐的影响，汽车收放机应采用电感式调谐，即在一塑料骨架上绕一定匝数的线圈，在滑块上固定若干磁心，用调谐杆推动磁心在固定通道内旋进旋出，从而改变电感量大小，达到调谐目的。当磁心全部旋入通道时，电感量最大，此时调谐的电台为频率最低端。反之，当磁心全部旋出通道时，电感量最小，此时调谐频率为最高端。

⑨ 采用低阻抗大功率扬声器。为了获得较大的功率，除了功放级采用 BTC 方式外，扬声器采用 1.6～4Ω的低阻抗大功率扬声器，并用很粗的扬声器引线。扬声器口径多为 10～15cm。高级汽车音响采用同轴 2dB 或 3dB 的 15～20cm 扬声器。

⑩ 具有夜光照明功能，体积较小。汽车在夜间行驶时，为了收音和放音的方便，按键应设有透光的照明。设计这种照明装置时，不能影响 LCD 数字显示效果。由于汽车受到内部空间的限制，视听装置的体积应尽量设计地小些。因此，选择的各种机械配件和电子元器件，都应该使用体积小、散热好的。

克莱斯勒 300C 轿车的音响系统配置如图 3-10 所示。

图 3-10 克莱斯勒 300C 的音响系统配置

3. 车载电脑与DVD导航的区别

近年来，车载电脑已开始流行。那么车载电脑与车载DVD相比，到底有什么区别呢？

（1）娱乐方式 车载DVD提供的是DVD/CD的播放功能，实现了影音娱乐。相比之下，娱乐方式显得贫乏。车载电脑提供了影音娱乐、电子游戏、网络娱乐等多种娱乐方式，车载电脑集成了iPod、移动DVD、PSP游戏机、笔记本式计算机等多种数码娱乐产品的功能，使用车载电脑可以在车上看电影、听音乐，还可以玩电脑游戏、上网看新闻、与朋友在线聊天等。

（2）娱乐内容 车载DVD带来的娱乐取决于随车携带的光盘数量，一般随车带三四张光盘，开车时，其主要娱乐内容也就是在这几张光盘之间选择。车载电脑可以自由定制车上的娱乐内容。车载电脑采用内置硬盘作为存储，巨大的存储空间可以轻松携带上千首歌曲和音乐，数十部电影。

（3）边导航边看电影 很多车载DVD可以加装导航功能，其实现方式就是内嵌一个PDA的嵌入式硬件平台。其导航实现效果甚至还不如一个普通的手持GPS导航仪。其主要问题是屏幕虽然大，但分辨率低，操作也受很大的局限。车载DVD的嵌入式固定方式决定了导航的输入问题非常多。另外，因为车载DVD导航是车载嵌入式的，所以地图是存储在一张SD卡里，插在主机面板插槽里，容易造成数据丢失，导航数据不能读取。而且在实际使用中，导航与DVD的娱乐功能只能二选一，因此，在用户安装了车载DVD之后，真正使用导航的次数也很少。而车载电脑拥有强大的导航能力，并且可以边导航边看电影。借助于电脑本身强大的多任务处理能力，车载电脑实现了在后台导航的同时，在前台播放影片，在精彩影片连续播放的同时，全程语音导航也会在每一个路口播报，指示司机正确的道路。

（4）功能扩展 车载DVD导航除了相对简单的收音、影音娱乐和导航功能外，系统不能扩展其他功能，而Windows XP、Windows 7操作系统的车载电脑，具有非常强大的软硬件扩展功能。将CMMB数字电视棒插入车载电脑USB接口，即可观看高清的CMMB数字电视，还可以使用Wi-Fi适配器连接附近Wi-Fi热点，免费畅游互联网世界。

总而言之，移动互联网时代，在差异化服务和需求的消费趋势下，车载DVD导航已经不能满足顾客需求，车载电脑是完全超越车载DVD导航的更高层次的车载终端设备，必将成为车载电子主流产品。

4. 车载电脑嵌入式系统选型

（1）嵌入式系统发展脉络及趋势 嵌入式系统诞生于微型机时代，并经历了从裁剪到应用延伸的发展过程。20世纪70年代末，工业控制领域引入了智能控制，体积、功耗、价格过大的微型机被裁剪成只有某一特定用途的单片机，此时的嵌入式系统使用8位的CPU芯片来执行一些单线程的程序，系统并没有操作系统，只能通过汇编语言对其进行直接控制，运行结束后再清除内存，具有监测、伺服、设备指示等功能，通常应用于各类工业控制和飞机、导弹等武器装备中。发展到20世纪80年代，简单的操作系统被移植到系统中，IC制造商开始把嵌入式应用中所需要的微处理器、I/O接口、串行接口以及RAM、ROM等部件统统集成到一片VLSI中，制造出面向I/O设计的微控制器。此时系统内核的精巧性、兼容性、扩展性都得到大大的改进。

20世纪90年代，智能家用电器等消费类电子产品发展迅速，由于这类产品直接关系到终端消费者的利益，因此，智能家电嵌入式系统被前所未有的关注起来。除此之外，在分布控制、柔性制造、数字化通信方面，嵌入式系统也取得了飞速的发展。此时的嵌入式操作系统已经具备了文件和目录管理、设备管理、多任务、网络、图形用户界面（GUI）等功能，应用已经得到了很大的延伸。如今，互联网的发展给嵌入式系统注入了新的生机，网络实现了控制后台与应用终端的高速对接与通信，这有利于两大模块的明确分工和智能管理。而数据存储的任务则由独立的存储模块承担起来。在控制后台和存储模块的支持下，嵌入式应用终端可以实现更加灵活的应用延伸和更加强悍的环境适应能力，真正实现无处不在的嵌入式。嵌入式市场的发展趋势给扩展灵活、功能移植能力强的x86结构产品提供了发展契机，然而目前ARM结构的主板仍然以其强势的姿态占据着嵌入式市场的绝大多数份额。

（2）x86与ARM的对比 x86与ARM产品的优劣势比较是很明显的，ARM的优势在于它是RISC体系，可以提供更高的抗干扰性和更低的成本。其低至1W的功耗能使主板保持常温，可以长年累月地开机在线工作而基本上不需要维护。由于功能单一，ARM主板的开机速度非常快，一般只需几秒。另外ARM主板的购买成本也比x86结构的主板要低。x86结构对比ARM结构的主板优势在于功能的多样性和扩展的灵活性，x86对特种需求的适用性之外的延伸性也比ARM结构的主板更强。随着终端应用的需求越来越花样百出，在一些嵌入式领域如媒体终端机、移动设备、网络设备、POS机等与最终用户直接接触的领域，多重触摸、3D播放等各种新的需求已经在呼唤着适合嵌入式领域应用的x86结构CPU。而在工业控制等传统领域，更加人性化的交互界面和更强的扩展能力发展需求也需要x86结构CPU的支持。

在这样的背景下，x86结构产品要解决的问题是如何在保持性能与降低功耗之前取得平衡。ATOM等一系列低功耗x86结构的产品的出现，无疑是一个很大的突破。技术的进步只会给ATOM之类的产品在提升性能的同时，带来更低的功耗和适应能力，x86结构产品在嵌入式市场的崛起指日可待。同时，目前ARM有x86结构所无法取代的优势，如成本更低、功耗更低等，在一些功能长期固定而购买成本比较敏感的领域，ARM主板相对于x86主板是拥有绝对优势的。

（3）Intel、AMD、VIA低功耗处理器 嵌入式市场对x86结构产品的召唤，使Intel、AMD、VIA三大x86结构厂商不断努力探求出路。2003年的Intel Pentium M，2004年AMD Athlon处理器Geode NX的嵌入式版本，都是对这一领域的有力尝试。其中AMD LX800和VIA C7系列都曾在嵌入式市场取得了良好的成绩，但这些产品一直无法实现普遍的运用。前者是通过降低性能来适应低功耗需求的，LX800的功耗虽然只有1W，但500MHz

的主频，400MHz 的前端总线，128KB 的二级缓存的性能很难适应现在终端丰富多彩的应用，如 LX800 播放普通电影 CPU 占用率就会达到 90%以上。后者则是用较高的性能和较高的功耗在对功耗不那么敏感的设备市场上取得一定份额。C7 系列是 90nm 工艺的处理器，其性能系数为 1.8GHz/800MHz/128KB，但是功耗高达 20W。这些尝试的结果表明，嵌入式市场需要 x86 的性能和功能，其功耗问题却阻碍它的发展。随后，Intel 公司于 2008 年推出 ATOM 平台产品，VIA 公司紧随其后，推出了低功耗平台 NANO 处理器。AMD 公司也推出了 BOBcat 低功耗处理器发展计划。三家都在宣传自己是低功耗时代保持高性能的佼佼者。ESP 超低功耗处理器如图 3-11 所示。

图 3-11　ESP 超低功耗处理器

（4）VIA NANO　VIA NANO 是基于 VIA Isaiah 架构、隶属于 C7 系列的处理器的一款单核心处理器，NANO 是 VIA 公司针对 x86 桌面平台推出的首款 64bit 处理器，它采用 NANO BGA2 封装，封装面积为 21mm×21mm，处理器 DIE SIZE 为 7.65mm×8.275mm=63.3mm^2。VIA NANO 处理器现有五款型号，分为 L 系列和 U 系列，主频 1.0～1.8GHz，前端总线频率 800MHz，2×64KB 一级缓存、1MB 二级缓存，采用 65nm 工艺制程，但在频率和功耗上存在较大差异。最低频的 U2300 是唯一一款外频为 133MHz 的 VIA NANO 处理器，TDP（热设计功耗）也最低，仅为 5W。其余几款 VIA NANO 处理器均具备了 200MHz 外频，主频为 1.2G～1.8GHZ，其中 L2100 的 TDP 最高，达到了 25W。（TDP 的英文全称是“Thermal Design Power”，中文为“热设计功耗”，是反映一个处理器（CPU 或 GPU）热量释放的指标，它的含义是当处理器达到负荷最大的时候，释放出的热量，单位为瓦（W））。

（5）AMD Bobcat　低功耗市场巨大的吸引力也将 AMD 公司吸引过来，AMD 公司的 Bobcat 计划从 2007 年开始公布，但由于公司内部原因屡次推迟发布，现阶段仅知频率为 1GHz，低于 Atom 及 NANO。

综上所述，在性能方面，以目前三者的最高频率来比较（NANO L2100 1.8GHz/1MB L2/800MHz，Atom N330 1.6GHz/1MB L2/533 MHz，Bobcat 1GHz），目前 NANO L（L 系列，另有 U 系列）较 Atom N 为佳，而 Bobcat 又差于 Atom，在各测试项上几乎也都是 NANO L 略胜 Atom N。然而在功耗控制方面，Atom 比 NANO 优势明显，拿两者性能相差不多的型号 Atom N270 和 L2200 相比较，N270 的 TDP 仅为 2.5W，而 L2200 的 TDP 高达 17W。由此可以看出，Atom 是将功耗与性能平衡处理得较为出色的处理器。

5. 嵌入式电脑在车载电视系统中的应用

近几年，国内车载电视市场从无到有，取得了长足的进步，除了公交车之外，车载电子已经广泛应用于长途客车、出租车、高铁、轻轨等交通工具。随着汽车价格的持续降低，国内汽车保有量强势攀升，这为车载电视系统带来了广阔的市场。同时，由于计算机及网络技术的应用，车载电视由体积庞大的简单播放器发展变成体积小巧且支持双向互动功能的多媒体网络电视系统。

（1）系统概述 车载电视系统是一种车载数字节目接收、播放装置。由于无线网络的应用，车载电视作为一类新兴的汽车电子产品越来越受到业界人士的青睐，被称为“移动娱乐”。它可以广泛应用在长途汽车、公交车、出租车、私家车、铁路、轻轨等众多交通工具中，为乘客提供丰富的娱乐节目及实时资讯。嵌入式电脑在车载电视系统中的应用如图 3-12 所示。

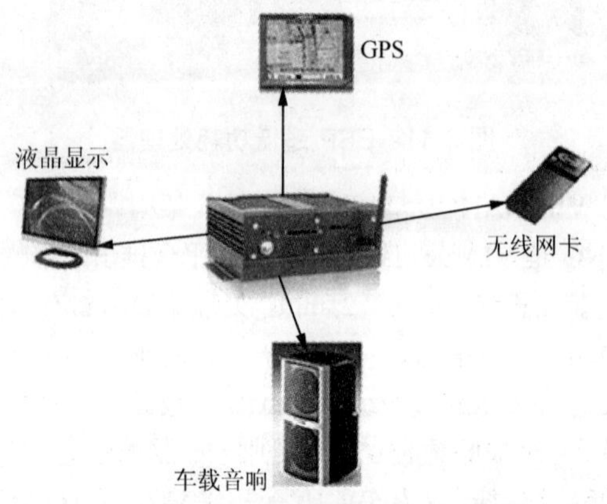

图 3-12 嵌入式电脑在车载电视系统中的应用

（2）系统要求 车辆在运行过程中容易出现颠簸、高速运行、天气恶劣等诸多不可预测的环境变化，因此，车载电视系统必须具备良好的抗振、耐高低温、耐湿度等特性以适应恶劣的应用环境，确保系统在任何环境中都能无故障播放。此外，由于车体内空间有限，车载电子用品还需具有小体积、轻重量、低功耗等特点。嵌入式电脑作为车载电视系统核心主板，主要起到主控的作用。对于客户而言，可靠性高、外形紧凑、扩展性强、兼容性好、功耗低是至关重要的。

(3) 网络拓扑系统优势

① 高稳定性。可适应各种恶劣应用环境，长期无故障运行。

② 低功耗。超低功耗处理器，在使用时不需散热风扇。

③ 良好的图像显示功能，支持 VGA/DVI/TV 显示模式。

④ 完善的扩展能力，为连接各种外设提供了接入方式。

⑤ 操作简易，支持 CF 存储卡。

⑥ 结构紧凑，体积小巧，可灵活地嵌入各种系统内，适应不同的安装需求。

6. 固态硬盘在车载系统中的应用

固态硬盘采用固态电子存储芯片阵列制成，由控制单元和存储单元（Flash 芯片）组成。固态硬盘的接口规范、定义、功能及使用方法与普通硬盘完全相同，在产品外形和尺寸上也完全与普通硬盘一致，广泛应用于车载、工控、视频监控、网络监控、网络终端、电力、医疗、航空、导航设备等领域。

固态硬盘采用闪存作为存储介质，读取速度相对机械硬盘更快。固态硬盘不用磁头，寻道时间几乎为 0，持续读写速度超过了 6TB/s，远远超过机械硬盘的 100MB/s。同时其随机读写速度也很快，目前机械硬盘的存取时间最短也要 14ms 左右，而固态硬盘可以轻易达到 0.1ms，甚至更短。

固态硬盘没有机械马达和风扇，工作时噪声为 0dB。采用闪存作为存储介质的固态硬盘在工作状态下能耗和发热量较低（但高端或大容量产品能耗会较高）。内部不存在任何机械活动部件，不会发生机械故障，也不怕碰撞、冲击、振动。典型的硬盘驱动器只能在 5℃～55℃内工作，而大多数固态硬盘可在－10℃～＋70℃工作。固态硬盘比同容量机械硬盘体积小、重量轻。这些优势机械硬盘都不具备，固态硬盘比机械硬盘还要耐用，更低温、更抗振、更便携。

面对复杂的软件功能，高效能、稳定可靠的硬件存储设备显得至关重要，固态硬盘采用嵌入式系统的应用，拥有传统机械硬盘所无法媲美的可靠性，符合严格的工业标准，能够在极端温度（－40℃～＋85℃）、潮湿（相对湿度 85%）等最恶劣的工作环境中保持最低敏感度；由于采用 NAND Flash 芯片作为存储介质，没有任何机械结构和部件，即使在随机振动高达 16.3GHz、工作冲击高达 1500GHz 的条件下也能稳定运行，确保了在行车产生的运动加速、颠簸振动等极端条件下、车载电脑软件系统的稳定运行和存储数据的安全。

八、车载电子防盗

1. 车载电子防盗的种类和特点

(1) 车载电子门锁的种类 为了安全防盗、便于操纵，汽车门锁正在由机械式向电子式转变。汽车电子门锁是采用电子控制，以电磁铁、微型电动机和锁体或继电器作为执行机构的机电一体化保险装置。电子门锁在设计上通常突出一个方便性和安全性。所谓安全性是指驾驶员打开（或锁上）前车门，其余门锁应能自动打开（或锁上）。安全性包括防止乘坐人员误开车门、防止外来人员侵入等。由于电子门锁的控制电路部分具有很大的灵活性，使得电子门锁的种类繁多，既可按照控制部分中主要元器件的异同进行分类，也可按照输入密码方式的异同进行分类。

① 按键式电子门锁的特点是采用键盘（或组合按钮）输入开锁密码，内部控制电路采用电子锁专用集成电路 ABIS，操作方便。例如，内部控制电路常采用具有四位密码的 LS20 和 LS25 电子锁专用集成电路，此类产品包括按键式汽车电子门锁和按键式汽车点火锁。

② 拨盘式电子门锁采用机械拨盘开关输入开锁密码。很多按键式电子门锁可以改造成拨盘式电子门锁。

③ 电子钥匙锁使用电子钥匙输入开锁密码，电子钥匙是构成控制电路的重要组成部分。电子钥匙可以由元器件或由元器件构成的单元电路组成，做成小型手持单元形式。电子钥匙和主控电路的联系，可以是声、光、电和磁等多种形式。此类产品包括各种遥控汽车门锁、转向锁和点火锁，以及电子密码点火钥匙。

④ 触摸式电子门锁采用触摸方法输入开锁密码，操作简便。相对于按键开关，触摸开关使用寿命长，造价低，因此，优化了电子锁控制电路。装触摸式电子锁的轿车前门没有门把手，以电子锁和触摸传感器代之。

⑤ 生物特征式电子门锁的特点是将声纹等人体生物特征作为密码输入，由计算机进行模式识别控制开锁。因此，生物特征式电子锁的智能化程度相当高。

（2）常见数码防盗装置的车载防盗的特点 常见的数码防盗装置有 P.A.T.S 微晶辨识密码防盗系统、数码防盗钥匙和密码防盗锁。

① P.A.T.S 微晶辨识密码防盗系统。独特的电子密码高达 500 多亿种，当装有密码发射器和汽车钥匙插入之后，钥匙孔内的受信模组将密码传至控制模组进行判读，若吻合即可起动汽车发动机。该系统不用电池电线，使用接线点火的方式即可，若控制模组未解除禁令，发动机就无法起动。

② 数码防盗钥匙。将小型化的无线电发射机与汽车钥匙合成一体，并在方向盘隐藏的地方装有一个接收阅读机。当这种汽车钥匙插入点火开关时，一个有 20 个数字码的无线电信号发射出来，阅读机接收并确认无误后，点火开关便起动，若是数字码对不上或无信号发出，车辆就无法点火起动。

③ 密码防盗锁。宝马全车系统均配有智慧型防盗锁，该防盗锁采用雷达收发器的原理，其特点是在点火器外装有螺旋天线，钥匙孔内装有微晶片，当钥匙转动时，天线便成为一种转换器，供电给微晶片，以显示密码次序，若符合次序、符合授权身份，便可开启车门。每辆宝马轿车，都配有四把原厂设计编码的密码钥匙，每一把钥匙的密码由一个固定的个人密码及个别常换的密码所组成，此系统还可提供六套密码组合，以备万一。一旦钥匙遗失，此系统能让车主注销任意一把钥匙。

（3）多功能全自动智能车载防盗器的特点 多功能全自动智能车载防盗器采用高级

RFID 技术，它是一种无线感应识别系统，将 RFID 技术融入到汽车安全防范应用范围。当走近车辆时，系统会自动打开四个车门锁，免去到车前才慌忙按遥控的各种繁琐动作。当离开车辆时，系统会自动锁死四个车门锁，避免忘记关闭车门而引起的车内财物丢失。当离开车辆时系统会自动检测车窗玻璃是否关闭，如果忘记了关闭车窗玻璃，它会自动关闭。车主身份识别系统会辨别车辆真正的主人，除车主外，其他人持有原车钥匙也无法起动车辆。第一脚踩制动踏板时，四个车门会自动落锁，静止状态下车辆的油路、电路、点火和整车的电脑系统全部锁死、全车瘫痪。

多功能全自动智能汽车防盗器在安装时，不需要改动原车任何线路就可以实现所有功能。强大的整车防盗功能及人性化的功能设计方案，让车主可尽情享受爱车带来的快乐和方便，解除车主的后顾之忧。

（4）机电结合式车载防盗装置的特点　机械式防盗装置坚固可靠，电子防盗装置编程密码难解，把二者的优点结合起来则构成了机电结合式的防盗装置。机电结合类防盗锁利用机械性锁车坚固的优点，结合无线遥控操作，使机械性与电子编程密码技术合二为一。其注重防盗，因而无报警的噪声污染，安装专业化强，因此破解也难。机电一体汽车防盗器，由排挡锁、发动机盖锁、探测报警控制器组成，排挡锁锁胆内设一排挡界面接口微动开关，该开关动作信号通过导线接到探测报警控制器的输入端子上，探测报警控制器的一输出驱动信号端子接发动机盖锁的驱动开关上。

机电一体式的防盗装置中心门锁是以电来控制门锁的开启或锁止，并由驾驶员集中控制所有车门门锁的锁止或开启。中心门锁系统的功能有：当锁住驾驶员侧车门门锁时，其他几个车门及行李箱都能锁止；如钥匙锁门也可锁好其他车门和行李箱；在车内个别门锁需要打开时，可分别拉开各自门锁的按钮。

市场上“无人油路锁”和“强中强制动锁”是两个典型的机电结合的防盗装置，都是用专用工具被安装在汽车的底部既安全又隐蔽的部位，用机械方式锁住，用电子方式控制，除车主外其他人很难破解和拆除。“无人油路锁”的作用是用机械方式锁住汽车燃油泵的供油油路，中断供油。“强中强制动锁”的作用是用机械方式锁住汽车的制动油泵，使车轮处于制动状态。

（5）车载跳码防盗器的特点　根据密码发射方式的不同，遥控式汽车防盗器主要分为定码防盗器和跳码防盗器两种类型。早期防盗器多采用定码方式，但由于其自身缺点，现已逐渐被技术上较为先进、防盗效果较好的跳码防盗器所取代。跳码加密技术就是密码采用一种非线性加密算法对原代码进行随机加密，从而产生长度为 66 位的高保密度的密码控制信号，并且每次所发射传输的密码都是唯一的，不重复。每发射一次，密码随即变化一次，密码不会被轻易复制或盗取，安全性极高。密码组合有上亿组，从根本上杜绝了重复码。主机无密码，通过遥控器相互识别。若遥控器丢失，可安全且低成本地更换遥控器。系统具有钥匙学习记忆功能，若遥控器丢失，系统可以重新学习新的遥控器，而原来的遥控器即被擦除，即使他人使用原来的遥控器，系统也会拒绝读取。跳码防盗器电路简洁、应用灵活、密码量大、不易破译、保密性好，故在汽车上得到广泛应用。

2. 车载防盗装置防范要点和选用原则

（1）车载防盗装置防范要点 为防止汽车被盗，现代汽车全部安装了防盗系统，各种汽车防盗装置款式繁多，其防范内容不一。

① 防止发动机不正当起动。要求具有独立报警功能，且当发现不正当起动发动机时，切断发动机点火、切断发动机燃油供应、不能起动发动机、切断车辆其他相关系统。另外还有其他防止发动机不正当起动的方法，如利用电气代码等。

② 盗窃报警。要求当用不正当的手段开起车门、发动机舱盖、行李箱时进行报警。当车门锁定后车辆即开始进入预警状态。盗窃报警系统应具有与防止发动机不正当起动装置独立的功能，并且必须备有后备电源。

③ 配线进行直接连接或断线时，不能降低防范功能。

④ 报警解除要由标准钥键才能进行。当没有标准钥键时，也可以采用其他方法，如开关板、集成电路卡、可变代码式遥控键等电子钥键。

（2）车载防盗装置的选用原则

① 根据实际需要选用。不同的防盗装置价位相差很大，选用时，应本着实用、安全、方便的原则选择合适的防盗器。

② 注意产品质量。选购时，应注意检查产品设计工艺是否先进，是否通过了国家相关部门的检测（须经过公安部安全与警用电子产品质量检测中心检测达到我国标准的产品，检测有效期为 4 年）。

③ 注意产品的环保性。我国部分城市对防盗器的环保性有具体要求，如北京市公安局技术防范管理办公室每年都要审批发放防盗器生产经营许可证，选购防盗器应注意在环保方面必须符合当地环保局、公安局、工商局、技监局联合发出的《关于防止机动车防盗报警器噪声扰民的通告》及《机动车防盗报警器报警控制标准》。

④ 注意产品的售后服务。购买防盗器应选择具有高质量安装技术和良好的售后服务的商家，确保防盗器在使用过程中无后顾之忧。

各个品牌的防盗器从原理设计、元器件的选择、加工工艺以及防盗器的功能设计上都有很多的不同。例如，是否采用了 FR4 以双面板设计，该设计的优点是元器件焊点牢固，防盗器的抗振性强，对于安装在每天处于振动、颠簸中的汽车上的防盗器来说，抗振性强可延长其使用寿命。防盗器主机小，便于隐藏安装。再如，是否采用了多重电路保护系统，其优点是可适应于更大范围的蓄电池电压变化，不会因蓄电池电压过低，造成防盗主机微电脑死机，且抗干扰能力更强。采用的微电脑是否是记忆时间较长的 IC；是否较多地采用了贴片元器件；采用的元器件是否具有较好的耐温性和耐压性等。

3. 选择车载防盗报警系统的要点

与汽车防盗报警器相比，车载防盗报警系统在防盗功能方面要求使用发动机至少有两路控制，它的电子密码应当能防止破译，它对所有车门、车盖必须监测是否打开，它可以增加另外的传感器/探测器监视车内空间或其他的部分（但不能误报警），它可以增加应急报警功能，它发出的报警是声响、闪光并且可以增加无线电信号，只在报警时发出声响（防止噪声扰民）；特别是在安全性方面要求，它不应影响车辆及其部件的性能，不能影响驾驶性能，如果发动机正在运转或点火开关已处在发动机运转位置，则它不得控制发动机（也就是说，不能强行熄火，这点和对汽车防盗报警器的要求不同）；在其他方面，车辆防盗报警系统基本上按照汽车工业的要求，直接引用了多项汽车制造业的最新系列国际标准。因而，在选择车辆防盗报警系统时应格外注意以下几个方面。

① 如果车本身已经有了原装的防盗系统，那么首先应当评估其性能，如某些车辆虽有防盗系统，但是扭开车门锁心、点火开关锁心就不再报警了；又如，某些车辆原装的防盗系统在车门、车盖被打开后只会报警，不能控制发动机。那么，为这样的车辆增加其他防盗系统以提高防护能力是可选择的办法。但是，首先应确保这些原装的和欲增加的系统可以互相兼容，不会互相影响性能；其次是使这些不同的防盗系统在功能上相互补充与配合，加强总体性能。

② 如果车本身已经安装了早期生产的防盗报警器时，也应评估其性能，如无线遥控采用的密码是否容易遭到破译（若是固定编码，则可能被专用仪器扫描或复制后被破译）；在警戒状态检查发动机是否得到了有效控制；本车行驶时如果熄火是否会影响安全驾驶（如点火断电后转向盘锁死、制动失效等）；试验车上的防盗报警器是否可以强制熄火，熄火后有无不良影响；对所有车门、车盖被打开是否能够及时报警；报警的声响是否足以起到威慑作用、是否可以增加报警闪光等。

③ 如果车主的车停放时有令人放心的“人防”（有人监控）条件，则采用的防盗产品可以侧重于探测和报警功能，使盗贼一旦下手即暴露企图，受到“人防”制止和打击。

4. 车载防盗遥控器的性能特点

遥控器是防盗报警器的重要配件。无线电遥控器是利用无线电信号对远方的各种机构进行控制的遥控设备。这些信号被远方的接收设备接收后，可以指令或驱动其他各种相应的机械或者电子设备，去完成各种操作，如闭合电路、移动手柄、开动电动机，之后再由这些机械进行需要的操作。

常用的无线电遥控系统一般分发射和接收两个部分。发射部分一般分为两种类型，即遥控器与发射模块，遥控器和遥控模块是对于使用方式来说的，遥控器可以当一个整机来独立使用，对外引出线有接线桩头；而遥控模块在电路中充当一个元件来使用，根据其引脚定义进行应用，使用遥控模块的优势在于可以和应用电路连接，体积小、价格低、物尽其用，但使用者必须真正懂得电路原理。接收部分一般来说也分为两种类型，即超外差与超再生接收方式，超再生解调电路也称超再生检波电路，它实际上是工作在间歇振荡状态下的再生检波电路。超外差式解调电路与超外差收音机相同，它是设置本机振荡电路产生振荡信号，与接收到的载频信号混频后，得到中频（一般为 465kHz）信号，经中频放大和检波，解调出数据信号。由于载频频率是固定的，所以其电路要比收音机简单一些。超外差式的接收器稳定、灵敏度高、抗干扰能力也相对较好；超再生式的接收器体积小、价格便宜。

无线电遥控常用的编码方式有两种类型，即固定码与滚动码。滚动码是固定码的升级换代产品，目前凡有保密性要求的场合，都使用滚动编码方式。滚动码编码方式有如下优点：保密性强，每次发射后自动更换编码，别人不能用“侦码器”获得地址码；编码容量大，地址码数量大于 10 万组，使用中重码概率极小；对码容易，滚动码具有学习存储功能，不需动用烙铁，可以在用户现场对码，而且一个接收器可以接入多达 14 个不同的发射器，在使用上具有高度的灵活性；误码小，由于编码上的优势，使得接收器在没有收到本机码时的误动作几乎为 0。固定码的编码容量仅为 6561 个，重码概率极大，其编码值可以通过焊点连接方式被看出，或是在使用现场用“侦码器”来获取，所以不具有保密性，主要应用于保密性要求较低的场合，但因为其价格较低也得到了大量的应用。

红外遥控和无线遥控是对不同的载波来说的，红外遥控器是用红外线来传送控制信号的，它的特点是有方向性、不能有阻挡、距离一般不超过 7m、不受电磁干扰，电视机遥控器就是红外遥控器；无线电遥控器是用无线电波来传送控制信号的，它的特点是无方向性、可以不“面对面”控制、距离远（可达数十米，甚至数千米）、容易受电磁干扰。在需要远距离穿透或者无方向性控制领域时，如工业控制等，使用无线电遥控器较易解决。影响无线电遥控距离的因素主要有发射功率大则距离远，但耗电大，容易产生干扰；接收器的接收灵敏度提高，遥控距离增大，但容易受干扰造成误动或失控；天线采用直线型天线，并且相互平行，遥控距离远，但占据空间大，在使用中把天线拉长、拉直可增加遥控距离；天线越高，遥控距离越远，但受客观条件限制，目前使用的无线遥控器使用国家规定的 UHF 频段，其传播特性和光近似，直线传播，绕射较小。

5. 电子防盗产品和 GPS 网络防盗器的性能

（1）电子防盗产品 所谓电子防盗，简而言之就是给车锁加上电子识别，开锁配钥匙都需要输入十几位密码的汽车防盗方式，具有一般遥控技术，是随着电子技术的发展而迅速发展起来的一种防盗方式。

电子防盗系统主要靠锁定点火或起动来达到防盗的目的，目前市场上常见的有插片式、按键式和遥控式三种电子防盗装置。

电子防盗系统适用于原厂车型尚未配备电子防盗系统的车辆，特别是对安全问题较为谨慎的车主。具有防盗和声音报警功能，当车主遥控锁门后，报警器即进入警戒状态，同时还具备车门未关安全提示功能、寻车功能和遥控中央门锁功能。除价格稍高外，警报声误报情况较多。

（2）GPS 网络防盗器 GPS 的工作原理是利用接收卫星发射信号与地面监控设备和 GPS 信号接收机组成全球定位系统，卫星星座连续不断发送动态目标的三维位置、速度和时间信息。保证车辆在地球上的任何地点、任何时刻都至少能收到卫星发出的信号。GPS

主要靠锁定点火或起动来达到防盗的目的，同时还可通过 GPS 卫星定位系统，将报警处和报警车辆所在位置无声地传送到报警中心。因此，只要每辆移动车辆上安装的 GPS 车载机能正常工作，再配上相应的信号传输链路，建一个专门接收和处理各个移动目标发出的报警和位置信号的监控室，就可形成一个卫星定位的移动目标监控系统。它不仅可以在一定范围内实时监测车辆位置，还可以通过车载移动电话监听车内声音，必要时可以通过手机关闭车辆油路、电路，并锁死所有门窗。如果 GPS 防盗器被非法拆卸，它还会自己发出报警信息。但在没有建立卫星定位地面监控中心的地区 GPS 便无法工作，同时，由于卫星数量有限，信息扫描覆盖存在一定“盲区”，从而使监控实际上经常处于间断“丢失”状态；而且价格较高昂。

6. 典型车型智能化防盗的主要措施

（1）中华轿车采用智能钥匙防盗　该防盗器主要有三种功能，即服务功能，如遥控车门的功能；报警提示功能，当有人非法动车时，能发出警报声；防盗功能，该车的原厂防盗器主要注重防盗功能。每个钥匙内带有发射芯片，当钥匙插入点火开关时，芯片向收发线圈输送信号（相当于加密密码），假如防盗控制器识别编码不正确，就会立刻指令发动机电脑板切断供油和点火系统，使发动机无法起动。

（2）宝来轿车采用断油断电方式防盗　与帕萨特类似，宝来原厂防盗器是利用各个传感器，传递符合原定的脉冲信号，达到合法起动的效果。当汽车内部监控电脑得不到相关信息后，就会默认为非法起动，控制单元就会下令电子点火系统、起动系统、供油系统停止工作，起到断油、断电的效果，使汽车无法起动、达到防盗作用。

（3）丰田佳美、威驰轿车采用感应器方式防盗　丰田汽车公司生产的新款佳美 2.0、2.4 和天津丰田公司生产的威驰 GXL-i、GXL-s 车型上都装有较为先进的 TVSS 电子防盗系统（简称丰田汽车安全保护系统）。该车所装的防盗系统不仅满足一般的防盗功能，而且在防盗系统上采用了先进的智能密码车匙，即使发生车匙被他人复制或者采用传统的拔线偷车方法，也无法起动车辆。当用钥匙锁车时，TVSS 系统同时起动，如果未用遥控器开启车门，发动机将无法起动，同时发出警报。丰田佳美通过多个感知器（如振动感应器、门锁检测感应器、信号接收器等）不间断地侦测车辆状况，并及时将信号传输给防盗电脑，再由防盗电脑里面特定程序进行处理、判断。当满足特定的条件时，相应的程序将启动，并通过控制件来实现报警作用。

（4）奥迪 A6 轿车采用超声波防盗系统　目前，奥迪 A6 车型所装备的防盗止动器，是与国际技术同步的产品。不仅如此，在奥迪 A6 轿车上，还装备着国内其他车型都不具备的内部监控系统。如果未经允许，任何进入车内轻微移动的物体（人），都会被灵敏的超声波探测器探测到，从而触发警报系统。

（5）雅阁、奥德赛轿车采用防闯入防非法起动方式防盗　广本的雅阁、奥德赛两款车所安装的电子防盗器一般有两种，一种是发动机锁止系统，另一种为安全防盗系统。发动机锁止系统是将车钥匙电子化，通过车钥匙、防盗模块和发动机 ECU 之间的通信，识别密码吻合后方能起动发动机。通过破坏机械锁，复制车匙及回路短接等方式非法起动发动机时，该系统可起到锁止发动机限制车辆移动的作用。该系统是通过车门和机罩的开关传感器及车身振动传感器来触发喇叭或灯光报警，起到警示作用。

（6）宝马轿车采用 21 位密码自主调对方式防盗 宝马 7 系的防盗器包括遥控器、电子禁起动防盗锁控制、蓄电池及电子控制充电系统内含机械钥匙。当遥控车钥匙插入车钥匙插口并锁定时，经防盗系统对车钥匙进行合法性确认（车钥匙电脑晶片有自主性调对密码功能，密码由 21 位数字组合而成）后，才可以起动和关闭发动机。

7. 典型车型车载防盗系统的操作

（1）奔奔 SC7133 改进型中控锁控制器及遥控器的操作 基本配置为 C01 型控制器主机、一把普通钥匙、一把遥控钥匙（浅灰色按键密封垫）、两把钥匙内均置防盗转发器；C02 型控制器主机、一把普通钥匙、一把遥控钥匙（浅蓝色按键密封垫）。

① 遥控器。按锁止键，若所有车门关闭到位，则所有车门锁锁止，转向灯闪一次；若有车门未关闭到位，按锁止键则所有车门锁止，转向灯闪 4 次(提醒司机有车门未关好)。

② 解锁键。按解锁键所有车门锁解锁，转向灯闪 2 次。

③ 寻车功能。同时按下解锁键与锁止键，则执行寻车功能，转向灯闪 15s（若 15s 内按遥控器的任意键可终止寻车）。

④ 遥控禁用功能。当车钥匙插入点火锁并转入 ACC 位置时控制器禁止遥控接收；当车钥匙转出 ACC 位置时控制器开启遥控接收功能。

⑤ 中控功能。用车钥匙在左前门开关门锁或操作左前门内的锁止按钮开关时，其他门会跟随做解锁与闭锁动作。

⑥ 学习功能。主机最多只能学习一把遥控器，学习步骤为四车门关闭到位，中控主机重上电后（断电后 30s 重新上电），15s 内将左前门开关门 3 次（开—关—开—关—开—关）；上面操作完成后，转向灯闪 3 次，表示进入学习状态。在接下来的 30s 内，按遥控器的任意键，转向灯闪一次，之后退出学习状态，转向灯闪一次。跳离学习状态的条件为打开任意一车门，30s 内无遥控器学习，学习完一把遥控器。当进入学习状态后，若未成功学习一把新遥控器，则主机维持原有遥控器，若有遥控器学习成功，则只有当前经过学习的遥控器有效，未经过当前学习的无效。当有多辆车同时学习时，请注意各车辆之间的距离应大于 40m。

（2）桑塔纳乘用车防盗系统的操作 桑塔纳 2000GSi 型乘用车防盗系统包括防盗器控制单元、读识线圈、带有脉冲转发器的汽车钥匙、发动机控制单元和防盗器警告灯。该系统只有在接通点火开关时才工作。读识线圈包在点火开关外面，用于把能量传送给车匙中的脉冲转发器，并把脉冲转发器中存储的程控代码输送给防盗器控制单元。桑塔纳 2000GSi 型乘用车防盗系统如图 3-13 所示。

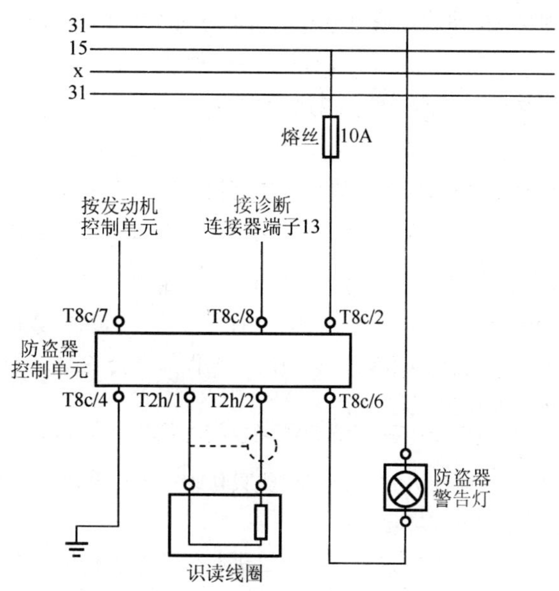

图 3-13　桑塔纳 2000 GSi 型乘用车防盗系统

脉冲转发器在点火钥匙内，是一种不需电源驱动的感应和发射元件。当接通点火开关时，它在接收到读识线圈发出的能量后，立即发射出程控代码（每一把车匙有不同的程控代码），并通过读识线圈把程控代码输送给防盗器控制单元。此时，防盗器控制单元便把接收到的程控代码与原来存储在防盗器控制单元中的程控代码进行比较。如果两者相吻合，则防盗器控制单元认为该车钥匙合法，接着便核对发动机控制单元的代码是否正确。如果发动机控制单元的代码正确，则防盗器控制单元允许发动机控制单元工作。如果防盗器控制单元在 2s 内没有收到脉冲转发器输送的程控代码，或防盗器控制单元接收到的程控代码与原来存储的程控代码不同，或发动机控制单元的代码不正确，则防盗器控制单元向发动机控制单元发出不允许起动发动机的信号。在防盗器控制单元鉴别程控代码和发动机控制单元的代码的过程中，防盗器警告灯点亮（约 2s）。当两者之一不正确而不能起动发动机时，防盗器警告灯会闪亮。

（3）别克君威轿车电动门锁遥控系统的操作　别克君威轿车电动门锁遥控系统的操作时，按遥控器上的“LOCK”按钮一次，仅能实现驾驶员侧车门锁的开锁，同时车内照明灯点亮，40s 后或点火开关接通后，车内照明灯熄灭。连续按遥控器上的“UNLOCK”按钮两次，能实现四个车门锁的开锁，同时车内照明灯点亮，40s 后或点火开关接通后，车内照明灯熄灭。按遥控器上的“LOCK”按钮，能够实现 4 个车门锁的上锁，同时车内照明灯立即熄灭。按遥控器上的“行李箱盖开启”按钮，且变速杆置于 P 位时，能够实现行李箱盖的开锁，此时车内照明灯不点亮；如果变速杆不在 P 位，则无法实现行李箱盖的开锁。按遥控器上的“喇叭”按钮，车内照明灯点亮，喇叭鸣叫，同时前照灯闪亮 10s，再次按遥控器上的“喇叭”按钮或接通点火开关后上述现象中止。

九、典型车载电脑的运用实例

1. 车载电脑系统CAN通信总线的运用实例

汽车多个计算机间的通信是利用“总线”进行的。多路总线技术是指利用同一根线传递许多数据信息以保证电控单元（ECU）相互通信，这根线称为“总线”。1980年起，汽车内开始装用网络。1986～1989年，德国BOSCH公司提出汽车车载局域网（LAN）基本协议CAN（Controller Area Network），美国汽车工程师学会SAE提出J1850协议，而X-By-Wire是从Fly-By-Wire发展过来的。

（1）通信方式

① 并行方式。在这种通信方式下，每根线只传输一个二进制位。因此，如果需要传输多个二进制位的话，就需要多根线进行。

② 串行方式。在这种通信方式下，每个二进制位逐个被传输。典型车载电脑选用的就是这种连接方式。

（2）局域网　局域网是在一个有限区域内连接的计算机网络，通过这个网络实现这个系统内的资源共享和信息通信。局域网一般的数据传输距离在100～250m，汽车上的局域网传输距离在几十米范围，速度为10～10000kbps。车载电脑通信网络系统如图3-14所示。

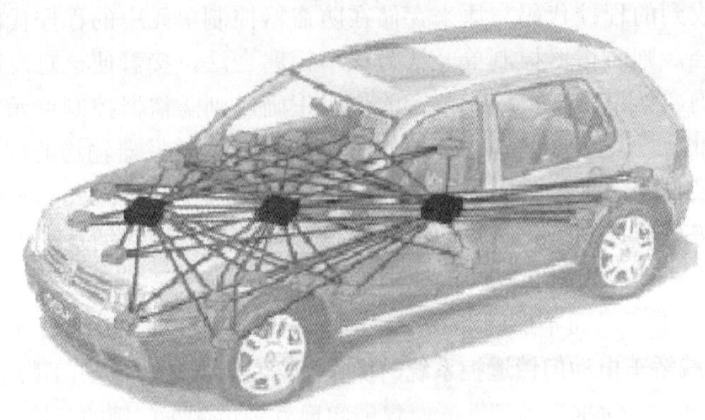

图3-14　车载电脑通信网络系统

（3）数据总线　模块间运行数据的通道，即所谓的信息高速公路。数据总线可实现在一条数据线上传递的信号能被多个系统共享，从而最大限度提高系统整体效率。将一线一用的专线制改为一线多用制。

（4）网关　汽车上使用了很多总线和网络，必须用一种有特殊功能的计算机实现信息共享和不产生协议间的冲突，实现无差错数据传输，这种计算机就叫网关。为了可靠的传输数据，通常将原始数据分割成一定长度的数据单元，这个数据单元称为帧。一帧内包括同步信号、错误控制、流量控制、控制信息、数据信息、寻址信息等。

（5）总线规则　公路运输需要交通规则维持正常运行。数据总线也需要信号传递规范。

① 分时规则。在某一个时刻，数据总线被两个部件占用，在两个部件之间传递信号。

② 多路总线技术的执行步骤为收集相关信息；编码；传输信息；向相关 ECU 分配信息；信息解码（数模转换）；执行相应功能。

（6）网络分级　A 级——命令单元多路连接（车身控制、仪表显示）；B 级——传感器、开关及控制单元多路传输（信号设备、舒适性设备）；C 级——实时控制单元多路传输（电控发动机、自动变速器、制动防滑系统）；D 级——针对视觉数据连接（多媒体）。

（7）总线进行帧的传输　总线由两根截面面积为 $0.6mm^2$ 的绝缘铜线组成。它们传输反相位的电信号并铰接在一起。

（8）CAN 数据帧格式　我们现在用的 CAN2.0B 规范遵循 SAE1939 标准，采用了 29 位 ID 的扩展帧格式。29 位 ID 中指出了信号的优先级、协议数据单元及其格式，以及信号源。每一个 ID 规定有一个重复发送时间，如转速信号 ID 是 CF00400，发送周期为 20ms；油位、油压信号 ID 是 18feef00，发送周期为 500ms。假若整车电控单元（EECU、VECU）没有按照规定的发送周期发送数据，液晶屏会显示通信故障。同样，当 VECU、EECU 检测到车身和发动机的某些部件存在故障或参数超出正常值，就会向仪表发送故障代码，仪表翻译后，在液晶屏上显示故障形态，故障发生次数。同时，仪表单片机发出指令，使相应报警灯亮。对于每个要指示的量，在 ID 确定后，其具体值由数据长度码（DLC）中不同的字节确定。

（9）J1939 故障处理　EECU 和 VECU 之间的 CAN 总线通信失效是最严重的故障，一旦出现，发动机的转速将被限定在 900r/m，并且不能再次起动发动机。

（10）引起汽车多路信息传输系统故障原因

① 电源系统引起的故障（电源故障）。

② 多路信息传输系统的链路故障（线路故障）。

③ 汽车多路信息传输系统的节点故障（ECU 故障）。

2. 华北工控 MINI PC 电脑 BIS-6620 在车载娱乐信息系统中的应用

目前，汽车已经摆脱了纯粹代步工具的单一功能。车载娱乐系统成为汽车生活中的重要组成部分，正沿着多功能、网络化、智能化的轨迹发展。华北工控作为行业专用计算机高新企业，生产一些嵌入式产品在车载娱乐系统中大有所为。

一款 MINI PC 电脑 BIS-6620 的应用范围涉及高清多媒体播放、广告机、LCD 大屏幕、机顶盒、医疗保健、金融、交易等行业，而且在国外的家庭影院应用中很受青睐，车载娱乐信息系统如图 3-15 所示。

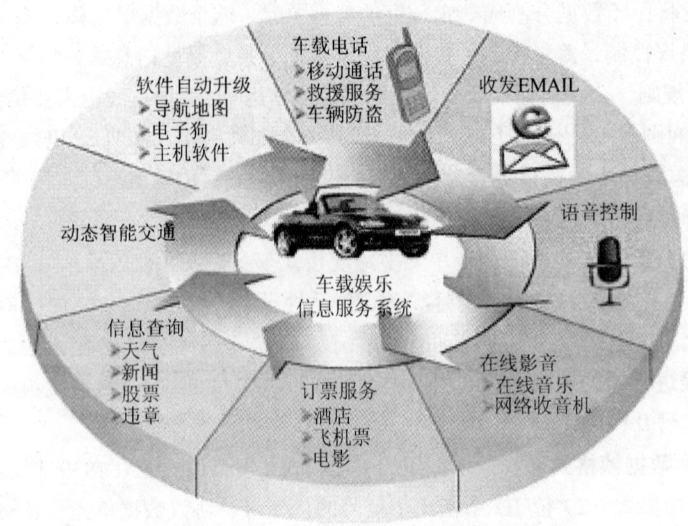

图 3-15 车载娱乐信息系统框图

下面详细介绍系统集成商采用华北工控一款 MINI PC 电脑在欧洲市场汽车信息系统中的应用。

（1）系统要求 体积小巧，外形紧凑，便于嵌入安装到各种狭小空间的设备；低功耗，节省系统集成商的开发投入；抗振、抗干扰性好，能在恶劣环境下长时间保持稳定运行；兼容性好，可兼容车载电源、支持外接网络设备；容易维护、可靠性高。

（2）系统优势 车载信息娱乐系统集成商采用华北工控的一款 MINI PC 电脑 BIS-6620，该款比手掌还小的嵌入式电脑，体积小巧，结构紧凑，采用无噪声设计，高性能与低功耗兼备，而且兼容性好、容易维护，大大节约了客户的开发成本，加快了产品量产而用于欧洲市场。

华北工控这款 VGA＋S-Video 显示输出的嵌入式迷你电脑板载 Intel 公司 2009 年推出的 Atom Z5XX 系列平台（研发代号 Menlow），整机具备强大的逻辑运算能力，功耗最大仅 5.5W，低功耗、稳定性高，同时接口丰富，具有 SATA、SD 和 CF 卡多存储手段，提供 VGA＋S-Video 显示输出接口，具有四个 USB 2.0 接口。支持 1×Mic-in、1×line-in 音频。兼容性好，为系统集成商提供更多灵活性选择。另外华北工控这款 MINI PC 电脑可按照系统集成商的需要集成无线网卡，可兼容车载电源。

（3）系统特点 结构紧凑，体积小巧，高性能、低功耗；Intel Poulsbo SCH 芯片组，Intel Atom Z510/Z530 处理器；客制化的 I/O 接口，提供应用的弹性选择；提供 SATA，SD 和 CF 三重存储模式；VGA＋S-Video 显示输出接口；采用单 12V 供电模式，无风扇设计。

3. 合正索兰托专车专用车载电脑系统技术特点

专业设计、量身打造的智能信息平台——合正索兰托专车专用车载电脑（电脑

Windows XP 系统＋160G＋办公电脑＋GPS 导航＋娱乐＋任意扩展，以下简称合正专车专用电脑，它采用原车设计定制面板，达到前装品质；接口采用专用线束，无须破坏原车连线，简单拆卸及安装；领先技术获得众多国家专利。

（1）合正专车专用电脑特点　专车专用克服了通用型车载电脑的不足，功能更丰富，性能更强大，外表更美观，与原车 100%相结合。

① 高性能：使用移动式 CPU，主频为 1.4～2.26GHz，轻松满足各种行业应用需求。

② 低功耗：整个系统最大功耗为 50W。

③ 低发热量：整个系统发热量低，系统工作稳定、可靠、高效。

④ 防振好：使用电子硬盘作为存储介质，并且多数连接都使用软排线，避免接插件带来的安全隐患，彻底解决车辆颠簸行驶给计算机带来的影响。

⑤ 稳定性高：整个系统针对车上实际使用环境量身订做，全部硬件采用工业级标准设计生产，操作系统 Windows XP 操作运行速度快，效率高，并且具有系统保护功能，不感染病毒。

⑥ 智能开关：可以选择汽车点火后自动开机、驾驶员手动开机、汽车熄火自动关机、驾驶员手动关机等几种方式。

⑦ 智能电源：国内领先的、独有的、实用的车用电源设计，计算机无论在汽车突然着车或者突然熄火的情况下都能保证正常使用，独特的欠压保护功能，避免计算机对蓄电池深度放电造成不能正常着车的情况。

⑧ 体积小：主机体积小巧，放置方便且容易固定。

合正车载电脑外型如图 3-16 所示。

图 3-16　合正车载电脑外型

（2）合正车载电脑技术规格

① 处理器：移动式 CPU（DOTHAN 核心）；南/北桥芯片组使用的是 915GM 高速芯片组；是迅驰移动计算技术的一个组件。

② 内存：支持 DDR2 400/533 MHz 内存技术，标配 1GB。

③ 存储：4～16GB 电子硬盘。

④ 内置 DVD-RAM 驱动器。

（3）合正车载电脑结构

① 电脑主机板：支持迅驰 2 代（DOTHAN 核心）CPU，533 MHz 前端总线；采用 915GM 芯片组，集成 GMA900 显卡，同时支持 Direct 9 解决方案，可带来高清晰度媒体播放和精彩 3D 游戏体验；具备双独立显示功能。配有多种视频信号输出（SAV 端、LVDS、VGA 等）；当外部显示器或显示屏连接到主显示屏时，可以浏览两个独立的视频源；支持 DDR 333MHz/DDR2 533MHz 内存，最高为 2GB；集成 HD Audio 高效声卡，全新的音频规范可带来更高带宽，支持高品质音频和杜比技术。集成高速 USB 2.0 可将数据传输速率提高 40 倍，而且具有后向兼容能力，支持 USB 1.1 设备，结构布局小巧合理，尺寸为 12cm×12cm，稳定性高，功耗低。

② 多功能板：内置 GPS 导航模块、收音机模块、高效功率放大器及多个智能控制模块。采用的 GPS 模块为高灵敏度的 GPM001 三代，内置 20 通道，具有快速搜星精确定位等特点，即使在复杂的路况中也能轻松应付。收音机模块采用 AM 双重转换方式、FM 三联调谐、带 FM-DET 端子，可以在无波段切换电路的情况下接收 LW～MW 信号，支持各个波段；灵敏度高，背景噪声低，失真小；功放采用 ST TDA7384（ST TDA7381）系列功放 IC，四声通道，5.1 声道音频输出或 2.0 声道音频输出，音频数位输出；还有多个智能控制芯片，让用户在操控 CARPC 时灵活自如、快捷方便。

③ 智能电源控制板：新推出的 CAR PC -DC/DC 电源，是车载电脑成本和性能最优化的智能 Mini-ITX 电源，宽电压直流输入（4～36V），具有短路保护功能稳定无噪声。

④ 显示板：采用轻薄设计、稳定、寿命长，为显示数字屏提供高效、清晰的信号来源。

⑤ 存储板：在存储板上有电子硬盘等存储设备，电子硬盘应用在车载系统中的优势在于抗振性非常出色。

⑥ 扩展多功能板：集 USB、1394、CF、MemoryStick、SD/MMC4.0 接口于一体，其中有三个 USB 扩展接口。

（4）合正车载电脑功能

① 智能 GPS 定位导航系统：通过全球定位系统，能即时定位和连续定位，拥有自主导航、信息查寻、最佳行车路径计算、轨迹记录和回放等功能。

② 多媒体娱乐功能：为用户提供专业级视听效果，并支持各种视频和音乐播放文件，包括 MP3/MPG4/AVI/ASF/WMV/WAV/MIDI 等。音视频文件可以通过无线下载。

③ 无线上网：通过覆盖 CMDA/GPRS/3G 网络，随时享受无线沟通乐趣，可以实现

E-mail、网上聊天、浏览信息、网络游戏、图片下载、移动办公、电子商务等网络功能。

④ 可视倒车：轻松倒车，无需回头，图像、数字、声音三位一体的车后情况一清二楚，为倒车提供可靠的安全保障。

⑤ 游戏娱乐：支持单机游戏、网络游戏，高性能的 CPU 和显卡及 5.1 声道带来优良的游戏性能。

⑥ 移动证券：无须坐在电脑前守候，随时随地关注股市信息，进行股票操作。

4. 合正 SPIRIOR 思铂睿专用车载电脑

SPIRIOR 思铂睿专用车载电脑（合正电脑）采用 Intel 奔腾 M 处理器，对硬盘光驱等部件进行避振设计，完善地解决了汽车行驶过程中因颠簸等行为对系统造成的损害；采用先进的 915GM 芯片组和 GMA900 显卡，支持 Dirict 9、3D 加速功能，并配备了 8in 高清晰的触摸显示器，立体声道带功放。思铂睿车载电脑如图 3-17 所示。

图 3-17　思铂睿车载电脑

（1）产品参数

① 处理器：支持 Intel 奔腾 M 处理器，标配 1.2GHz。

② 内存：支持 DDR2 533/667MHz 内存，标配 1GB。

③ 硬盘：160GB。

④ 主板：915 芯片组，集成 GMA900 显卡，支持 Dirict 9、3D 加速功能。

⑤ 显示：8in 高清数字液晶屏，分辨率为 800×480。

⑥ 声音：内置 4×40W 功放立体声输出。

⑦ 控制：触摸屏，无线键盘、鼠标。

⑧ 接口：5 个 USB 2.0 接口，SD 读卡器。

⑨ 光驱：标配 DVD-RAM。

⑩ 电源：12V 车载电源。

⑪ 输入：12V 直流蓄电池输入。

⑫ 工作环境温度：−10℃～+50℃。

⑬ 工作环境相对湿度：10%～90%。

⑭ 重量：约 3kg。

（2）产品特点

① 高性能：使用移动式 CPU，主频为 1.1～2.26GHz，轻松满足各种行业应用需求。

② 低功耗：整个系统最大功耗为 150W。

（3）技术优势

① 车规级设计。合正车载信息娱乐系统在设计之初，就有着“与原车完美结合，使驾乘体验升级”的设计理念。围绕这一设计思路，合正车载信息娱乐系统在各项应用以及性能指标上均与以往的车载电子产品有本质的区别。合正车载信息娱乐系统致力于为 4S 店提供专车专用机型。以融合科技、提升 4S 店区域竞争力为目标，开发出了系列 B 级轿

车的专用产品，这些机型无论从外观、融合度、安装还是电器性能指标来说，都与原车无缝匹配。并且，许多独到的设计，使得合正车载电脑的运行更稳定。

② 抗振。车载电脑是一个具有一定技术门槛的产品，车辆行驶中的颠簸，烈日严寒环境下的高低温以及复杂的电磁环境，都对研发生产出一个合格的车载电子产品造成了极大的阻碍。

合正经过多年摸索，针对这几大车辆行驶中的恶劣环境一一找出有效的应对方案。对于颠簸，合正设计出独有的簧片避振机构，能够有效避免车辆颠簸对车载电脑中的硬盘光驱部件造成的损伤。

③ 抗高温。在夏天日光强烈暴晒下，在冬日严寒的早晨，车内的温度极限可以达到－30℃～＋70℃，由于采用了 Intel 奔腾 M 处理器芯片，使得合正产品符合车规；但是整机多达 2000 多个的零部件怎样优化组合才能达到车规标准？这就需要从散热结构、合理布局、整体设计等各方面考虑，结合选用全球质量最好的电子元器件生产。这些各方面的综合考虑才使得合正车载电脑在严酷的温度环境下，能够正常长时间的工作。

④ 低功耗。合正不断突破电脑在车辆上应用的同时，也在对自身产品采取更加严格的要求与检测规范。产品的待机功耗低至 30MA，完全达到车辆前装要求。配合原车厂，合正车载电脑整合了方向盘控制，集成了原车的空调显示。各种软件应用也更加简便更加人性化。

⑤ 抗干扰。在车上，车载电脑给驾乘者带来的是高品质的视听享受，但是车辆上复杂的电磁环境却对电脑带来了极大的干扰。发动机起动与否，空调工作与否，甚至是大灯的开启，都会带来不同的干扰波，影响着电脑的正常工作。在将杂波过滤干净的同时，需要保证有足够的电压带宽能够适应汽车在起动瞬间起动电动机消耗电流造成的极端低压，为此合正花了大量的人力以及时间来解决这些复杂的问题。

5. 合正朗逸专用车载电脑

朗逸专用车载电脑采用迅驰 2 代处理器，对硬盘光驱等部件进行避振设计，解决了汽车行驶过程中因颠簸等对系统造成的损害；采用先进的 915GM 芯片组和 GMA900 显卡，支持 Dirict 9、3D 加速功能，并配备了 7in 高清晰的触摸显示器，立体声道带功放。

① 处理器：支持迅驰 2（DOTHAN 核心）CPU，标配 1.2GHz。

② 内存：支持 DDR2 533/667MHz 内存，标配 1GB。

③ 硬盘：160GB。

④ 主板：915 芯片组，集成 GMA900 显卡，支持 Dirict 9、3D 加速功能。

⑤ 显示：7in 高清数字液晶屏，分辨率为 800×480。

⑥ 声音：内置 4×40W 立体声道带功放。

⑦ 控制：触摸屏，无线键盘/鼠标，遥控器。

⑧ 接口：3 个 USB 2.0 接口，SD 读卡器。

⑨ 光驱：内置 DVD-COMBO，最高支持 DVD-RAM。

⑩ 输入：12V 直流电瓶输入。

⑪ 工作环境温度：－10℃～＋50℃。

⑫ 工作环境相对湿度：10%～90%。

⑬ 重量：约 3.5kg。

十、车载电脑系统在典型车型及公路建设中的应用实例

1. 金龙客车标配车载电脑信息系统

近年来，在国内客车行业，各大车企在“车联网”领域布局动作频频，在客车上装载智能应用服务终端成为车企提升产品性价比、抢占市场份额的重要手段。

据悉，金龙客车继国内市场 10m 以上公路客车产品上全线标配业内首创的 ECO-driving 节油驾驶提醒系统之后，现推出超值服务回馈客户——车载智能电脑 KL-988 将在公路客车（前置车除外）上全系标配。金龙客车车载电脑如图 3-18 所示。金龙车载电脑信息系统如图 3-19 所示。金龙车载电脑信息系统是该厂基于车联网技术创新开发的，面向旅游团体、班线客运、公共交通和新能源客车的运营服务系统。

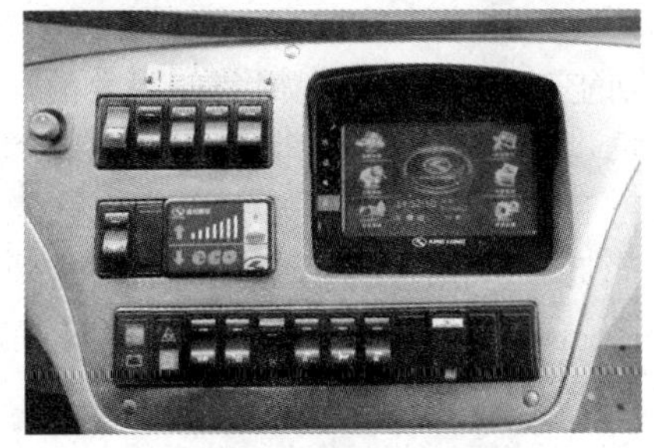

图 3-18　金龙客车车载电脑

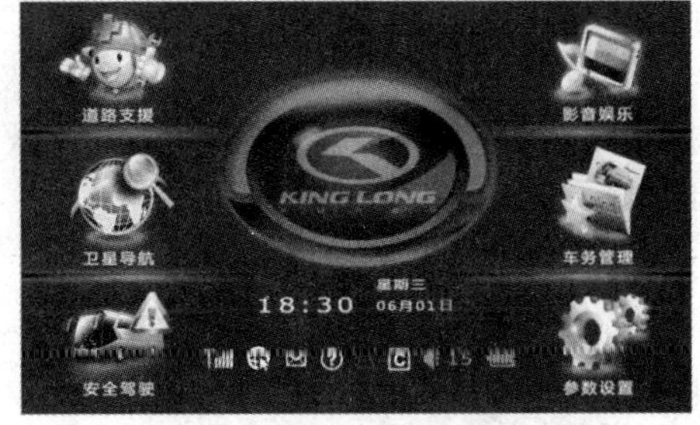

图 3-19　金龙车载电脑信息系统

(1) 金龙车载电脑信息系统主要功能和结构　金龙车载电脑信息系统包括前装的车载电脑以及后台智能软件分析系统，主要功能包括 GPS 服务、智能导航、影音娱乐、车线优化、实时管控、道路救援、智能诊断、驾驶管理等方面，可以帮助道路运输企业实现简单易用的智能化管理，优化用车效率，提升驾驶员绩效，节约每一分运营成本。

金龙车载电脑是由金龙技术团队自主研发，车载电脑 KL-988 是目前国内整车企业中唯一通过我国交通运输行业标准 JT/T 794—2011《道路运输车辆卫星定位系统 车载终端技术要求》和 JT/T 808—2011《道路运输车辆卫星定位系统 终端通讯协议及数据格式》认证的产品，由此金龙也成为国内首家拥有车载电脑软硬件核心技术和知识产权的客车企业。

作为国内领先的客车企业，金龙始终高度关注车联网应用技术的发展，早在 2008 年就开始了智能化车载信息服务系统的自主研发。金龙车载电脑信息系统的问世标志着简单、高效、便捷的运营管理时代已经到来，将开启移动互联及汽车电子技术在客车领域深度应用的新篇章。

(2)金龙车载电脑信息系统产品需求分析 金龙车载电脑信息系统包含了车载电脑和后台智能运营分析软件两大组成部分，该系统整合了行车记录仪、硬盘播放器、收音机、倒车监视器、GPS 车载终端、导航仪、智能运营分析系统、电控系统故障诊断等设备功能，产品完整涵盖运营车辆在人、车、路、环境和管理五个层面的需求。

① 对驾驶员提供驾驶行为管理功能，监控不良的驾驶行为；并通过节油驾驶提醒系统提高驾驶技能，降低油耗及维修成本。对乘客提供收音机、音乐、视频播放、景点信息播放等娱乐功能，降低旅途的疲劳。

② 对车辆提供电控系统的故障诊断和维修建议；提供车辆实时运行数据的监控；提供在车的驾驶入门、紧急故障排除建议，提高故障处理能力；提供车辆的道路施救导航，同时能够拓展包括车道偏离报警系统、防撞报警系统在内的各类主动安全电子装备。

③ 对线路提供道路导航服务以及实时交通路况信息，快速到达目的地的路径。电子路单记录线路的实际营运情况；行车布告栏直观了解线路的营运车辆动态情况；客流统计功能分析线路的营运效率；节能降耗功能分析找到车辆高油耗的真正原因，并提供专业车辆配置优化建议。

④ 车辆行驶在道路上，系统能够提供车辆途径省市区域的天气预报，提供各类灾害预警，告知驾驶员是否有限速和违章拍照。

⑤ 提供摄像头抓拍和 3G 视频监控以及监听功能，对车内情况了如指掌；提供各类定制化报表以供驾驶员绩效评估、车辆营运效率分析、里程油耗故障统计等重要信息，并以此完善车辆配置并改进零部件。

后台智能运营分析软件是客车运营单位实现管理的重要组成部分，据介绍，金龙车载电脑上传的数据将统一接入到上海创程车联网络科技有限公司的服务器上，由创程车联负责后续的车辆管理、监控等业务。

金龙车载电脑是一款融合了车辆定位、监控、管理、娱乐、资讯服务、售后服务、电子地图、无线通信等功能和技术的产品，可以满足整车制造厂、客车用户、乘客及政府监管部门等不同方面的需求。更重要的是它将成为今后金龙为客户提供各类增值服务的平台，包括企业全新自主研发的车道偏离报警、智能防撞报警、夜视成像报警等主动安全技术都可以方便地移植到车载电脑上，同时为旅游、团体、租赁、公交等提供的系统解决方案都可通过预设的 CAN 总线实现功能拓展，进而为用户提供更多的增值应用，实现运营效益的最大化。

(3)金龙车载电脑信息系统功能分析

① 更为精准的运营效益分析。系统独有的客流统计功能，提供每个站点、景点线路的上下客人数，为车辆调度、站点规划和线路设计提供数据支撑，杜绝私自拉客行为，提高企业运营效率；线路行驶电子路单实时记录并智能分析车辆的客运人数、行车花费、行驶信息等数据，让用户及时全面了解每条线路每辆车的运营状况，轻松处理费用报销、规范收入事务。

② 更为简单实用的车辆管控。可扩展 3G 模块，并采用高效的 H.264 音视频编码让管理者对车内的一举一动了如指掌；行车布告栏实时显示每一辆车的运行状况，管理者可随时掌握行驶轨迹、实时速度、通信状态等动态信息，了解每辆车每条线路一天的运行情况。

③ 更为有效的油耗监控管理。随着油价的不断上涨，燃油已经成为客运企业不可承受之重，加油管理正是为了杜绝司机偷油或者违规用油而设计。除了能够通过驾驶行为的分析提供节油驾驶行为培训意见之外，金龙车载电脑能够实现在加油时输入并上报加油金额、加油点等相关数据，能够为燃油报销创建科学准确的对账方法。

④ 更为实用的驾驶行为分析。采集驾驶数据，根据不良驾驶行为对车辆安全或节油降耗的影响程度进行分级，生成进一步评估、分析驾驶行为的有效依据，使驾驶员的绩效考核更加客观、准确。

⑤ 更为丰富的数据采集分析。自动收集分析 GPS 位置、车速、发动机转速、发动机负荷、ECU 油耗等数据，呈报定制化报表，找到高油耗、高维修率的根本原因，为运营路线找到匹配的整车配置，提供发动机、驱动系统总成配置和座位数的最佳建议，有助于用户的运营效益最大化。

⑥ 更为及时有效的道路救援。车辆抛锚后，司机可触动呼叫服务中心按钮，当车辆仍可行驶时，服务中心将维修点信息传输给车载电脑，通过导航引导故障车辆至最佳维修点，并预约维修服务；当车辆无法行驶时，服务中心将主动联络当地售后服务站点，由服务点派车进行现场施救。车上独有的碰撞/侧翻探测器（可选装），当车辆发生意外时，无需人工触发，便可主动向服务中心报警，让服务中心及时了解事故信息并提供救援。

⑦ 更为完备的车辆故障诊断。故障诊断功能主要用于发动机、自动变速箱、ABS、ECAS 等电控系统的诊断。对金龙公司的售后服务部门而言，此功能能够帮助他们准确找到故障点，提升工作效率。对用户而言，能够直观透明了解车辆故障点，可避免在维修时遭遇欺诈，增加维修成本。金龙车载电脑的故障诊断功能，除了显示故障码、故障内容，还显示了故障处理方法，对于驾驶员和维修人员，具有十分重要的维修指导意义。

⑧ 更为便捷的智能导航服务。独有一键导航功能，司机只需一键拨打服务中心电话，无需手动输入地址，覆盖全国的服务中心便可将行车线路发送至车载电脑，同时可启动实时路况导航，直观显示城市道路状况，并自动规划当下最优的行驶线路，避免拥堵路段，让驾驶员从容应对各种路况。导航软件还具备电子狗功能，包括拍照、禁行、限速等提醒，能够做到分路段限速提醒。

⑨ 更为丰富的实时资讯服务。气象的好与坏直接影响到交通安全、单位利益以及出行人员的人身安全。天气预报与灾害预警功能提供车辆途径省市区域的天气预报和灾害预警信息，在恶劣气候环境下提前做好预备措施，降低交通事故发生几率。

⑩ 更为强大的影音娱乐功能。车载电脑提供移动影院服务，乘客可以听广播、听音乐、看电影，享受优质的乘坐体验；集成 GPS 和硬盘播放，可以方便地实现景点信息的自动关联播放以及广告信息的精准播报。

2. 东方之子车载电脑产品的特点

东方之子智能信息平台 N572 车载电脑采用高性能、低功耗 Intel ULV 处理器，系统稳定可靠，专用安装线束确保安装简易无损，降低维护难度；大容量硬盘提供丰富功能及海量数据存储，同时提供一键恢复功能。产品发热量低，抗振性强，运行稳定，按照原车设计定制面板，达到原装品质。

① 原车设计面板：与原车的中控台面板风格保持一致，面板尺寸与材质符合原厂品质，按钮功能与系统完美结合，可根据需要定制开发面板外观与功能，触摸式高清数字屏：全新一代 6.5inTFT-LCD 专业触摸式高清数字液晶屏。

② 高像素：物理像素高达 384 000（480×800），是一般车载模拟显示的 5 倍。

③ 高亮度：最高可达 400cd/m^2，即使在日光下屏幕亮度依然足够。

④ 宽温设计：工作温度－30℃～＋70℃，存储温度－40℃～＋80℃。

⑤ INTEL ULV 处理器：IA 架构 INTEL ULV Mobile 处理器，使用了 Intel ULV 超低电压移动平台芯片组。

⑥ 功耗高性能，低功耗，整机功耗低于 25W（功放除外），为普通电脑（250W）的十分之一，普通车载电脑（100W）的四分之一。

⑦ 80～160GB 大容量硬盘：内置 80GB 大容量专用硬盘，可扩充至 160GB。专业防振设计，防止因振荡造成的物理损坏，可存入上千首歌曲或百部影片（此为一般情况下，具体数量视文件大小而定）。

⑧ 顶级 SiRF III 导航芯片：内置性能强大的 SiRF III Star GPS 模块，信号接受速度快，开机即可定位，是传统导航运算速度的 5 倍，同时可以接收 20 信道卫星信号，精确定位优于 10m，快速准确到达目的地。

⑨ 内置蓝牙：内置 IEEE 802.15 标准蓝牙模块，轻松无线连接各种蓝牙设备，如手机、耳机、PDA 等，最大无线连接距离 10m，传输速度可以达到 1MB/s。

⑩ DVD Combo 光驱：内置 DVD Combo 光驱，可读取多种格式光碟，如 DVD、CD、VCD、CD-R、CD-RW 等，具有 CD 刻录功能，轻松将数据刻录至可写光盘上，超强读碟及纠错能力，可扩展为 RANBO 光驱。

⑪ 前置 USB 接口：前置 Mini USB 接口，轻松连接各种 USB 外设，如数码照相机、打印机、数码摄像机等，支持 USB 2.0 技术规范，480Mbps 高速数据传输（视连接设备的 USB 规范而定），连接灵活，支持热插拔。

⑫ 独立供电前置 SD 卡插槽：前置 SD 卡插槽，轻松读写 SD 存储卡，兼容性好，

⑬ 独特防振技术：采用悬架式双重减振系统，具备专利车载防振技术。从结构设计到生产工艺，确保车载电脑的运行安全。

⑭ 车载散热技术：完全为车内设计的电脑散热技术，外部超静音风扇设计，完全杜绝机械故障。

⑮ 保障宽温运行：－10℃～＋60℃ITPS（受汽车的点火控制的系统模块）。

⑯ 智能电源管理：与车内供电控制信号结合（ACC/VCC）保护汽车供电系统（蓄电池），智能开、关机，保护车载电脑软硬件，电气保护性能，体积更小，性能更强。

⑰ Windows XP 操作系统：完全支持 Windows XP 操作系统。可选 Linux、Windows CE、Windows 2000 等操作系统，支持多操作系统引导。

⑱ 智能车载信息系统：专为汽车信息化设计开发的智能车载信息系统提供丰富的功能，专业实用，人性化界面设计，操作简单功能特点。多种无线上网方式，3G 数据传输实现数字电视功能，快速 GPS 导航，支持 3D 导航引擎，车况实时监控，故障诊断。蓝牙车载电话，免提功能，移动办公，随时处理文字及邮件，自定义程序扩展，多款经典游戏，支持网络对战，除具有 GPS、DVD 及音乐播放等通用功能外，还具有更多独一无二的特色功能，还可扩展丰富的 Windows 应用程序。

⑲ 特色功能，无线上网：通过覆盖 CDMA/GPRS/3G 信号网络，随地享受无线上网乐趣，随时随地收发邮件，炒股票、查天气。

⑳ 数字电视：通过数字电视模块，随地收看精彩电视频道，具有高清晰的电视画面，优质的音响效果，超强抗干扰功能，画面稳定，支持国标、欧标 GPS 导航及 3D 导航。GPS 导航，定位准确，同时可以接收 20 信道卫星信号精确定位优于 10m 支持多种导航软件及地图，兼容性强，支持划时代的 3D 导航发动机，对地理环境真实模拟，无惧超大地图信息。同时可配合指挥调度系统，实行实时视频监控故障诊断，内置故障诊断模块（选配）支持与车辆 CAN 总线连接，多种诊断功能，如胎压、油压、发动机故障等 OBD 功能，读取/清除存储在汽车 ECU 内的各系统的故障码。

㉑ 3G 数据传输：支持第三代数字通信——3G（选配）能够分别支持至少 2Mbps、384kbps 以及 144kbps 的传输速度（此数值根据网络环境会发生变化），能够在全球范围内更好地实现无缝漫游，并处理图像、音乐、视频流等多种媒体形式，提供包括网页浏览、电话会议、电子商务等多种信息服务，移动办公、文字处理、网上交易、存储复制、邮件收发、动画演示、产品展示，支持移动笔记本式计算机的所有功能，比其他产品更专业，更耐用。

㉒ 蓝牙车载电话：蓝牙车载免提电话功能支持来电显示，带键盘拨号配合前置 MIC 和原车音响，可储存电话记录和电话本，同时进行蓝牙上网及数据传输。

㉓ 大容量数据存储：512MB 内存，功能响应快速（可扩充至 1GB），80GB 空间容量，可存储成百上千首歌曲、上万部长篇文稿，照片图集更可尽情存储（可扩充至 160G）。

㉔ 自定义扩展程序：兼容 Windows、Linux、windows CE 等多操作系统下的应用程序，实现多种扩展功能运行自定义程序应满足最低硬件要求。

㉕ 通用功能、音乐播放：内置 4×40W 功放输出，通过汽车音响完美演绎高品质音乐享受支持各种音乐文件播放，包括 MP3/MP3PRO/WAV/MPC/MIDI/RM 等，支持多种格式的音频碟片播放。

㉖ 电影播放：通过数字音、视频信号输出，享受高清高保真的视听娱乐世界，支持各种视频文件播放，包括 MPEG/MPG/DAT/AVI/RM/RMVB/MOV/WMV 等。

㉗ 支持 DVD、VCD 碟片播放 AM/FM 收音：内置 AM/FM 广播收音功能，支持 100 个频道存储，每个频段支持 30 个节目频道存储，可扩展 HDRadio 和 RDS 收音功能，抗干扰能力强，同时收音和导航兼听功能。

㉘ 可视倒车：全彩多媒体可视倒车功能（选配）可同时连接多组摄像头，掌握车内外情况轻拔倒挡，立即切换至车后景像，集影像、数字显示、声音报警功能于一体，可以

多角度提示驾驶人员，直观显示车后景物，准确显示障碍物距离，同声音报警提示，高清晰图像显示，支持夜视功能。

㉙ 图片浏览：通过 6.5in 高清 TFT LCD 数字屏，可观看图像细节，支持多种图片格式浏览，包括 JPG/BMP/PCX/GIF /TIF 等，通过与数码照相机连接，出游精彩照片可尽情存储和浏览。

㉚ 休闲游戏：内置多款经典休闲小游戏，支持自定义游戏安装，支持网络游戏及对战平台。

3. 车载多媒体调度系统在公路交通中应用

（1）整体方案支持实时监控 车载多媒体调度系统如图 3-20 所示，是高速公路监控中心进行应急指挥的重要手段，通过在一些应急车上配备语音、视频、网络等设备，现场采集相应的图像和语音，发送到监控中心，可实现对高速公路路况实时视频监控和语音调度。当路段出现重大交通事故时，指挥调度人员即便不在现场也可了解现场情况，并通过 3G 网络实现对车上人员的远程指挥。

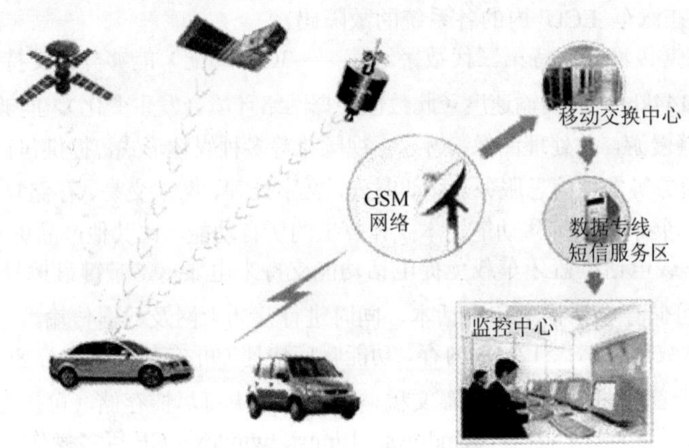

图 3-20 车载多媒体调度系统

整体解决方案由核心调度机、调度台、集群网关、3G 车台、视频网关、摄像机、对讲终端等组成，系统利用 IP 网络部署，所有设备均直接接入到 IP 网络上，通过 IP 网络汇聚到指挥中心进行交换和统一管理调度。

① 调度中心。在调度指挥中心部署视频网关、多媒体调度主机以及多媒体调度工作站（调度软件、一体机），多种设备均直接接入到监控中心的以太网交换机。调度操作一体机可与大屏幕对接，将车载视频监控图像转到大屏幕上显示。

② 前端车载视频监控设备。前端车载视频监控设备一般包括车载监控摄像机、云台、3G 车载台等设备。监控摄像机和云台采用一体化结构，通过车载台可连接云台和监控摄像机。通过车载调度台可直接显示摄像机实时图像，并可控制摄像机镜头变焦、云台旋转

等各种操作，并可对整个车载视频监视系统进行管理。

③ 前端车载语音对讲设备。前端车载语音对讲设备包括集群对讲接入网关、集群对讲车台、对讲机等设备。集群对讲接入网关用于连接车载网络交换机，通过 3G 网络实现车载语音对讲设备和监控中心的多媒体调度台以及其他通信终端互联互通；对讲车台和现场对讲机之间通过无线电实现对讲互通。

④ 前端车载调度台。在指挥车上配置车载调度台，包括多媒体调度软件和车载电脑。多媒体调度软件安装在车载电脑上，指挥人员可在车上实现对车载视频监控摄像头、对讲机调度。

⑤ 网络传输通道。网络传输通道包括车载 3G 车载台、车载 3G 路由器、车载网络交换机等设备。

网络传输通道主要负责将视频信息、语音信息上传到监控中心。在车辆上配备 3G 车载台和 3G 路由器，3G 车载台将编码为数字信号的视频（视频编码器进行模数转换）通过无线公网将数字视频流传输到监控中心，3G 路由器将车载对讲系统的数字语音信号（由集群对讲网关进行模数转换）通过无线公网将数字语音信号传输到监控中心。所有 3G 路由、集群对讲接入网关、车载调度台均直接连接到车载网络交换机上，搭建车载局域网环境。

（2）应用模式分析

① 车载视频应用模式。视频回传与全面监控环境是车载视频应用模式值得分析的地方。其中视频回传是指 3G 车载台可通过摄像头采集现场图像，指挥人员在调度台上点击任何一路移动车载摄像头的图标，即可把此路采集的图像显示到指挥中心的大屏幕上，支持多路车载回传图像的显示。

全面监控环境，即指挥员可以在指挥中心的调度台或是车载调度台对车载摄像头进行 360° 旋转，可全方位查看车周围图像。

② 车载语音应用模式。图像化定义各部门成员。可把各个岗位工作人员，以及协同部门的人员定义在多媒体调度台上，并按照组织架构进行分组，每个人员对应一个图标，并在图标上设定相关人员的电话号码（可以是内线电话、直线电话、手机、对讲机等各种终端）。指挥人员可在指挥中心的多媒体调度台上实时看到每个人员的状态，可根据姓名/电话号码等信息找到相关人员。

指挥中心与车载人员语音通信。指挥中心的调度台拥有调度所有人员的权限。当指挥人员需要与车载工作人员通信时，可直接在指挥中心的调度台上点击此人员对应的图标，即可向此人员的电话发起呼叫，对方接听后即可和指挥人员进行通话。车载人员通过对讲终端与指挥中心通信。

不同频段对讲组实现互联互通。例如，该项目部署 4 个车载系统，设置为不同频段的对讲组，可在调度台上把不同对讲组设定在一个大对讲组内，这样即可实现不同对讲组之间的互联互通，提高不同部门的协同作战能力。

③ 其他语音应用功能。基本的调度功能包括语音、视频的调度操作，均在同一个调度界面上，并实现音视频联动调度；点击呼叫，所有成员均定义到调度台上，对应一个图

标，图标上显示对应成员的名称和电话号码，指挥人员直接在调度台上点击被调度人员的图标，即可实现对对应人员的语音调度，无需拨号呼叫；点击调度视频，直接在调度界面上点击“对应人员/岗位”图标即可调度对应视频图像显示到调度台上；临时分组，可快捷设定临时会议组，实现临时发起语音会议、视频会议；强插、监听、对讲通话，指挥人员可通过调度台实现和常规对讲终端的对讲通话，并在调度台上实现抢话发言和释放话权的操作。会议调度功能包括一键发起会议，可对固定组和临时组一键发起多方电话会议或视频会议；公共会议室，可在调度台上设定多个公共会议室，每个会议室拥有一个会议室号码、主持人密码、参会人员密码。终端调度功能包括拨号呼叫，分机互拨分机号码实现内部通信；对讲通话，可把内线分机和对讲系统设定在同一个对讲组内，实现有线、无线自动对讲通信。

（3）移动与融合的项目特点

① 随时随地的移动性。这一整套解决方案，可实现多种应急指挥方式并存，以指挥调度中心为核心的平台下，形成现场二级调度，将实时的图像回传到指挥中心，并快速建立起现场指挥调度的通信平台；多级协同调度，系统支持多调度台协同调度，可以让现场人员和远端指挥中心的人员实现异地协同调度，极大地提高工作协同的能力。

② 覆盖性。通过 3G 公网实现指挥中心和应急车之间的网络，保证语音视频通过 3G 公网传输。

③ 融合性。利用这一解决方案，可实现对高速公路巡逻车的语音通信和视频监控，及时了解现场情况，形成语音视频融合，提高工作效率，以最短的时间处理问题，保证高速公路畅通。

④ 中心指挥车两级联动管理。系统的分布式部署除了集中管理、分布部署的能力以外，还利用分布式架构实现自成体系、协同调度、压力分担、互为备份的能力；在地面部署指挥中心可通过 3G 网络远程指挥巡逻车进行语音视频通信；在应急车上部署车载调度台形成对巡逻车人员的指挥调度，两级协同指挥，保证及时有效地处理问题。

⑤ 快速部署。在中心部署的核心设备均连接到 IP 网络中，车载设备均通过 3G 网络与地面中心连接。所有设备通过 IP 网络部署，无需布线，能够实现快速部署，灵活应用。

第四章　汽车车载电脑的维护

一、车载电脑的改装

1. 车载电脑的应用分析

（1）车载电脑在汽车上的应用环境

① 高温。汽车大多是在户外停放，夏天烈日的照晒使车内的温度很高，以我国南方夏天为例，汽车停放户外时的温度可以高达 60℃，开车后 20min 内车内温度也在 40℃左右，在这种温度下，对一般的电子设备，特别是电脑设备是一个很严峻的考验。另外，为了保证车内的美观，车载电脑都放置于不显眼的地方，如主、副驾驶座位下面，车上仪表板内等，这些地方的通风状况比较差，不利于电脑的散热，所以要求车载电脑的发热量小，耐热性能好。但发热量与电脑性能是相互矛盾的，所以我们只能在性能与发热量（即功耗）之间寻求平衡点。

② 振动。汽车在路上奔跑，难免会有振动，电脑是非常敏感的，特别是在车内长期振动，对硬盘的影响最大。普通台式电脑针对办公应用，不考虑硬盘等配件振动问题，如放在汽车上使用，容易由于振动使内部元器件松脱，造成丢失数据或硬盘损坏，影响正常使用。

③ 电磁波干扰。这个问题在一般电脑的使用上是不会考虑的，因为一般电脑是不考虑用在汽车这种特殊应用环境下的。而汽车内电子产品均受到发动机产生的高频电信噪及电子产品之间的电信噪的影响，电磁波干扰是不可避免的。

④ 汽车供电系统影响。汽车上的供电系统比较复杂。供电系统需要对汽车照明灯、电控车窗、收音系统、空调等电子设备供电。汽车蓄电池的输出电压会在汽车点火、加油等动作时产生大幅度的波动。电压、电流宽范围的波动会直接影响车载电脑的正常使用，甚至会烧毁部分元器件。

⑤ 共地。由于汽车电子设备并没有真正接入大地，车内电子设备产生的多余电荷只能在车内乱窜，形成电荷倒灌，冲击车上电子设备，经常导致电子设备部分元器件烧毁。

⑥ 灰尘。车内的尘埃数量很大，所以汽车内的电子设备是不应该用风扇散热的，否则对这些设备的维护工作量也会非常巨大。

（2）车载电脑的优劣　ARM 结构车载电脑相对普通台式电脑（含笔记本式电脑）与 x86 低功耗结构车载电脑的优劣分析如下：如在汽车上常见的车载导航仪、多功能 DVD 等。

① 功耗低，能适应高温环境。ARM 结构产品使用的是 RISC 指令集（即精简指令集）结构，在功耗上控制非常好，某些 ARM 产品功耗可以做到 1W 以下，功耗低，很容易适

应车内高温环境。

② 成本低。由于 ARM 的频率低，设计线路简单，开发的难度较低，故此成本也较低。

③ 稳定性强。ARM 结构产品指令集结构简单，功耗低，因此，其稳定性非常强，不容易出现稳定性问题。

④ 抗振动能力强。ARM 结构电脑使用闪存、固态硬盘、CF 卡等存储设备，抗振能力非常好。

⑤ 处理能力相对较弱，不支持超线程任务处理。ARM 的精简指令集结构不支持超线程任务处理，在多任务处理能力上相对较弱。所以比较适合做为任务简单、专一设备的主控主板，如车载 DVD、GPS 导航仪等。

⑥ 不能支持 7 英寸以上的显示屏。ARM 结构电脑由于性能限制，一般只支持 800×600 分辨率，7 英寸或以下的显示屏，用于车上影视播放，屏幕较小。

2. 车载电脑系统的选配技巧

(1) 车载电脑机箱 车载电脑的机箱主要分为两类，一类是一体式，另一类是分体式。

① 一体式机箱采用液晶屏幕和电脑主机整合设计，在液晶屏幕的后部配置电脑主机，然后一起嵌入车辆中控面板。一体式设计的好处是产品整合度高、美观。但是，由于中控台内的安放空间有限，因此，产品元件间的体积被高度压缩，让很多电脑配件都无法使用。液晶屏幕和主机间的热量在狭小的空间堆积，需要风扇散热，存在使用噪声。

② 分体式机箱采用液晶屏和主机分离的设计方式，将液晶屏嵌入中控面板，主机机箱放置在前座位底下或后备箱，液晶屏和主机间用布线系统连接。分体式设计可以给液晶屏和主机留有足够的散热和配件升级空间，并把产生噪声的主机放置在人耳不敏感的区域，因此，在噪声控制和散热效果上好于一体式机箱，但是由于存在线缆连接，信号易衰减、布线较难。

车辆的中控设计各有不同，有的车辆为中控面板留有较大的空间，有的则很小，如果放置空间允许，应尽量选购一体式产品，减少后期布线的麻烦，同时可使用静音风扇来减少噪声。

(2) 车载电脑电源 车载电脑的电源是和传统的电脑电源区别最大的地方，由于车载电脑的能源来自蓄电池，因此，就无需传统电源的交直流转换线路。但是，和传统电脑电源相比，车载电脑的电源多出了一个特殊的设置 ITPS（车辆自动电源控制系统），该系统可让车辆发动时自动开启电脑，熄火时自动关闭电脑。除了方便外，该系统一个重要的功能就是保护车载电脑，因为车辆在发动瞬间，电压最不稳定。使用车辆自动电源控制系统后，车载电脑在车辆起动 5s 后才自动开机，躲过了车辆供电最不稳定的时段，从而达到保护车载电脑的目的，而且可在车辆熄火后的 15s 内发出电脑关机指令，3min 后再完全切断车辆电源。车载电源对于滤波和稳压要求非常高，在购买车载电源时，除了要有完整的滤波功能外，其输入电压幅度也要保证在 8～24V，这是因为车辆在行进过程中熄火后重新起动时，蓄电池供电电压瞬间会低至 10V 以下，这时如果没有采用宽幅电压输入的车载电脑电源，就会引起车载电脑供电不足，轻者导致电脑重启，损坏硬件设备。

（3）车载电脑主板 车载电脑对主板、CPU、内存等配件没有特殊要求，但机箱体积决定了只能选择迷你主板。为了让车载电脑功能齐备，迷你主板应该有的接口一个都不能少，特别是梯形 9 针串口更不可少，由于很多行车电脑（非车载电脑）的数据输出端口采用了串口，为了让行车电脑和车载电脑间实现通信，车载电脑的主板必须有串口。此外车载电脑的另一个特色就是 USB 接口必须多，蓝牙设备、Wi-Fi 设备、键鼠、多功能读卡器等都会使用 USB 接口，因此，车载电脑的主板至少得有 6 个 USB 接口。而 CPU 方面，考虑到基本不可能在车载电脑上运行大型程序，对于 CPU 的性能要求较低，但能耗问题相当重要，Intel 上网本推出的 AtomCPU 正好满足需求。车载电脑的内存可选择台式电脑内存，并且符合迷你主板的需求。

主板、CPU、内存是车载电脑的基本平台，它们的稳定是应用的前提，因此，推荐使用技术成熟的 Intel D945GCLF2D 主板，该主板支持 Atom 双核 N330 CPU，配有 Intel 945GC Express 芯片组，在内存方面支持一个 667MHz 单通道 DDR2 SDRAM 接口，最高可支持 2GB 内存，具备 9 针串口、6 个 USB 接口，还提供了 SATA 硬盘接口。此外，该主板的尺寸为 171.45mm×171.45mm，符合车载电脑机箱的要求。

（4）车载电脑硬盘 车载电脑硬盘的选购相当重要，车载电脑长期工作在连续振动的环境下，在选购硬盘时，一定要选择无机械运动的产品，如固态硬盘或通过闪存进行数据转换的硬盘。固态硬盘较闪存转换硬盘读写速度快，使用寿命长，不过其缺点就是价格高昂。闪存硬盘虽然价格便宜，但读写速度慢，而且作为系统盘需要经常读写，其使用寿命会锐减。目前比较成熟的车载硬盘搭配方法是使用容量较小的固态硬盘（10GB）充当系统分区（使用固态硬盘时，整个物理硬盘分成一个区使用），使用 32GB 以上的 SD 卡或 CF 卡充当储存空间，这样既节省了经费又保证了系统的运行速度。

（5）车载电脑显示器 车载液晶显示器由于其安置空间有限，最大可选择 7in 的产品，此类显示器的分辨率为 800×480。车载液晶显示器最好支持触摸屏操作，在液晶显示器前面加装触摸反馈设备后，用户可不用键盘和鼠标，直接使用屏幕操作车载电脑。另外，车载液晶显示器不单单只是作为电脑的显示器使用，它还必须兼任可视倒车显示器、免开机听歌系统。

在液晶显示器尺寸固定的情况下，不要盲目追求显示器分辨率大小，分辨率过高会造成系统字体和图标过小，7in 液晶显示器和 800×480 的分辨率是最好的搭配。另外，液晶显示器的触摸屏应尽量选择电阻式的，而是否在液晶显示器上配备不开机听歌系统是可以选择的，一般配备此类系统的液晶显示器的价格会比普通液晶显示器贵 200 元左右。

（6）车载电脑线材 和传统线缆相比，车载电脑的连接线缆要遵循多屏蔽、稳定的原则。由于车辆内部电器众多，电磁干扰比较严重，因此，传输线缆都必须带有屏蔽层。另外线缆和插头间也应尽量选择带有固定锁的产品，这样在车辆行驶时可以保证连接稳定。目前市场上还没有专门针对车载电脑推出的连接线缆，需要自己挑选合适的线缆，应该尽量选择带有屏蔽磁环、可用螺钉固定、接头部分手感干涩紧固的产品。

（7）车载电脑无线网卡 由于车载电脑可以自行安装导航系统，可省去购买 GPS 导航仪的经费，直接购买 GPS 导航模块即可。目前市场上的 GPS 导航模块分为有线和无线两种，建议使用 USB 连接方式的。

无线网卡包括无线广域网和无线局域网，一般无线广域网利用手机信号使用，而无线局域网需要搭配无线路由器使用。对于车载电脑来说，如果对网络的要求较高，可以选择无线广域网，如 3G 网络。如果只是需要在某些特定场合使用网络，则可以使用无线局域网，可采用 War Driving 方式接入。

可视倒车摄像头分有线和无线两种，一般固定于车牌上方。有线摄像头由于需要从车辆中控位置布线到车尾，相对麻烦，但画质清晰。而无线摄像头虽然方便，但存在少许干扰，另外价格方面无线摄像头较高昂。在购买摄像头的时候一定要购买带有红外线照明的设备，很多车载摄像头还带有距离显示框，以方便用户判别距离。

3. 车载电脑的组装

（1）组装注意事项

① 车载电脑组装的简单步骤，从原车音响主机位置入手，先拆除其中控面板，将副驾驶位前的储物抽屉打洞，把准备用于车载电脑及功放的控制盒安装进去。然后按原车音响主机的位置，嵌入准备车载电脑的显示器，并连接电源线、音视频信号线、触摸屏线等。最后，将各处的引线连接上后，就进行通电试机，进入系统界面，并根据需要，安装好 GPS 天线，并调整好相关安装支架的位置和角度，还原中控台。

② 检修车辆时，一旦接通点火开关，无论发动机是否处于运转状态，不可随意断开任一条导线。因为在断开导线的瞬间，线圈的自感作用会产生很高的瞬时电压，很容易使电脑及传感器受损。同时，检测中应尽量使用高阻抗数字测试表，禁止使用测试灯测试任何与电脑相连的电器装置，以免损坏电脑及传感器。

③ 此外，车内的物品摆设，车辆所处环境不同，也会给车载电脑带来一定的影响。例如，具有强磁场的物体不可靠近电脑，否则会损坏其元件或线路，如扬声器、收录机、暖风机等都应当尽可能安装在离电脑远一些的地方。在所处环境比较潮湿时，电脑若受到潮气影响，电路及元件极易损坏。因此，车主若对车辆进行冲洗时，应特别小心，避免电脑进水。若发现安装电脑处有漏水时，应尽快检修。

（2）车载电脑系统的组装程序 组装好车载电脑后，在车载电脑装车前，需进行车载电脑系统的安装和调试。车载电脑系统的安装很简单，接入外置光驱后就可进行安装，接着进行各种驱动的安装。需要特别说明的是触摸屏的驱动安装，由于上车安装后，就无法使用键盘和鼠标进行操作了。因此，在车载电脑上车之前，一定要先把触摸屏驱动安装调试完成。最后，进行一次 Ghost 备份即可。

① 拆卸原有中控播放设备。为了固定液晶显示器，不管是一体式机箱还是分体式机箱，都要先把中控面板上原有的中控播放设备卸下，以腾出车载电脑的安装空间。液晶显

示器和原先的播放设备长宽高各项参数都要相同，甚至连螺钉位置都要一致，否则是无法固定在原先位置的。这个参数在向商家购买产品时，就要和商家交待清楚，告知商家你的具体车型，原先的中控面板是否经过改装等，这样商家才会根据你的中控面板槽制作合适的液晶显示器外壳。卸下原有中控播放设备时一定要细心，很多车辆的中控面板固定除了使用螺钉外还使用卡扣，取下所有螺钉后，如果发现面板还是无法取下，就要检查一下是否拆卸了卡扣。

② 选定机箱安放位置。在卸下原有的中控播放设备后，接下来是选定车载电脑的主机安装位置，如果使用的是一体式车载电脑，则可跳过这个步骤。分体式车载电脑的主机安装位置主要有两个地方，一个是前排座位底下，另一个是后备箱。主机放置在后备箱，需要铺设很长的线缆，容易造成信号衰减，影响车载电脑的使用效果，因此，可把主机的摆放位置选在副驾驶座下。在副驾驶座下进行线缆铺设时，可直接从中控面板走线到扶手箱下端，再从扶手箱下端接到副驾驶座下，全程暗线铺设，不会影响内饰。

选择好主机的安装位置后就可进行主机安装了。可将主机直接固定在座位下方的地毯上。但在固定主机前，放置的位置要经过实际测量，让副驾驶座上以及后座上的乘客，移动一下双脚，看看是否会踢到主机。此外，在安装主机时要把主板后面板连接线缆的地方朝向扶手箱，这样乘客的脚不会踢到线缆。由于主机的底部完全贴在地毯上，不利于散热，可在机箱底部四个角上垫上有一定高度的橡皮垫，这样可给机箱底部留出一定的散热空间。

③ 铺设线缆和接线方法。在铺设前先要把机箱的所有接口审视一遍，选定出几个要用到的接口，然后把事先备好的连线固定在上面。车载电脑的连线作用和家用电脑大致相同，不同的是因为空间原因很多连线需要在机箱内进行转接，在组装前一定要了解。

④ 可视倒车摄像头的安装。可视倒车摄像头分有线和无线两种。信号线的安装比较简单，只要把摄像头的输出口接入液晶显示器的 AV 接口即可，而有线摄像头多了一个布线的工作。由于倒车摄像头需要倒车灯供电，需要在车辆说明书上找到倒车灯电源线，然后把摄像头电源和倒车灯并联，注意电源极性，一定要连接正确，否则容易烧坏摄像头。

液晶显示器的 AV 接口一般自带主动识别显示功能，摄像头传输信号需要优先显示，因此，车辆在挂倒挡的时候，摄像头接通倒车灯电源，液晶显示器就会屏蔽电脑 VGA 信号，优先显示倒车影像。

⑤ 安装完毕内部复原工作。在进行通电测试后就可进行内部复原了。此时，应该发动汽车查看车辆自动电源控制系统是否延时启动电脑，然后查看电脑各项功能是否正常。通过所有测试后就得着手整理凌乱的线缆；完成测试后，就可进行面板复原了。面板的复原比较容易，只要不遗漏螺钉即可。触摸屏和传统的按键相比在操作上更加方便，不管是 GPS 导航、视频音频文件播放、查看行车电脑数据等都可以便捷操作。

5. 汽车音响信号线的鉴别、选用与布线

由于汽车在行驶中会产生各种频率的干扰，对汽车音响系统的听音环境产生不利的影

响，因此，对汽车音响系统的安装布线提出了更高的要求。

（1）关于汽车音响电源线的标准　到目前为止国内对音响线材还没有统一的标准。但正规的厂商都会参照现行的国际标准暂时作为自己的生产标准。这样人们就有了鉴别电源线质量的标准。正规的电源线，绝缘橡胶采用全新的抗氧化 PVC 塑料，线芯导体采用隔绝空气法制造的无氧铜（OFC）或镀锡铜、或镀银铜，经过精密设备精工制造而成。

优质的电源线不仅绝缘性、耐热性好，而且线芯导体采用七股对绞或编织，这样才有足够的密度使其降低电电阻值、电容量和电感量，因而输出足够的电流量。判断电源线的优劣，不能只看它的外观尺寸，更重要的是看里面铜芯的粗细与优劣，主要得看铜芯切断面大小来确认。另外还要看每盘线的实际长度与标称的是否一致，有没有短斤缺两的现象。

（2）汽车音响电源线的鉴别　科学证明金属导电性由强至弱的顺序是银、金、铜、铝等，铜是紫红色金属，铝是银白色金属，铜的韧性比铝好。从经济角度考虑，铜适中，铝比较便宜，且铝的密度不到铜的 1/3，但铝的导电能力只有铜的 65%左右，以传导等量的电流而言，铝的截面积大约是铜的 1.6 倍。所以专业音响电源线通常采用纯无氧铜（OFC）作为导体，因为它具有高导电率、高机械强度、体积小、电阻小的特性，从而可以减少导体发热及电压损失。外皮采用柔软的抗氧化透明 PVC 为绝缘体。由此可见，只有纯无氧铜制造的，才是导电率高、安全又较经济的电源线。有条件的可以选择镀锡铜或镀银铜，因为镀锡铜的物理稳定性最好，镀银铜的导电性更好。但绝不能用铜包铝，因为铜包铝的内阻比纯无氧铜要大 4 倍左右，会使压降增大，甚至发热，危害音响系统。通常电源线的正线（相线）与地线的长度比例约为 10∶1，且地线最好比正线大 1 号，8GA 线用得最多，其次是 6GA、4GA 的。

（3）汽车音响电源线的选用与布线

① 选择电源线的原则是电流容量值应等于或大于与功放相接的保险管的值。导体截面越大，内阻越小，允许输出的电流越大，输出的功率也越大，用于系统匹配的电源线效率就高。电源线的好坏直接影响系统的音质和安全。选择合适与否的电源线直接影响音响系统所获电流与电压的稳定性，如用低于系统电流总量的电源线会产生交流噪声，且严重破坏音质，甚至可能过热而燃烧，所以电源线的电流容量应等于或大于音响系统所需的电流。而“地线”与电源线（相线）粗细要相同或大 1 号，这样能使电流在瞬间释放，从而不影响功放等设备的正常发挥。汽车音响线材的电阻越小，在线材上所消耗的功率就越少，则系统的效率越高。即使线材很粗，由于扬声器本身的原因也会损失一定的功率，而不会使整个系统的效率达到 100%。线材的电阻越小，阻尼系数越大；阻尼系数越大，扬声器的赘余振动越大。线材的横截面面积越大（越粗），电阻越小，该线的容限电流值越大，则允许输出的功率越大。

② 电源线的布线原则。电源线要尽量远离汽车发动机的高热部位，离开行车电脑和音频信号线 20cm 以上，与音频线、开机线交叉时应以 90°角相交，当用一根电源线分开给多个功放供电时，从分开点到各个功放的布线长度应尽量相同，但主机最好独立供电。线两端应焊好锡，并用电源端子打牢，确保连接各触点良好，这样可以杜绝或减少干扰噪

声。电源线最好都包上阻燃隔热棉，或套上阻燃波浪管或扩张网。主机和功放应分开接地，其他各项音响器材应集中于一点接地，并确认接触点良好，这样可避免器材之间形成电位差，而产生噪声。所选用电源线的电流容量值应等于或大于和功放相接的保险管的值。如果采用低于标准的线材作电源线，会产生交流噪声并且严重破坏音质。电源线可能会发热而燃烧。当用一根电源线分开给多个功放供电时，从分开点到各个功放布线的长度应该尽量相同。当电源线桥接时，各个功放之间将出现电位差，这个电位差将导致交流噪声，从而严重破坏音质。当主机直接从电源供电时，会减少噪声，提高音质。把蓄电池接头的脏污彻底清除，并将接头拧紧。如果电源接头很脏或没有拧紧，接头处就会接触不良而产生阻流电阻的存在，会导致交流噪声，从而严重破坏音质。可用砂纸和细锉清除接头处的污物，同时擦上黄油。当在汽车动力系统内布线时，应避免在发电动机和点火装置附近走线，发电动机噪声和点火噪声能够辐射入电源线。当将原厂安装的火花塞和火花塞线缆更换成高性能类型时，点火火花更强，这时将更易产生点火噪声。在车体内布电源线和布音频线所遵循的原则一致。

③ 电源保险的选择。主电源线的保险盒越靠近汽车蓄电池接头越好，保险值大小可按以下公式确定：

$$保险值=\frac{系统各功放的总额定功率之和\times 2}{汽车电源电压平均值}$$

（4）汽车音响信号线的特殊性　汽车音响信号线因传输的电子信号很微弱，且传输距离较长（5m 左右），电场磁场干扰严重，所以必须用特殊结构的信号线。

汽车音响信号线通常分为音频线和视频线。好的信号线应具有极低的传输损耗、良好的屏蔽性能、接触性良好，决定信号线音质的最主要的因素是导线材料、绝缘材料、结构方式、RCA 插头和焊接方法，此外还与使用技巧有关，如线的老化、连接方法、方向性等。

① 导体材料。既理想又经济的导体材料是无氧铜线，目前最常用的铜线纯度为 99.99%（即 4N），当然还有 6N、7N、8N，甚至有 9N 的结晶铜。用它制作的信号线，传输失真少、效率高、频响宽且均匀、动态强劲；镀锡铜因镀上了具有高阻抗、物理特性稳定的锡，保护铜不受氧化，减少肌肤效应，杜绝杂质，令高音频段长时间保持纯净；镀银铜因其表面镀有金属中电阻最小的银，消除了因杂质引发的高音尖削、低音肥肿等音色劣化现象，使音质纯真，浑然天成；纯银线使声音表现传递速度快，音质干净、亮丽。

② 绝缘材料。信号线的外皮常用透明或不透明抗氧化 PVC 柔软塑料，内层绝缘用 PE 料更好，这样可以防止焊接时塑料的热熔、热缩现象。用绝缘胶带或热缩管将音频信号线接头处缠紧以保证绝缘，当接头处和车体相接触时，会产生噪声。

③ 结构方式。不同结构的信号线有不同的音响效果，由于汽车音响所处的特殊环境，信号线应采用有独立二层屏蔽（一层编织网、一层锡纸）的双重同轴线或二芯环绕结构的线，该结构的线可将信号线的负极和接地线分开，不再公用，独立屏蔽，增强了抗干扰性。采用二层屏蔽双重同轴或二层屏蔽二芯环绕结构的信号线，其屏蔽线只有主机（输出端）一端与

负极一起接地或屏蔽线单独接地，这样就避免了与地线形成环状回路，影响信号的纯度。

好的信号线要用好的 RCA 头和优质的锡焊接，焊点要牢且美观，以免振动松脱。RCA 头要用纯铜或专用合金材料，且表面镀金或镀银防氧化，更好的信号线还有卡环式的（带自锁的）。从而可以保证与器材良好接触，减少信号的损失，所以汽车音响信号线因所处环境的特殊决定了它的特殊性。

（5）音频线的选购与布线　不同品牌的线材有其固有的频率特性，而决定这一特性的物理因素是线材的电阻、电感、电容。线材设计师就是巧妙地运用了这三个物理因素，制作出各种不同风格的线材。

① 音频信号线的布线。保持音频信号线尽可能短。音频信号线越长，越容易受到车内各种不同频率信号的干扰。注意，如果不能缩短音频信号线的长度，超长的部分要折叠起来，而不是卷起。

音频信号线的布线要离开行车电脑模块电路和功放的电源线至少 20cm。如果布线太近，音频信号线会拾取到频率干扰的噪声。最好将音频信号线和电源线分开布在驾驶座和副驾驶座两侧。注意，当靠近电源线、微型计算机电路布线时，音频信号线必须离开它们 20cm 以上。

② 接地的方法。用细砂纸将车体接地点处的油漆去除干净，将接地线固定紧。如果车体和接地端之间残留车漆就会使接地点产生接触电阻，接触电阻会导致交流噪声的产生，从而严重破坏音质。将音响系统中各项音响器材的接地集中于一点。如果不将它们集中一点接地，音响各组件之间存在的电位差会导致噪声的产生。注意，主机和功放应该分别接地。当系统消耗电流很大时，蓄电池接地端一定要牢固。提高电源接地性能的方法是在电源和接地间用粗直径的线材布线，如绞股线。这样做能够加强连接，有效地抑制噪声并提高声音质量。不要靠近行车电脑布线，主机接地点靠近行车电脑的接地点或固定点时，会产生行车电脑噪声。在汽车内所布的线材和音频线都要加上汽车专用护套套管。

用较粗的音频线较好，为了安装方便，汽车音响音频线通常选用 OD 为 8mm 或 6mm。汽车音响音频线最好选用单独屏蔽双重同轴或二芯环绕结构的线。购买时，首先试一下音频线的手感是否柔软，当物理参数、结构相同的，越柔软的越好，再剥开橡胶看一下屏蔽的编织网（或绕包层）是否够密，线芯是否够数（一般是 0.12mm 的 12 根以上）。通常采购无氧铜（OFC）制造的音频线就可以了，如特别喜欢高音，就要购买镀银铜或纯银线。发烧级音频线应该选用金属壳 RCA 端子，因为金属壳 RCA 端子抗干扰能力强；一般的音响可选用注塑头。

布音频线时最理想的办法是购买音频线和 RCA 端子，制音频线组。尽量远离大电流和大干扰的设备，当确实无法避开干扰源时，应将屏蔽层直接落地。与电源线应以直角相交，这样可以减少电磁场干扰，从而可以保证信号的原音传输。

6. 宝来轿车音响的改装

从音响角度来说，宝来轿车原厂音响配置相对较简单，主机采用了 GAMMA 机头，前后音响由两套 6in 分体扬声器构成，采用简单的电容分频，没有设计安装衰减电路，音色表现平常，特别是人声演绎干涩而无味，高音散而不聚，中音单薄生硬，低音浑浊，不能满足欣赏要求稍高的车主的需要。

（1）音响改装器材配置

① 宝来轿车经济型音响改装方案器材配置：主机选用健伍 KRC-565 收放机（带遥控）；多碟 CD 机；KDC-719 碟 CD 驱动器；扬声器前门为 YUKO 6065 6in 分体套装，后门为 KUKO 6366 6in3 路同轴。

这款配置并不能称之为一套比较系统的改装方案，只是针对与前期投入不大车主的升级方案。出于性价比的压力，原车配置的松下主机以及 VDO 的 6 碟片碟盒并没有到非换不可的地步。所以，此款推荐配置的音源部分维持原车配置不变。适合渴望改进宝来车原车音响系统效果，而又要求不是很高的车主。

② 宝来轿车音响升级改装器材配置如图 4-1 所示。使用 SONY WX-7700MDX 主机，此款主机为 2003 年款，2DIN 高度设计，其外形犹如汽车速度仪表的外观。该机显示屏的颜色可自由设置，还可个别调校三种色光（RGB）的亮度，组合成超过 700 种不同的颜色。配多碟 CD 机，为 SONY CDX-656X 10 碟 CD 驱动器。前门扬声器为美国 KICKER RS6 6.5in，最大功率为 200W，后门为 1600 6.5in，最大功率 125W。超低音箱为美国 Audiobahn AW1051 10in 最大功率 300W。功率放大器有：1 块美国 KICKER 1×1302，最大功率为 175×2W 的和 2 块 1×702，最大功率为 70×2W 的。

图 4-1　宝来轿车音响升级改装器材配置

（2）安装方法　主机可安装在原车位置，但由于原车是 1DIN，现在是 2DIN，所以要把原车主机下面的储物盒去掉，重新做支架固定。对于扬声器的安装，在不破坏车辆整体结构的情况下，更换扬声器便可使声场定位趋于合理。前门使用美国 KICKER RS6 套装，6.5in 扬声器需要安装在车门下方的原车扬声器的位置，但由于原车扬声器支架与扬声器为一体，所以换装的扬声器需要制作垫圈加以固定。高音扬声器安装位置不用变，只需将 2in 高音头安装在前门上部三角处即可，这样基本可以满足高音定位，分音器则可安装在门板内，该分音器可以根据自己的要求调节衰减高音增益。这里要强调一点，由于前方主声场是在前门，前门的隔音与吸音效果将直接影响效果，因此，要在门内用减振板使门板加强硬度，同时扬声器周围还要用吸音材料进行处理，以减少谐振。

对于后方扬声器，为增加中低音效果可将 KICKER 1600 6.5in 安装在后门上，但也需要加垫圈固定。超低音箱 Audiobahn 10in 用密度板制作安装在行李箱内，并加装 Audiobahn 原装设计的网罩。功率放大器用美国 KICK ER 1×702 带有低通滤波功能的功放推动低音炮，1×1302 推动前方的 RS6 扬声器，1×702 推动后方的 1600 扬声器，功率放大器按车主要求用密度板绝缘安装在行李箱内横隔铁板上。CDX-656X10 碟驱动器安装在行李箱上部横板上。

由于该系统功率比较大，音乐冲击瞬间电流不够强，所以加装了一个电容来补偿。接下来就是线路连接，注意电源线要从蓄电池直接到功率放大器，但要在蓄电池出线端加装防水保险以防失火。信号线要选用双层屏蔽防干扰的，在布线时还要注意电源线与信号线应分别从车辆的两侧安装，地线要选择车身主干线安装。

二、车载电脑主要部件的维护

1. 车载液晶显示器的维护

随着车载液晶电视的大量普及，如何维护的问题也成为用户关注的焦点。在擦拭车载液晶显示屏时，一定要使用专用的液晶清洁布或者柔软的纸巾来擦，或者用柔软的眼镜布来擦拭。在擦拭时，切不可太用力，动作一定要轻，否则很容易刮花屏幕。如果是一般的灰尘，用干燥的液晶专用清洁布或纸巾顺着同一方向轻轻擦拭液晶屏幕，液晶屏幕上积累的灰尘就可以初步清除。如果有顽固的污渍，可在清洁布或纸巾上喷 1～2 滴专用清洁剂，使清洁布略微潮湿，然后用清洁布擦拭屏幕上的顽固污渍。液晶屏上的污垢，切记不能用手擦拭，因为人的手指皮肤是带有油性的，用手去擦就会留下痕迹，手指甲也会刮花液晶屏。

2. 激光头和激光唱机的维护调整

激光头由中心往外移动在 Table-of-Contents 区域，通过发射激光来寻找光盘上的指定位置，感应电阻接受到反射出的信号输出成电子数据。激光头是光驱的心脏，也是最精密的部分。它主要负责数据的读取工作，因此，在清理光驱内部的时候要格外小心。激光头主要包括激光发生器（又称激光二极管）、半反光棱镜、物镜、透镜以及光电二极管这几部分。当激光头读取盘片上的数据时，从激光发生器发出的激光透过半反射棱镜，汇聚在物镜上，物镜将激光聚焦成为极其细小的光点并打到光盘上。此时，光盘上的反射物质就会将照射过来的光线反射回去，透过物镜，再照射到半反射棱镜上。此时，由于棱镜是半反射结构，不会让光束完全穿透它并回到激光发生器上，而是经过反射，穿过透镜，到达了光电二极管上面。由于光盘表面是以突起不平的点来记录数据，所以反射回来的光线就会射向不同的方向。人们将射向不同方向的信号定义为“0”或者“1”，发光二极管接受到的是那些以“0”,“1”排列的数据，并最终将它们解析成为我们所需要的数据。

在激光头读取数据的整个过程中，寻迹和聚焦直接影响到光驱的纠错能力以及稳定性。寻迹就是保持激光头能够始终正确地对准记录数据的轨道。当激光束正好与轨道重合时，寻迹误差信号就为0，否则寻迹信号就可能为正数或者负数，激光头会根据寻迹信号对姿态进行适当的调整。如果光驱的寻迹性能很差，在读盘的时候就会出现读取数据错误的现象，最典型的就是出现跳音现象。所谓聚焦就是指激光头能够精确地将光束打到盘片上并收到最强的信号。当激光束从盘片上反射回来时，会同时打到4个光电二极管上。它们将信号叠加并最终形成聚焦信号。只有当聚焦准确时，这个信号才为0，否则，它就会发出信号，矫正激光头的位置。聚焦和寻道是激光头工作时最重要的两项性能。目前，市面上少数高档光驱产品开始使用步进电动机技术，通过螺旋螺杆传动齿轮，使得1/3寻址时间从原来85ms降低到75ms以内，相对于同类48倍速光驱产品82ms的寻址时间而言，性能上得到明显改善。

(1) VCD激光头的维护 激光头是VCD的关键部件，也属易损部件，直接影响整机的工作状态及画面、声音的质量。VCD机激光头是利用激光束将碟片上的坑点信号转换为电信号的一种光电一体化组件。目前使用的激光头分飞利浦全息照相式激光头和索尼普通三光束激光头两大类。VCD机发生读碟困难或不读碟故障时，一般是由于激光头脏污、激光管老化、物镜发花、聚焦循迹线圈变形或开路等造成。其中易损部件的核心元件便是激光管。

CD和MDWalkman的激光头也是非常重要的一部分。如要清洗，可用配套的工具（也可用小棉棒轻轻擦去污渍）。为了保护激光头，也不要用磨损严重的CD盘。用盗版的CD盘也会损伤激光头，为了保护CD，不要在播放过程中开盖。

普通三光束激光头由两部分组成：第一部分为物镜，它与循迹、聚焦线圈安装在同一支架上；第二部分为激光发射、接收装置，其激光二极管、接收管、折射棱镜均安装在一个腔体内。若激光头脏污较轻，只需清洗物镜即可。若比较严重，应拆开激光头清洗。方法为取下整个激光头组件，旋出激光头支架底部螺钉，取出激光头。将激光头物镜面朝下，从装有进给电动机处取下进给传动齿轮，再用平口螺钉旋具撬开激光头滑杆一端的锁杆弹片，顶出滑杆，让激光头与机心完全分离。然后拧下固定物镜机构的三颗螺钉，取下物镜。拆下物镜支架后，在激光头的塑料架内部可看到一块呈45°角放置的折射棱镜，仔细清洗即可。

由于激光头物镜表面有一层紫色薄膜，其作用是改变折射系数，增加特定波长的激光透射率。若用酒精或清洁剂清洗，虽可清除激光头上的脏污，但会损伤这层增透膜，使激光透射率下降。比较规范的清洁方法是采用高纯丙酮溶剂和照相机专用镜头纸进行清洗，清洗后再用镜头纸吸一些纯净水挤干再擦拭，用冷风吹干即可。

激光头组件上通常都设置有功率微调电位器，若激光二极管轻度老化，可微调该电位器，以增大激光二极管发射功率，满足VCD机播放要求。但激光头故障不一定都是由于激光二极管老化造成的，因此，在调整微调电位器前应先检查激光二极管是否老化。调整功率电位器时，每次调整的范围不能过大，最好以每次30～50Ω的幅度增减，以免损坏激光二极管；预先用万用表测出调整前电阻值，以便调整无效恢复原状；调整时用示波器监测RF信号波形，其幅度达规定值即停止调整。

（2）激光唱机的维护 激光唱片机简称激光唱机、CD机，又称音频光盘机，它是“综合信号激光盘系统”中的一种。在平时使用的过程中，音响主机读卡带用的压带轮和CD播放机的磁头都是容易堆积灰尘的位置。CD播放机里的激光头价格比较高昂而且又较易损坏，在整个CD播放机里算是最为重要的部位，所以应该得到重点的保护。虽然现在有很多汽车音响主机在设计过程中就已经做过了防尘的处理，但我们在日常使用中的防护措施也是非常有必要的。可以经常用潮湿的棉签将卡带、带盒以及CD机的碟仓以及音响主机的面板上的灰尘擦拭干净，音响主机面板上的按键和旋钮也要顺手用棉签清理以下缝隙中的灰尘和污垢。

在激光唱机系统中，尽管设计有多种伺服与保护装置，如在抗灰尘、抗划伤方面有误码纠错电路及视频失落补偿电路；在抗振动方面有自动聚焦、自动轨迹跟踪电路来保证等，但这些保护有一定限度，超过一定范围就不适用了。尤其是灰尘太多和激光唱片严重断裂对激光拾音器的危害最大。为了延长激光拾音器的使用寿命，减少激光唱机的故障率，平时对激光唱机应注意做好养护工作。

① 激光唱机应注意在干燥、干净、通风良好的环境工作，注意防尘、防油烟。

② 激光唱机应平稳放置，防振动，防撞击。

③ 不要播放有严重划伤或断裂的激光唱片。

④ 播放前应先用软布擦去唱片上的灰尘，有油污、指纹的激光唱片可用稀释的洗洁精清洗，并用清水洗净，严禁用化学溶剂（如酒精、香蕉水等）清洗，激光唱机应放在专用架内，要防尘防弯曲。

⑤ 翘曲的激光唱片，可放在两光滑平板间，用厚书压平再使用。

CD机的养护只需注意防尘、防潮即可，不需清洗。对于车内CD机，因为其放音机制与盒带机完全不同，是数字化的设备，完全可以反复欣赏自己喜爱的一首单曲，而不会对机器造成任何损伤。但应避免使用市售的所谓“CD清洗盘”来清洁CD机的激光头。

CD机的激光头十分精密，表面镀有数层镀膜，定位精度也要求极高，对它若注意防尘可避免清洁。当CD盘放入机内时，其旋转速度为200～500r/min，线速度为1.4m/s，这样极易损坏激光头。所以，只需注意使用的盘片清洁，避免灰尘，不要使用那些刻录不良的盗版盘，就可以保证CD机的状态良好。

3. 影碟机的使用维护

影碟机也统称为视盘机，是由数字视频技术、数字声频激光唱盘技术与计算机技术相结合而产生的声像设备，集中了激光技术、数字技术、精密加工技术等，是光机电一体化的典型消费类产品。VCD（CD）盘片的片基由透明聚碳酸酯（PC）制成，上面镀有0.1μm的铝膜，表面是树脂保护层，不耐碰、磨、热潮，一定要注意有效的维护。使用、维护影碟机重要的是要对影碟机采用防尘保洁措施，使用中若不重视防尘或保洁问题，对影碟机的使用寿命有直接影响，具体使用维护措施如下。

① 车辆行驶在颠簸的路面和经过限速带时，尽量不做更换碟片的操作，强烈颠簸时碟片容易错位，易损坏碟机和碟片。使用变形碟片、异型碟片、过薄或过厚的碟片、打口碟片及粘贴有标签纸的碟片，都会造成卡盘故障。不要使用划伤严重的碟片，在播放时会听到有断音和敲碟“哒哒”声现象，可造成激光头过早老化、损坏。一定要严格按照使用说明操作，强行插入碟片会造成故障；如果是前置六碟机，必须按提示操作，如果是单碟机，放碟前必须确认机内无碟。另外，前置碟机放碟前最好处于开机状态。有些车的音响旁有摆放水杯的支架，请不要放无盖的水杯，避免颠簸和紧急制动时将水洒到汽车音响上，造成主机故障，甚至报废。如出现此情况，应立即关闭音响，及时检修。

② 退出光碟后把光碟放回包装盒。不要在光碟上留下指印、水渍和油渍等。不要把光碟暴露在热源中或阳光下，以免变形。车载碟机是电子产品，且体积小，内部结构复杂，发生故障一定要到指定的维修站或专业音响店修理，不要随意拆卸，以免人为原因造成故障范围扩大。

③ 由于机内有激光源，激光射线对人体（特别是眼睛）是有伤害的，在没有拔掉电源前切勿随意打开机壳。影碟机应放置平稳，且不要使其受到冲击和振动，否则可能发生停顿或不能正常播放，影响播放质量；影碟机旁边也不要放置带磁性的物体，如磁化杯、电风扇等，否则会使播放质量下降；影碟机使用时，应保持良好的散热、通风环境，使用完毕后最好用盖布盖好，防止灰尘对影碟机的工作带来影响。

④ 影碟机长时间不用时碟片应从托盘中取出，放入片盒中存好，这样既保护了影碟机也保护了碟片。当遇到停电等意外现象时，不能强行从托盘中取出碟片，否则将会损坏影碟机。

盘片应存放在干燥凉爽处，避光照、避热潮、避灰尘，最好放在专用碟盒里。不可在表面贴胶纸和写字。取出时不可用手指触及表面，只能夹住边缘，以免指纹、汗渍污染碟面。不能重叠相压、斜放，以免变形，若变形，可夹在两块干净玻璃之中，均匀压上几千克重物，两天即可平整。不可将盘片存放在机内，每次使用完毕，应立即从盘盒内取出盘片。如果机体很脏时，请用软布浸清水或肥皂水并拧干，然后擦拭。打算使用化学清洗剂时，请首先阅读有关说明。切勿使用酒精或天那水等清洁机壳。

使用较长时间后，本机激光透镜可能会变脏，从而引起放音时声音跳动。此时用照相机镜头刷轻轻地擦去灰尘，然后用吹风机吹一吹。或者用一干净的棉签蘸少许无水酒精擦拭激光透镜，再用干净的棉签将透镜擦干即可。如果 CD 碟数据面很脏，可用柔软的湿布擦拭干净，然后擦干。擦拭时应从中心往外直线运动，而不要旋转。唱片的取法、擦拭法如图 4-2 所示。

4. 汽车 GPS 导航仪的维护

（1）日常维护　如果导航仪电不足，要用到汽车的点烟器电源，要先起动汽车成功后，

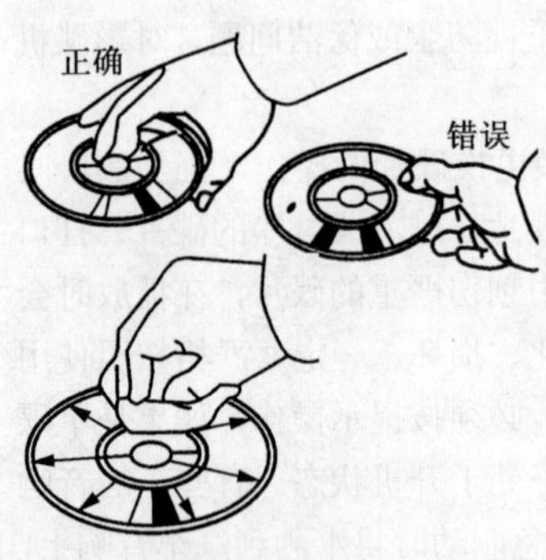

图 4-2 唱片的取法、擦拭法

再插入充电。因为汽车起动的时候，电压大，不稳定，会烧坏导航仪。汽车导航仪使用结束后要先关闭页面，再关机，最后拔下插头。

在购机后，导航仪在使用前三次最好充电 10h 左右，让电池保持满电工作，这样电池工作稳定，寿命长；也让电池蓄电能力最大限度地发挥出来。先发动汽车，后插点烟器电源。导航结束后拔掉点烟器，下次汽车发动后再插上，这样有利于保护机器电池，延长电池使用寿命。便携式导航仪不要长时间放在太阳底下曝晒，较大的温差不但影响导航仪的电池寿命，而且还会影响到液晶屏幕的触摸灵敏度。

（2）注意事项 行车途中要及时增补 GPS 导航仪的电源，方法参照日常维护。

千万不要让导航仪电源受潮，也不能将其放置在高温的地方，或者是让其曝晒，温差不但影响导航的电池寿命，而且还会影响到液晶屏幕的触摸灵敏度。使用结束后最好收起来。远离磁场，不要靠近磁场。汽车导航仪屏幕是比较脆弱的，所以不要让导航屏幕接触尖锐物体，更不要受到强烈的撞击。便携式车载导航仪的吸盘架最好不要拆来拆去，最好固定在一个位置。

5. 汽车电子防盗装置的匹配程序实例

防盗装置使用中确认有多少把钥匙能起动发动机，然后根据有效钥匙数，执行钥匙更换或增加匹配程序。

配钥匙或更换电子防盗装置（IMMO）组件（钥匙，或 PCM）时，用户应将所有的钥匙带给经销商，因为当钥匙被重新编入 PCM 时，以前已匹配的钥匙被擦除；PCM 不能从一辆车改装到另一辆车，如果 PCM 从一辆车更换到另一辆车，则不能起动发动机；在故障检修时，不能新更换 PCM 做试验。如果这样做，ID 和代码会被编入新的单元，并且即使以前的单元正常，PCM 也不能用于其他汽车；不能拆除电子防盗装置（IMMO）；重复编程后确认所有钥匙都能起动发动机，确认过程中，在插入下一把钥匙之前，要等待 5s 以上。

中华和奇瑞Ⅱ代轿车发动机装有异频雷达防盗器，在中华轿车上为标准配置，而在奇瑞Ⅱ代上为选装件。异频雷达防盗器是一个电子设备，它与发动机控制系统相接，可防止汽车不正常的使用。该系统有一个特性，即发动机防盗器的开关无需用户进行额外的操作。使用异频雷达收发机时，钥匙关闭时该功能开启，钥匙开启时该功能关闭。每次钥匙开启时，发动机 ECU 需要一个特定的认证代码，该认证代码根据点火开关电路内存储的代码进行处理。只有满足了该条件，才能起动发动机。异频雷达防盗器有 3 个部件组成，即防盗器 ECU、天线和异频雷达收发机。

防盗器 ECU 位于转向柱旁边，驾驶员护膝板后面，它的电子设备与异频雷达收发机串接在一起，同时还与发动机 ECU 相连，防盗器 ECU 位于一个黑塑盒内。天线固定在点火开关的一个专用槽中。它用外面包着塑料套的铜线圈构成，带一个接头，可与防盗器 ECU 串接在一起。发动机防盗系统是中华轿车的标准配置。配备防盗系统的整车有一把主钥匙（红色）和两把副钥匙（黑色）以及一张应急起动卡。

编程前，要保证有 30s 的预置时间，即在“OFF”状态保持至少 30s（如断开电源）。控制盒读取芯片代码时间要求小于 3s，还需要保证最低时间 1s。编程过程中，两把钥匙间歇时间不超过 15s，即从这把钥匙“OFF”到下把钥匙转到“ON”状态间隔时间不超过 15s。用户编程过程中要严格遵守时间要求，编程失败后不易被发现。成功编程后，防盗系统只对编程过程的钥匙有记忆。

如果发动机防盗系统本身发生故障，应当用应急起动卡上的电子码应急起动车辆。用户必须保存好应急卡并记住卡上的电子码。应急起动方法为钥匙从“LOCK”转到“ON”，等待约 8s，踏住加速踏板等待发动机故障指示灯熄灭（踏放加速踏板的次数与电子码第一位数相等），踏住加速踏板等待发动机故障指示灯亮（踏放加速踏板的次数与电子码第二位数相等），踏住加速踏板等待发动机指示灯亮，如此循环动作，等到第五次踏住加速踏板等待发动机故障指示灯亮时，放开等待闪烁停止，转到“START”起动发动机（注意踏加速踏板要有节奏，一下一下地踏，不要忙乱）。如过程出错，将钥匙转到“LOCK”后重新开始。

在用户丢失一把或两副钥匙时，为了避免拾到钥匙的人盗取车辆，应及时对防盗系统重新编程，将控制盒中记忆的已丢失钥匙的电子码擦除（实际是覆盖掉）。配钥匙时，应当用带有芯片的钥匙毛坯相同齿形的钥匙。用户必须提供主钥匙，否则无法进行编程。编程的过程实际是控制器和发动机 ECU 读取钥匙中的电子码的过程。中华轿车最多可以给两把副钥匙编程。编程时，将主钥匙（红色）插入点火开关，从 LOCK 位置转到 ON 位置，并在转到 ON 位置后的 3s 之内转回到 LOCK 位置；拔出主钥匙，在 15s 内将要配的副钥匙（黑色）插入点火开关并从 LOCK 位置转到 ON 位置，在 3s 之内再转到 LOCK 位置；拔出副钥匙，在 15s 内将主钥匙（红色）插入点火开关并从 LOCK 位置转到 ON 位置，在 3s 之内再转到 LOCK 位置；至此一把副钥匙编程结束。

三、车载电脑主要部件的检修

1. 车载电脑的性能测试

车载电脑是一整套系统，包括主机和触摸液晶显示器以及 GPS 接收器。主机基本上是采用目前兼容性和稳定性已经相当成熟的 PC 系统（包括 CPU、内存、硬盘、CD-ROM、Windows 操作系统、娱乐软件，以及导航软件），除了具备卫星自导航系统 GPS 外，还可以同时成为多媒体视讯娱乐和无线通信中心以及移动办公室，使“网络汽车”从概念化发展到了应用化。

车载电脑大都采用 PC 的设计理念，但其要求又远比 PC 更加严格。其抗振、摔力、散热、安全设计、机体尺寸都必须符合汽车厂商和用户的要求。为保证公司产品质量过关，测试中心从以下方面进行测试。

（1）基本功能测试 基本功能测试包括 BIOS 功能、硬件功能（如 GPS、Wi-Fi、蓝牙免提、蓝牙上网等），以保证产品基本功能的正常。

（2）接口测试 测试产品所有输出接口，更会重点测试音频输出接口和视频输出接口，用户能更好地体验 CarPC 所带来的影音娱乐快感。

（3）兼容性测试 兼容性测试包括硬件兼容性和软件兼容性测试。目的是为了让电脑的各个部件、CPU、显卡等组装到一起以后，会不会相互有影响，能否很好地工作；电脑的软件之间能否很好地工作，软件和硬件之间能否发挥很好的效率工作，会不会导致系统的崩溃。

（4）性能测试 车载电脑的性能测试如图 4-3，应保证产品性能达到规定的要求。

图 4-3 车载电脑的性能测试

① 进行稳定性测试以保证产品能在长期工作的情况下，不出现故障问题。

② 进行特殊环境测试以保证产品能在汽车中控台及各种恶劣的外界环境下正常运行。目前所做测试项目有高/低温负荷、高/低温存储、交变湿热、热循环等。

③ 进行跌落测试，测试产品抗摔力，规定从某一高度跌落到地，测试其牢固性能。

④ 进行振动测试以保证产品的抗振能力达到汽车电子产品要求。

2. 车载电脑的检修要点

目前，车载电脑采用的是 Micwsoft 的 Windows CE 2.0 操作系统。Windows CE 2.0 是一个开放的、标准的基础平台，受到世界各地的电子消费者和汽车制造商的广泛支持，它的一些应用特征在所有的构造和模型里面都是固有的。Windows CE 的外壳程序 SHELL，即主菜单，可以通过语音界面或者由触摸式按钮访问其他任何应用软件，包括先进的语音确认系统、语音综合体、方位系统、地址簿、无线服务设备、AM/FM立体调整器、CD放音机、数字式音响设备，以及用户自定义设置等相关应用软件。

（1） **防自感** 检测中应尽量使用高阻抗数字测试表，除特殊情况外，切忌用指针式欧姆表测试电脑及传感器测试，更不能用测试灯测试任何与电脑相连的电器装置，以免损坏电脑及传感器。检修车辆时，一旦接通点火开关，不论发动机是否在运转，切不可随意断开任一条导线，如蓄电池的任一导线，点火装置的任一导线，与电脑连接的任一导线和混合气控制电磁阀，怠速控制装置，电子喷油器，二次空气喷射电磁阀，电脑PROM芯片，鼓风机导线及连接器，空调器离合器的导线等。因为在断开导线的瞬间，线圈的自感作用会产生很高的瞬时电压，很容易使电脑及传感器受损。

（2） **防静电** 检修人员进出车厢时，人体会产生静电高压，使电脑数字仪表或电路损坏。因此，检修人员在对电脑的数字仪表进行维修作业时，或靠近这些仪表时，安装或取下PR0M芯片时都要带上接地金属带。方法是金属带的一端系在手腕上，另一端夹在车身上即可。

（3） **防磁场** 具有强磁场的物体不可靠近电脑，否则会损坏其元件或线路，如扬声器、收录机、暖风机等都应当尽可能安装在离电脑远一些的地方。

（4） **防高温** 检修中使用电弧焊时，应先切断电脑电源。当靠近电脑及传感器进行焊接作业时，应注意隔热，最好拆下电脑或传感器进行。使用电烙铁焊接时，不能用功率大于45W的电烙铁，并且每次接触时间不超过10s，以免过热使电脑元件损坏。

（5） **防潮湿** 电脑受潮，其电路及元件极易损坏。因此，在冲洗车辆时应特别小心，避免水进入电脑。若发现安装电脑处有漏水时，应尽快检修。

（6） **防振动** 剧烈的振动易损坏电子元件。所以，在安装、拆卸电脑时，不得硬撬强拆、碰撞电脑，机体连接必须可靠，不得松动。取下的电脑PROM芯片，也不可随处乱放，应妥善保管。

3. 汽车音响的检修程序

汽车音响使用日久或者使用不当会产生各种各样的故障。由于电路上的元件、器件老化、变质，致使电声系统不能正常工作；由于机械上零部件的磨损、变形、断裂，导致驱动机构不能正常运转，操作机构失灵而出现故障。检修时，应以故障现象为依据，通过测试手段逐步缩小故障范围，一步一步地检查，寻找故障点。首先了解故障情况，熟识机器性能，然后进行试机发现故障现象，分析原因。用划分的办法，看故障出在哪一部分，哪一部位和哪一位置，经过一定的测试手段最后找到故障所在，着手修理调整或更换零件。

（1）摸清故障状况 在维修故障机动手之前，不要忙于通电，先要了解情况，摸清故障产生的原因、时间及发展过程等。了解故障发生前后是否有冒烟、巨响、摔跌等；了解故障发生前后电压变化情况；了解故障发生后通电与否；了解机器的使用时间；了解机器是否修理过；了解机器的使用环境有无过热、潮湿、碰撞等情况。掌握上述第 手情况后，可减少误判、漏判、错判，可收到事半功倍的检修效率。

（2）熟悉电路结构 首先是熟悉其电路结构方框图的工作原理。只有了解和熟悉其工作原理后，检修起来方能做到胸中有数，分析、判断才有依据。其次是熟悉待修汽车音响的主要元器件的结构、作用和特性。否则，即使找到了故障点，还是难以判别元件的好坏，盲目地乱拆乱装还可能导致故障的扩大，即使无故障的元器件经过几次折腾之后也会发生新故障。

（3）直观检查 直观检查主要是察看待修机外表面上的伤痕，电源插头及导线是否良好，连接插座是否有松动现象，声源单元各设备的信号输出线与放大器的连接、放大器与扬声器的连接等是否良好；查看元件有无烧焦变色、脱皮、脱焊、断头、破裂；摸元件是否发热，嗅有无臭味，听扬声器反应如何；观察各活动部分是否转动畅快，动作是否灵活、利索。同时还应对待修机的牌号、型号、新旧程度及使用保养等情况进行观察了解。

（4）确定故障区域 根据上述几方面了解到的故障所表现出的特征及用户的陈述，并结合音响的结构原理及信号流程，再借助以往的维修经验加以综合系统分析与逻辑判断，以推断造成故障的各种可能原因，最后将故障点粗略地缩小到一定的电路范围，按照发生故障的可能性大小确定故障存在的大致区域。

（5）找出故障部件 通过以上步骤的检查以后，对汽车音响故障存在区域已经划分出来了。再具体对照故障单元的电路原理图和印制电路板图，分析其工作原理，并在印制电路板上找到相应部位，运用仪器仪表进行数据测试，分析所测得的数据，并与正常工作时的数据进行对比。

（6）故障件的修复与更换 故障件检寻出来后，再根据该元器件的结构和工作原理进行测试分析；然后针对不同故障程度，采用相应的修复或变通代换措施进行排除。对于有些机械类易损件可通过调校、整形及加工仿制等措施修复；对于声电或电声转换部件则可采取局部修复措施进行修复；对于电路类易损件一般属于元件变质或性能参数下降，有些可通过调整电路工作点恢复其功能；对于集成电路或厚膜块，若局部损坏，则可采用外贴元件的修复措施，若损坏程序严重，则可采用变通代换措施排除故障。

（7）还原调试 故障件修复或更换元件之后，应加以调试，使各电声技术指标恢复至原机要求。

4. 汽车音响的检修注意事项

为了在检修过程中既能高效、快捷地修复故障，又能有效地保证整机原有的电声技术指标，在汽车音响系统的具体检修过程中，要求维修者切实注意以下问题。

（1）先外后内，先机械后电气 在动手维修之前，首先要注意，如果能够不拆机盖就能排除故障，最好不要拆机盖。而对于一些按键、开关、插座等涉及到内部电路的故障元器件，只要拆盖即可修理，就不必再去将整个电路板一同卸下。因为拆卸的部分多了，原来无故障的地方，经过拆散后，容易断线、碰撞、受挤，甚至短路造成新的故障。其次要注意，如果同一套汽车音响中既有机械类故障，又有电气类故障，宜先排除机械类故障后，再来排除电气类的故障。实践表明，许多按键开关等接触不良，有些是由机械故障引起的，排除了机械类故障，某些电气类故障就自行排除了。

（2）先静态后动态，先通病后特殊　打开待修汽车音响机壳后，未通电检查之前应先粗略地检查一遍，看是否有明显故障点，如断线、元器件破裂、引线折断、熔丝熔断、电源线断股、按键卡住或不灵活、电源变压器有明显的烧焦痕迹等，这些均可以在通电之前予以检修。只有在通电之前确认无明显故障现象才能通电检查，否则一通电还会烧坏其他无故障的元器件。另外，在检修时，要注意先通病后特殊，通病指的是一些常见的故障，这类故障分析起来比较容易，检修起来比较简单；特殊故障指的是少见或不易查找的故障。有的特殊故障是由几个常见故障综合造成的，只有先将一般的、常见的故障排除了，才能处理特殊故障点，准确地找到故障发生部位。排除了几个一般性故障后，有些特殊故障也就迎刃而解了。

（3）注意检修的安全性　汽车音响的安全性要求包含检修人员的安全和待修机与检测仪器的安全。

① 修理场地一定要保持清洁，各种修理工具、仪器摆放有序。凡是从待修机上拆下的各种零件，包括大小不一、规格不同的螺钉都应归类，分开摆放，切莫顺手乱放。一些不能近磁的元器件（如磁头等）要特别注意摆放位置。在修复过程中，对于掉入机内的螺钉、螺母、导线头和焊锡等，一定要清除干净，以防人为的故障或留下隐患。

② 在修理工作正式开展之前就应该找到待修机的电路工作原理图和印制电路图。切不可在无图纸、不了解情况的情况下，将待修机上已经脱落的导线乱搭，这样做，极易引起新的、更大的故障。

③ 在检测交流电回路时，手不要接触万用表的表笔头，同时要注意选择万用表电压挡，在电路中，有 220V 的交流电，也有几伏到几十伏的交流电，有的是几伏到十几伏的直流电，在选择万用表量程时要十分小心，否则会烧坏万用表。

④ 如果机器曾经发生过冒烟、有焦味、打火的现象，此时要尽量避免通电检查，以免扩大故障范围。不过在必要时，可打开机壳，严密注视机内有关部件，如电源变压器、整流器、稳压电路等发热部分的情况，然后通电，密切注意上述部分元件的情况。

⑤ 在测量电子电路中的电阻值，拆卸、焊接电子元器件和导线时，应该首先切断电源，同时对一些大容量的电容器要首先将电容器中残存的电荷全部泄放后再操作检修，否则容易遭受电击。

⑥ 焊接场效应管和集成块时，要先把电烙铁的电源切断后再进行，以防烙铁漏电造成元器件损坏。通电检查功放电路部分时，不要让功率输出端开路或短路，以免损坏厚膜块或晶体管。

⑥ 在检修机械传动组件时，尽量不要把金属工具伸入带舱内，一日不慎碰伤了主导轴或磁头表面，将会造成严重后果。主导轴的变形、划伤、开裂将会造成抖晃失真，且不易修复；磁头碰伤了，会造成灵敏度降低，声音发闷，且会磨损磁带。另外，在用螺钉旋

具等工具接近磁头、主导轴时，经常会使磁头、主导轴带磁，使录放噪声增加。

（4）注意质量的可靠性 所谓可靠性是指修复和代换元器件、排除故障要彻底，不能敷衍了事，满足临时使用。

① 不要随意调节机内可调元件，必须进行调整时，要记住可调器件位置，以备将来还原，如谐振耦合回路的电感磁心，不要动不动就加以调整，若确系电感量的改变而非调不可时，应使用相应的仪器予以配合测试，切不可乱调。

② 更换大功率晶体管及厚膜块时，要装上散热片。若管子对底板不是绝缘的，不要忘记装上云母绝缘片。应急修复与变通代换的新元器件，要注意图纸上标有“!”符号的元器件参数，对其主要参数应尽量降额使用，充分留有余量。在修复的过程中，一般不要改动原机电路，否则，会给以后的维修工作带来不便，同时其工作性能也难以保证，万一要改动时，必须事先计划好，论证改动后的电路性能不致下降太多，否则这样做毫无意义。对于一些没有替换件的集成块及厚膜块等，需要采用外贴元件修复或用分立元件来模拟替代时，也要反复试验，确认其工作正常，确保其可靠后才能替换或改动。若是采用临时性措施修复故障时，要做好显著记号，并告诉用户，待条件成熟后要及时复原。

③ 在拆卸仪表台的汽车音响时，应胆大心细，切忌撬坏或刮花仪表台的附件。当汽车音响有关的外接线路异常时，将造成汽车有故障的假象，无疑将增加检修汽车音响的难度，这就需要我们勤学习和观察，并处处留心各种汽车音响的电源/扬声器插头的功能，对于不熟悉的机型或车型（尤其是原装汽车音响）的外接连接线定向、用途及拆卸方法，应做好相关的记录，以备用时之需。当确认汽车音响的故障与外接连接线路无关之后，才能取下汽车音响在工作台上进行检修。

维修汽车音响需要一台输出电压－12～＋12V，输出电流 5A 以上的电源，可用电脑主机的旧电源盒（旧电源盒必须保证完全正常）作维修用电源。汽车音响的拆卸工具，一般的家电维修工具基本上已胜任，有些专用工具，可视需要逐步添加，有条件的还可备一台示波器和专用 IC 拆卸台。

5. 汽车音响常见电路故障及原因

（1）音响电路故障的种类 汽车音响系统与其他总成、部件一样处在复杂多变的条件下工作，加之设计制造方面的原因，在经过一定的行驶里程之后，必然会出现这样或那样的毛病，即电路故障导致其局部或整体丧失工作能力。

线路常见故障包括断路、短路、漏电以及接线松脱、潮湿和腐蚀等导致的接触不良或绝缘不良等。电源到负载的电路中某一点中断时，电流不通，导致灯光不亮、电动机停转。这种故障被称为断路。断路一般由导线折断、导线连接端松脱或接触不良等原因所造成。电源正、负极的两根导线直接接通，使电器部件不能工作，导线发热或线路中的熔断器烧断。造成短路的原因有导线绝缘破坏，并相互接触造成短路，开关、接线盒、灯座等外接线螺钉松脱，造成线头相碰；接线时不慎，使两线头相碰；导线头碰触金属部分等。漏电现象使耗电量增大，电线发热。漏电原因是电气设备绝缘不良、导线破坏、绝缘老化、破裂、受潮等。

① 机械性故障。常因装配不当和磨损引起松脱，冲击卡住而致使电路断路、搭铁等，如开关不能定位；弹簧失效会引起触点接触不良；轴类弯曲会引起跳动量过大。

② 电气故障。电路上产生短路或断路、接触不良或漏电，如过载引起二极管短路；过电压引起开关管击穿断路，触点烧蚀而不导电；电容器击穿而不能储存电荷等。

③ 机电综合故障。电路中的电器元件是依托在机械结构上的，由于机械磨损、松旷或弹簧弹力不足而导致电路接触不良。

（2）音响电路故障产生的原因

① 环境因素。汽车在不同地区、气候、地形条件下使用，常会发生各种不同故障，如低温下润滑油黏度增加，起动阻力加大，会引起机件早期损坏；汽车音响电器会因高温而出现塑料件和绝缘材料老化；酸雨会使汽车零部件腐蚀。

② 人为因素。违章操作，不按要求维护、清洁和调整而造成机件磨损。

③ 设计制造。机件设计不合理，制造低劣、装配不良都会导致音响电路元件的故障。

6. 汽车音响常见故障排除方法

（1）开机之后扩大机电源没有激活 检查主机激活电源线是否连接至扩大机及前级；主熔丝是否装上；使用三用电表测量扩大机端的激活线，是否有电，电压是不是太低，如果太低，需要加装一个继电器。

（2）电源已经全部激活 检查主机的FADER是不是在正确的位置；前级信号连接是否正确；拔开主机端的RCA信号线，用手去摸RCA信号头听听看有没有声音，如果有，则问题出在主机；如果没有，即为后段有问题。

（3）使用三用电表测量信号线正负之间有没有短路 检查信号线有没有断路（两端之间）；检查前级及扩大机的功能设定是否正确。

（4）一边无声 检查主机左右平衡钮是不是在中间位置；检查主机输出线连接是否正确；确认信号线是不是不良品。

（5）某一声道无声 确认扬声器线是否连接，可在扩大机的输出端使用电表去测量扬声器有没有声音；扩大机的信号线有没有输入；RCA 端子有没有折损，或没有插入 RCA 母座；将扩大机扬声器线左右对调，以确认扬声器没有问题；将扩大机输入信号左右对调，以确认输入信号没有问题；检查扬声器线及扬声器分音器的接线。

（6）左右声道音量不一样 检查主机平衡钮是否在中间位置；检查前级输入或输出左右 LEVEL 控制钮位置是否一样；检查扩大机输入灵敏度左右声道设定是不是一样；将主机信号线左右对调，扬声器位置较小的那一边会不会变大，如果变大，表示主机的问题，反之则是后段的问题；扬声器分音器的接线是否正常。

（7）某一声道高音无声 检查分音器的配线是否接通；用电表从分音器端去测量高音有没有声音；分音器错将扬声器线输入端接至低音输出端。

（8）超低音音量小，有打底的声音 检查超低音扬声器接线；检查两支扬声器相位相反或双音圈相位相反。

（9）高音非常刺耳 检查扬声器分音器接线；错将扬声器分音器的低音输出接至高音扬声器。

（10）噪声非常大 检查RCA信号端子的负端是否接通；主机端的RCA信号输出端，负端已断路，可以用电表测量，负端与主机、机壳有没有连通。

（11）声音时有时无 没有声音的时候，检视所有器材电源是不是都已激活；如都激活，检查所有信号线连接端，扩大机—前级—主机；如果没有激活，检查所有的电源接线及接地。

（12）音量忽大忽小 检查电源地线与车壳的接点是否松动；检查前级及后级的输入或输出RCA座是否正常；检查灵敏度旋钮是否正常。

（13）超低音扩大机很容易保护 测量超低音扬声器阻抗，是不是过低；是否在扩大机的承受范围之内；扬声器线正负之间是否有铜丝短路；扬声器线是否破裂碰上车壳；是否散热不良。

（14）扩大机很容易保护 测量超低音扬声器阻抗，是不是过低，是否在扩大机的承受范围之内；扬声器线正负之间是否有铜丝短路；扬声器线是否破裂碰上车壳；是否散热不良。

（15）扩大机异常高温，但没有激活保护 检查地线回路；信号线接地回路；高频振荡引起。

（16）低频振荡，产生“啵啵啵”的声音 检查地线回路；总电源接地松动，或接地点不好。

7. 汽车音响按键接触不良或簧片疲劳触点短路引起故障的检修方法

汽车音响有时在进行面板操作时不起作用，甚至死机，而所发生的故障大多是由某些按键接触不良或簧片疲劳触点短路而引起的。常见的按键结构型式有金属弹簧片式和导电橡胶式两种。

（1）金属弹簧片故障的修复 金属弹簧片类按键故障往往是因金属氧化锈蚀、变形、断裂，或表面沾满灰尘引起的。锈蚀、沾灰时，可先将锈蚀部分用刀片轻轻刮去，再用无水酒精清洗擦拭干净即可，如严重锈蚀最好更换；按动按键如果没有弹性说明按键簧片疲劳，可拆开按键弹簧片，如发现其变形可用镊子将其整形，恢复原状，若已失去良好的弹性，最好更换；弹簧片断裂时，也只有更换。金属弹簧片也可以自制，选一块厚度相当、弹性良好的黄铜薄片，最好是磷铜片，剪成与原来相同的形状，安装或焊上即可。

（2）导电橡胶故障的修复 此类故障常常是因橡胶按键上的导电涂层电电阻值变大或磨损所致。导电涂层电阻值的增大，一般是由表面沾染灰尘或导电涂层变质引起的。如果只是灰尘，可用纯净水清洗，如果有油污可用无水酒精清洗。若不能恢复，再用刀片将涂层轻轻刮去薄薄的一层，然后用铅笔，最好是2B的，在触点表面涂抹以增加导电性，仍不能恢复时，只能更换。导电涂层严重磨损，也只有更换。修复导电橡胶的方法是找块香烟盒中的锡纸，一定要是可以导电的。选好后可剪成与原来相同的形状，再在锡纸的纸质面上及原导电橡胶处涂上一层万能胶，把锡纸贴在导电橡胶上，注意锡纸面一定要朝向线路板，压实后即可使用。音响橡胶按键如图 4-4 所示。

图 4-4　音响橡胶按键

（3）印制电路板上导电涂层的故障　印制电路板上的导电涂层磨损时，用上述几种办法一般不能很好地修复。即使剪块与线路上触点相同形状的金属片，由于线路板上的导电线条较细，剪成的金属片易变形，且不能很好地固定，虽暂时能用，过不了多久故障又会出现。这里介绍一种比较好的办法，能将其迅速修复。具体步骤是将一节废旧的 1 号干电池砸开，取出碳棒，把碳棒刮干净，用细钢锉在碳棒上锉取一定量的碳粉，越细越好，一般一个触点仅需一粒蚕豆大小的量即可。再将碳粉与适量木工用的白乳胶（或万能胶，但不如用白乳胶操作方便）混合、搅匀呈浆糊状，用小号钟表起子（或牙签）边蘸取边涂到线路板的导电线条上。注意动作要快，防止先涂的已干硬，不能与后面的很好粘接。

另外，涂时要细心，尽量不要与邻近的线路相连。待碳粉糊稍干不粘手时，用手压平，起子整形。如不慎使两条线路短路，可待碳粉糊干透后用刀片将相连处轻轻刮去即可。此办法简单易行，比用导电墨水（甲苯、银粉等化学原料配制）取材容易，操作简单，且使用效果良好。

8. 汽车音响外观观察检测法

所谓外观观察检测法就是不用仪表、仪器，而依靠视觉检寻故障的方法。这种方法是汽车音响检查中最常用的方法之一，是故障检测的基础。该方法尤其适合于检修汽车音响中的机械类故障，同时常常与其他检测方法相配合使用，并贯穿于修理的全过程。

外观观察检测包括电器部件及导线是否固定牢靠，零部件是否完好无损，搭铁点是否紧固完好；各插接件是否插紧；各接触点有无油污、锈蚀或烧损；导线表面有无油污与灰尘，导线绝缘层有无损伤、老化，导线的屏蔽有无断裂或擦伤；熔断器、继电器是否齐备，安装是否牢固，额定值是否符合电路要求；各开关、按钮工作是否正常，有无滞卡失灵现象等。

外观观察检测是一个简单易行的方法，打开机器后盖用人体感观直接观察机内元件有无缺损、断线、脱焊、变色、变形及烧坏等情况，再通电观察有无打火、异味、异常声音等现象。

汽车音响电路发生故障时，有时会出现冒烟、火花、异响、焦臭、发热等异常现象。观察法也就是直观检查诊断法，它不用借助仪器和仪表，仅凭感觉器官如眼（看）、耳（听）、鼻（闻）、手（拨和摸）以及应用必要的工具（如放大镜），对汽车音响（机内元件或机外附件）进行外表检查，从而发现损坏元件。从汽车音响电器及其电路出现故障后的外部现象和形式，通过对导线和电器元件可能产生的高温、冒烟，甚至出现电火花、焦糊气味等，靠观察和嗅觉（闻气味）等进行分析，以找出故障的部位。一些异常现象可通过人的眼、耳、鼻、身感觉到，从而可以直接判断出故障所在部位和原因。通过用手触摸电器元件表面，根据其温度的高低，通过人体的直观感受查出故障部位。电器元件正常工作时，应有合适的工作温度，若温度过高、过低，则意味着有故障。这种检查方法十分简捷，对检测汽车音响故障也十分有效，有时根据直观检查发现的“蛛丝马迹”，再通过必要的检测，就可很快地查出故障原因。

直观检查诊断法的综合性较强，它要同修理人员的经验、技巧结合起来，因此，要熟练掌握，必须大量地实践，通过实践逐步积累经验，才能运用自如。在具体检修过程中，运用观察法主要是直接观察汽车音响在静态时的状况。直观检查诊断法分静态观察和动态观察。

（1）静态观察 在整机未通电的情况下，对电路部分和机械部分进行“静态”观察，查看待修机的外表及机壳的情况。

① 外围设备、附件检查，主要检查音响的外接扬声器、熔丝管座、天线等是否完好；电源线、扬声器线是否短路或内部断路；天线插座、插头、功能开关、电位器接触是否良好等。

② 机械部分的外部检查，主要检查机心各功能按键是否失灵；磁带是否正常；盒仓配合是否准确，能否使磁带准确推到位；卷带轴扭力是否正常；磁头是否松动。

③ 面板检查。通过改变面板上的各功能转换开关、电位器等的位置，改变整机的工作状态，从而判断故障发生在整机的哪一部分，尽可能在机外就把故障范围压缩到最小。

④ 电路部分检查。检查各功能开关所在位置是否正确；各部分的连接线或接插件是否脱落，电路板是否断裂；元器件是否损坏，如保险管烧断，电容爆裂，电阻烧焦变色，中周磁心丢失或破裂等；连接线、元器件引脚或焊点是否相碰短路；轻摇有关的元器件，是否感觉有虚焊、松动或断脚之处。

⑤ 机械部分检查。检查传动带是否明显老化伸长、脱落或污染；压带轮、磁头是否污染、磨损或变形；压带轮与主导轴是否平行；压带轮与支架间是否夹有异物；各传动轮是否磨损、断齿或错位，其他部件有无明显变形，配合位置、间隙是否异常；各种弹簧是否脱落或变形。发现问题时，能处理的应先行处理。

通过观察电源线的插头接触情况，机壳有无变形的破裂，开关、旋钮及按键等是否良好，录放、抹音磁头、拾音器等有无痕迹脏物及磨损情况，磁头的引脚是否开路，以及主导轴和压带轮是否平行，机心中弹簧有无脱落，机件有无错位，传动带是否老化断裂，飞轮上是否有油，主导轴的表面是否有划痕、主导轴是否弯曲变形。同时，观察传动机构在快进、倒带、录放状态时的情况，电唱盘在播放时的情况等是否正常。对于电子电路，则可先检查是否被他人修理焊接过，并察看这些部分的元件型号对不对，元件的焊接牢固否，有无虚焊与漏焊的情况，再看印制电路板表面，有无油污、短路与开路之处；信号输出、输入插孔各簧片是否氧化接触不良；开关、电位器及可调电阻是否磨损而接触不良；空气可变电容器是否碰片或脏污；各种元器件的焊点有无相碰、烧痕、断脚及异味等。

（2）动态观察 经过上述静态察看之后，若无明显异常，则可短时间通电试机。在接通电源和信号源的情况下，对电路部分和机械部分进行“动态”直观检查。

① 电路部分。机内有无冒烟和异味；刻度盘指示是否异常；触摸稳压管或功放集成电路等功耗大的元器件，温升是否正常；轻摇有关的连接线、开关按钮、接插件或有关元器件，看故障现象是否减轻或消失；音量、音调、平衡电位器控制是否有“死点”，是否有大的旋转噪声。

② 机械部分。操作各个按键、各部件能否准确到位，磁带运行是否正常；系统运转是否平稳或发出异常机械噪声；手指轻轻对飞轮施加一点摩擦力时，传动带是否打滑；电动机是否过热。显然，直观检查的涉及面很广，在具体实施时，应根据故障现象而有所侧重，不一定要面面俱到。

通电时手不要离电源插头，一旦发现电路有打火、冒烟、异常气味等要立即拔下电源插头，停止供电。若无明显打火、冒烟与异常气味，则可用手接触一个大功率晶体管、集成块（尤其是厚膜块）、大功率电阻及电源变压器线包是否有升温与烫手等，若温度很高，也应立即停止通电。

若通电后整机无上述异常现象，则可进行动态观察。首先察看电源部分的滤波电容、整流二极管、稳压器与滤波电阻等元件。若色形有异，多为故障之所在。例如，金属膜电阻一般为红色，在大电流高温的情况下，会变为黑色，在同样情况下，黑色的线绕电阻则会变为白色，均属烧毁之征兆。如保险管由管壳透明变为黄色，则为短路过流，黄铜变绿则为受潮；电源变压器线包起泡，有烧焦痕迹则为短路；电解电容开裂或橡胶从封口冒出，说明击穿。对于机械传动部件如录音机心及电唱盘等，则可查看磁带或唱片的运转情况，运转的速度是快还是慢，走带是否平稳，通过这些现象可以初步判定是不是机械部分的故障。

经过认真的分析、判断和机外检查，一些故障部位还得打开机壳检查才能最后落实。检查落实的过程就是手脑并用，不断排除疑点、确定新步骤，直至找到真正故障点的过程。它是检修中最灵活也是最困难的一步。然而只要掌握了所修汽车音响的工作原理，灵活地运用下面的检查方法，按科学、合理的程序耐心检查，再难的问题也可迎刃而解。

9. 汽车音响防盗系统的解码及设定方法

进口高级轿车为了防止音响被盗，设置了音响防盗码——音响电源（包括蓄电池或

BACK-UP 熔丝）一旦断开，只有在输入随车所附的音响防盗码后，才能接通音响恢复使用。该类汽车，在其音响的液晶板上有 ANTITHEET（防盗）的字样。液晶板下方附近还有一个红色指示灯不停地闪烁，警示该音响有防盗码。音响防盗码一般由四位或五位数字组成，正确输入完数字后，会听到"嘣"声响，就可以使用音响了。一般汽车音响允许三次试输密码，若三次输入皆错，则音响不发生"嘣"响。此时只有消除音响记忆后才能继续接受输码。准确快速消除音响记忆的方法是拆下连联接蓄电池的两条接线，并互相接触 5s（某些型号的音响有电容保持记忆 10min 以上，只拆电源是不可靠的）即可。

防盗系统是否设定可采用以下方法加以判别：关闭音响和点火开关，检查操作面板 CODE 键上有无一红灯在闪烁，当有红灯闪烁，每次打开点火开关并打开音响时，屏幕上会显示 CODE 字样，说明音响的防盗功能已设定。否则必须先对音响进行加密。

设定步骤为：打开点火开关；关闭音响开关。在按下 AS 键的同时打开音响，屏幕上显示 CODE 字样，3s 后显示"----"，即可输入 4 位数密码。用数码键 1 输入音响密码的第 1 位数字，按第 1 下时显示 0，以后每按 1 下数码加 1，或直接按下按键等待数字自动变到需要值。利用 2、3、4 键分别输入密码的第 2、3、4 位数字。按下 AS 键，直到屏幕上显示出确认信息，此时音响恢复到正常状态。例如：音响密码 3110 的输入数码键屏幕显示，按 1 键 4 次 3---；按 2 键 2 次 31--；按 3 键 2 次 311-；按 4 键 1 次 3110。

本田（HONDA，包括雅阁 Accord、思域 Civic、朗程 Odyssey 和序曲 Prelude）音响防盗码一般为五位数字组成。正确输入完五位数字后，会听到"嘣—"声响，就可以使用音响了。有时会碰到车主反映音响"不接受密码"。大多数情况下音响是正常的。问题多出在输入了错误的密码，或不知道输码的正确方法。

本田音响只允许三次试输密码。若输码正确，则在输入第五位（最后一位）数后会"嘣"一声响。若三次输入皆错，则音响不发生"嘣"响。此时，只有清除音响记忆后，才能继续接受输码。准确快速清除音响记忆的方法是拆下其连接蓄电池的两条接线，并互相接触 5s（某些型号的音响有电容保持记忆 10min 以上，因此只拆电源是不可靠的）。清除记忆后，可再输入密码。当输错某一位时，得继续输完五位数字。只能争取在下一轮输入正确的密码。如果按上述方法输入，音响仍不接受随车所附的密码时，可连同该车的销售号、车辆标识号、音响证号和系列号向特约维修商或代理处查询。系统只允许输入 10 次错误密码，10 次错误输入之后，音响将完全锁死，此时只能更换新件。因此，当音响密码遗失时，应尽快与经销商联系，平时不要将附有音响密码的手册留在车内。

第五章　汽车车载电脑的检修

一、车载电脑常见故障的诊断

1. 汽车车载网络系统的故障与诊断

(1) 汽车车载网络系统故障类型　一般来说，按引起汽车车载网络信息传输系统故障的原因不同可分为三类，即车载网络电源系统故障、车载网络信息传输系统的链路或通信线路故障、车载网络信息传输系统的节点电控模块故障。

① 车载网络电源系统故障。汽车车载网络信息传输系统的核心部分是含有通信IC芯片的电控模块ECM，电控模块的正常工作电压为10.1～15.0V。如果汽车电源系统提供的工作电压低于该范围，就会造成一些对工作电压要求高的电控模块出现短暂的停工，从而使整个汽车多路信息传输系统出现短暂无法通信的现象。这类故障产生的原因主要是蓄电池、发电动机、供电线路、熔断丝等元器件有故障。

②车载网络链路故障。当汽车车载网络信息传输系统的链路或通信线路出现故障时，如通信线路的短路、断路，以及线路物理性质引起的通信信号衰弱或失真，都会引起多个电控单元无法工作或电控系统错误，使多路信息传输系统无法工作。

③车载网络节点故障。节点是汽车车载网络信息传输系统中的电控模块，因此节点故障就是电控模块的故障。它包括软件故障和硬件故障两类。软件故障，即传输协议和软件程序有缺陷或冲突，从而使汽车多路信息传输系统通信出现混乱或无法工作，这种故障一般成批出现，且无法维修。硬件故障，一般由于通信芯片或集成电路故障，造成汽车多路信息传输系统无法正常工作。对于采用低版本信息传输协议，即点到点信息传输协议的汽车多路信息系统，如果有节点故障，将出现整个汽车多路信息传输系统无法工作的现象。这类故障产生的原因主要是各类控制单元、传感器等元器件有故障。

(2) 汽车车载网络系统故障诊断事项及基本步骤　装有车载网络系统的汽车出现故障时，应该首先检测多路信息传输系统的工作状况。由于许多控制信息是通过多路信息传输系统进行传输的，如果多路信息传输系统有故障，则这些信息将无法传输，导致网络终端节点无法正常工作，给故障诊断带来困难。

① 车载网络系统故障诊断注意事项。使用测试器时，其开放端口电压应为7V或更低。不要在测量端口施加7V或更高的电压；在检查电路之前确保关闭点火开关，断开蓄电池负极电缆。禁止在点火开关接通时断开或重新连接动力系统接口模块线束连接器；在利用电焊设备进行焊接时，必须从动力系统接口模块上断开线束连接器；不要触摸动力系统接口模块线束连接器端子或动力系统接口模块电路板上的锡焊元件，以防静电放电造成损

坏；为避免损坏线束连接器端子，在对动力系统接口模块线束连接器进行测试时，必须使用合适的线束测试引线；动力系统接口模块对电磁干扰 EMI 极其敏感。在执行维修程序时，要确保动力系统接口模块线束布设正确，且牢固装在安装夹上；由于动力系统接口模块电路具有一定的敏感性，因此，制定了专门的线路修理程序，要严格执行；确保所有线束连接器正确固定；发动机运行时，不得从车辆电气系统上断开蓄电池；在充电前务必从车辆电气系统上断开蓄电池；切勿使用快速充电器起动车辆；确保蓄电池电缆端子坚固；在安装新的动力系统接口模块前，确保要安装的类型正确，务必参见最新的备件信息；当接头需要更换时，只能更换认可的电气接头，以保证正确地配合并防止线路中电阻过大。在更换新的控制单元后，必须对新的控制单元进行重新编码，控制单元的编码工作可以用厂家专用的诊断仪按菜单提示进行操作。

② 车载网络系统故障诊断基本步骤。针对车载网络系统常见的三种故障类型，基本的诊断步骤：一是了解该车型的汽车多路传输系统特点，包括传输介质、几种子网系统及汽车多路信息传输系统的结构形式等；二是汽车多路信息传输系统的功能，包括有无唤醒功能和休眠功能等；三是检查汽车电源系统是否存在故障，如交流发电动机的输出波形是否正常，若不正常将导致信号干扰故障等；四是检查汽车多路信息传输系统的链路是否存在故障，可采用替换法或跨线法进行检测；五是如果是节点故障，只能采用替换法进行检测；六是利用车载网络故障自诊断功能。

（3）汽车车载网络系统故障诊断检测方法

① 车载网络电源系统故障检测。汽车网络系统正常的工作电压应该保证 10.5～15.0V。如果汽车电源系统提供的电压低于该范围，就会造成某些电控设备不能正常工作，从而使整个通信网络中断对于电源故障，需要检查蓄电池电压、发电动机工作情况、熔丝、接插件的连接状况、搭铁处的连接状况等。

② 车载网络节点故障检测。在检查车载网络传输系统前，首先要检查网络中各节点的工作状况，判断是否存在功能性故障，功能性故障会影响网络中局部系统的工作。若存在功能性故障，应首先排除。对于诊断传感器是否有功能性故障，可以通过检测传感器的电压值、电电阻值等参数来诊断。

③ 车载网络链路故障检测。当车载网络系统的链路或通信线路出现故障时，如通信线路的短路、断路以及线路物理性质引起的通信信号衰减或失真，都会引起多个控制单元无法工作或控制系统错误动作。判断是否为链路故障时，一般采用示波器或汽车专用光纤诊断来观察通信数据信号是否与标准通信数据信号相符。

2. 车载网络总线传输系统故障自诊断

当某一传感器或电路产生了故障后，其信号就不能再作为汽车的控制参数，为了维护汽车的运行，故障自诊断模块便从其程序存储器中调出预先设定的经验值，作为该电路的应急输入参数，保证汽车可以继续工作。当电子控制系统自身产生故障时，故障自诊断模块便触发备用控制回路对汽车进行应急的简单控制，使汽车可以开到修理厂进行维修，这种应急功能称为“安全回家功能”。当某一执行元件出现可能导致其他元件损坏或严重后果的故障时，为了安全起见，故障自诊断模块采取一定的安全措施，自动停止某些功能的执行，这种功能称为故障保险。总线自诊断系统能识别的故障有一条或两条数据线断路；两数据线同时断路；数据线对地短路或对正极短路；一个或多个电子控制单元 ECU 有故障。

（1）自诊断系统的功能　输入微处理器的电压信号在正常状态下有一定的范围，如果此范围以外的信号被输入，ECU 就会诊断出该信号系统处于异常状态下。

（2）故障分类　当 CPU 工作正常时，通过诊断程序检测输入信号的异常情况，再根据检测结果分为轻度故障、引起功能下降的故障以及重大故障等，并且将故障按重要性分类，预先编辑在程序中。当 CPU 本身发生故障时，则通过 WDT 进行故障分类。

（3）故障报警　一般通过设置在仪表板上报警灯的闪亮来向车主报警。在装有显示器的汽车上，也有直接用文字来显示报警内容的。

（4）故障存储　当检测故障时，在存储器中存储故障部位的代码，一般情况下，即使点火开关处于断开位置，CPU 和存储部分的电源也保持接通状态而不使存储的内容丢失。只有在断开蓄电池电源或拔掉熔断丝时，由于切断了 CPU 的电源，存储器内的故障码才会被消除。

（5）故障处理　在汽车运行过程中如果发生故障，为了不妨碍正常行驶，由 CPU 进行调控，利用预编程序中的代用值标准值进行计算以保持基本的行驶性能，待停车后再由车主或维修人员进行相应的检修。

（6）故障自诊断模块　从基本工作原理分析来看，故障自诊断模块应该包括监测输入、逻辑运算及控制、程序及数据存储器、备用控制回路、信息和数据驱动输出等模块。

3. 专用诊断仪在车载网络系统故障诊断中的应用

车载网络系统故障诊断仪可以方便地检测汽车电路物理特性，方便地读取或清除故障码，它可以与 ECU 中的 CPU 直接进行数据交换，显示静态或动态 ECU 的工作状况和各种传感器输出的瞬时数据它能在静态或动态的情况下，向电控系统各执行器发出检修作业需要的动作指令，以便检查执行器的工作状况。

（1）汽车万用表的应用　汽车万用表是检测电子电路时最常用的仪表之一，它具有携带及使用方便、可测参数多等显著特点。在检测汽车网络系统时通常使用汽车万用表。通过汽车万用表，可判别故障的具体部位和检测元件的状态。

（2）诊断仪的应用　在多路传输系统的诊断中，专用诊断设备必不可少，要求具有多路传输系统车辆：能够自动识别汽车 ECU 的型号和版本；能够完全访问汽车控制单元上开放的存储资源；能够不失真地按照原厂要求显示从汽车控制单元上获取的数据。能够读取故障码清除故障码动态数据分析，执行元件测试对特定的车系/车型支持专业功能，如提供系统基本调整、自适应匹配含防盗控制单元及钥匙匹配、编码、单独通道数据、登录系统等。

（3）汽车示波器在电控系统故障诊断中的应用 现代汽车已进入电子控制时代，电子控制已涉及汽车动力性、经济性、安全性、可靠性、净化性和舒适性等诸多方面，且各种控制系统电控单元之间相互联系紧密，可随时进行实时数据通信。电子设备占整车比例逐步上升，电子设备的故障越来越多，也越来越具有挑战性。而汽车示波器为综合判断汽车电子设备包括网络故障提供了有力保证。

汽车电控系统的功能是电控单元通过接收并识别各个传感器提供的电子信号，指挥不同执行器动作，维持汽车的日常运转。当某些电子信号出现异常时，表明汽车存在与之相对应的某些故障，因此，检测这些电子信号，并分析其特征可以进行故障诊断。汽车发动机控制计算机通过分辨各类电子信号的特征，识别各个传感器提供的各种信息，并依据这些特征发出各种命令，指挥不同的执行器动作。这些特征就是汽车电子信号的判定依据，往往汽车故障也就从这些特征中体现出来。

4. 车载电脑系统主要元件容易发生的常见故障及处理

（1）车载电脑系统主要元件容易发生的常见故障 汽车总是在不同工作条件下高速运动，总有部分零件不可靠、易损坏，或易老化、装配不当，连接不牢靠的接插件都易造成电控喷射系统发生故障或部分功能失效，造成工作不良或不工作。车载电脑系统的组成元件较多，但各部件易出现的常见故障却是有规律的。

① 连线、接插件的常见故障。车载电脑系统的连线、接插件很多，经常有连线断路或搭铁、短路接插件接头松动，接触不良，造成车载电脑工作时好时坏，或不工作，造成许多传感器、执行元件的控制信号传递不良，导致车载电脑不能正常工作。因此，在拆装系统的元件时，注意不可弄坏连线，插牢接插件。

② 传感器的常见故障。传感器主要是用来采集、发送信号，如温度、压力、机械传动，位置变化方式等信号。如电阻老化而迟钝，真空膜片破损，弹片弹性失效，复位弹簧失效，都将影响车载电脑工况，使系统失控或工作不良，甚至不工作，须及时检测其电阻、电压，以判断故障位置。

（2）车载电脑常见的内存故障及处理

① 开机无显示。内存条出现此类故障一般是因为内存条与主板内存插槽接触不良造成，只要用橡皮擦来回擦拭其“金手指”部位即可解决问题（不要用酒精等清洗），另外内存损坏或主板内存槽有问题也会造成此类故障。由于内存条造成开机无显示故障，主机扬声器一般都会长时间蜂鸣（针对 AwardBios 而言）。

② Windows 注册表经常无故损坏。这一般都是由其内存条质量不佳引起的，很难予以修复，用户恢复此类故障，唯有采取更换损坏元件的途径来排除。

③ Windows 操作系统经常自动进入安全模式。此类故障一般是由主板与内存条不兼容或内存条质量不佳引起的，常见于高频率的内存用于某些不支持此频率内存条的主板上，可以尝试在 CMOS 设置内降低内存读取速度看能否解决问题，如若不行，那就只有更换内存条了。

④ 随机性死机。此类故障一般是由于采用了几种不同芯片的内存条，由于各内存条速度不同产生一个时间差从而导致死机，对此可以在 CMOS 设置内降低内存速度予以解决，否则，唯有使用同型号内存。还有一种可能就是内存条与主板不兼容，此类现象一般少见，另外也有可能是内存条与主板接触不良引起电脑随机性死机。

⑤ 内存加大后系统资源反而降低。此类现象一般是由主板与内存不兼容引起的，常见于高频率的内存条用于某些不支持此频率的内存条的主板上，当出现这样的故障后，可以在 COMS 中将内存的速度设置得低一点。

⑥ 运行某些软件时，经常出现内存不足的提示。此现象一般是由于系统盘剩余空间不足造成，可以删除一些无用文件，多留一些空间即可，一般保持在 300MB 左右为宜。

⑦ 从硬盘引导安装 Windows 操作系统进行检测磁盘空间时，系统提示内存不足。此类故障一般是由于用户在 config.sys 文件中加入了 emm386.exe 文件，只要将其屏蔽掉即可。

（3）车载电脑常见的主板故障及处理　主板是整个电脑的关键部件，在电脑起着至关重要的作用。如果主板产生故障将会影响到整个 PC 系统的工作。

① 开机无显示。电脑开机无显示，首先要检查的就是主板 BIOS。主板 BIOS 中储存着重要的硬件数据，同时主板 BIOS 也是主板中比较脆弱的部分，极易受到破坏，一旦受损就会导致系统无法运行，出现此类故障一般是因为主板 BIOS 被 CIH 病毒破坏造成的（当然也不排除主板本身故障导致系统无法运行）。

一般主板 BIOS 被病毒破坏后硬盘里的数据将全部丢失，故可通过检测硬盘数据是否完好来判断主板 BIOS 是否被破坏，如果硬盘数据完好无损，还有三种原因可能造成开机无显示的现象：一是因为主板扩展槽或扩展卡有问题，导致插上如声卡等扩展卡后主板没有响应而无显示；二是免跳线主板在 CMOS 里设置的 CPU 频率不对，也可能会引发不显示故障，对此，只要清除 CMOS 即可予以解决；清除 CMOS 的跳线一般在主板的锂电池附近，其默认位置一般为 1、2 短路，只要将其改为 2、3 短路几秒种即可解决问题，对于以前的老主板如用户找不到该跳线，只要将电池取下，待开机显示进入 CMOS 设置后再关机，将电池安装上去就达到 CMOS 放电之目的；三是主板无法识别内存、内存损坏或者内存不匹配也会导致开机无显示的故障。

对于主板 BIOS 被破坏的故障，可插上 ISA 显卡看有无显示（如有提示，可按提示步骤操作即可），倘若没有开机画面，可以自己做一张自动更新 BIOS 的软盘，重新刷新 BIOS，但有的主板 BIOS 被破坏后，软驱根本就不工作，此时，可尝试用热插拔法加以解决。但采用热插拔除需要相同的 BIOS 外还可能会导致主板部分元件损坏，可靠的方法是用写码器将 BIOS 更新文件写入 BIOS 里面（可找电脑商解决比较安全）。

② CMOS 设置不能保存。此类故障一般是由主板电池电压不足造成的，对此予以更换即可，但有的主板电池更换后同样不能解决问题，此时有两种可能：主板电路问题，对此要找专业人员维修；主板 CMOS 跳线问题，有时候因为错误地将主板上的 CMOS 跳线设为清除选项，或者设置成外接电池，使得 CMOS 数据无法保存。

③ 在 Windows 环境下安装主板驱动程序后出现死机或光驱读盘速度变慢的现象。将主板驱动程序装完后，重新启动计算机不能以正常模式进入 Windows 98 桌面，而且该驱动程序在 Windows 98 环境下不能被卸载。如果出现这种情况，建议找到最新的驱动重新安装，问题一般都能够解决，如果实在不行，就只能重新安装系统。

④ 安装 Windows 操作系统或启动 Windows 操作系统时鼠标不可用。出现此类故障的软件原因，一般是由 CMOS 设置错误引起的。在 CMOS 设置的电源管理栏有一项 modemuseIRQ 项目，一般它的默认选项为 3，将其设置为 3 以外的中断项即可。

⑤ 电脑频繁死机，在进行 CMOS 设置时，也会出现死机现象。在 CMOS 里发生死机现象，一般为主板或 CPU 有问题。出现此类故障一般是由于主板 Cache 有问题或主板设计散热不良，在死机后触摸 CPU 周围主板元件，可发现其温度非常烫手。在更换大功率风扇之后，死机故障可以解决。对于 Cache 有问题的故障，可进入 CMOS 设置，将 Cache 禁止后即可顺利解决问题，当然，Cache 禁止后速度肯定会受到有影响。如若按下法不能解决故障，那就只有更换主板或 CPU 了。

（4）车载电脑常见的显卡故障及处理

① 开机无显示。此类故障一般是由显卡与主板接触不良或主板插槽有问题造成的。对于一些集成显卡的主板，如果显存共用主内存，则需注意内存条的位置，一般在第一个内存条插槽上应插有内存条。由于显卡原因造成的开机无显示故障，开机后一般会发出一长两短的蜂鸣声（对于 AWARD BIOS 显卡而言）。

② 显示花屏，看不清字迹。此类故障一般是由显示器或显卡不支持高分辨率而造成的。显示花屏时，可切换启动模式到安全模式，然后在 Windows 环境下进入显示设置，在 16 色状态下点选“应用”单选按钮，单击“确定”按钮。重新启动，在 Windows 系统正常模式下删掉显卡驱动程序，重新启动计算机即可。

③ 颜色显示不正常。此类故障一般由于显示卡与显示器信号线接触不良；显示器自身故障；在某些软件里运行时颜色不正常，一般常见于老式机，在 BIOS 里有一项校验颜色的选项，将其开启即可；显卡损坏；显示器被磁化，此类现象一般是由于与有磁性能的物体过分接近所致，磁化后还可能会引起显示画面出现偏转的现象。

④ 驱动无故丢失。显卡驱动程序载入，运行一段时间后驱动程序自动丢失，此类故障一般是由于显卡质量不佳或显卡与主板不兼容，使得显卡温度太高，从而导致系统运行不稳定或出现死机，此时只有更换显卡。此外，还有一类特殊情况，以前能载入显卡驱动程序，但在显卡驱动程序载入后，进入 Windows 操作系统时出现死机。可更换其他型号的显卡在载入其驱动程序后，插入旧显卡予以解决。如若还不能解决此类故障，则说明注册表故障，对注册表进行恢复或重新安装操作系统即可。

（5）车载电脑常见的硬盘故障及处理 硬盘是负责存储资料的软件仓库，硬盘的故障如果处理不当往往会导致系统的无法启动和数据的丢失。

① 系统不识别硬盘。系统从 A 盘启动也无法进入 C 盘，使用 CMOS 中的自动监测功能也无法发现硬盘的存在。这种故障大都出现在连接电缆或 IDE 端口上，硬盘本身故障的

可能性不大，可通过重新插接硬盘电缆或者改换 IDE 口及电缆等进行替换试验，就会很快发现故障的所在。如果新接上的硬盘也不被接受，一个常见的原因就是硬盘上的主从跳线，如果一条 IDE 硬盘线上接两个硬盘设备，就要分清楚主从关系。

② 硬盘无法读写或不能辨认。这种故障一般是由于 CMOS 设置故障引起的。CMOS 中的硬盘类型正确与否直接影响硬盘的正常使用。现在的机器都支持“IDEAutoDetect”的功能，可自动检测硬盘的类型。当硬盘类型错误时，有时无法启动系统，有时能够启动，但会发生读写错误。例如，CMOS 中的硬盘类型小于实际的硬盘容量，则硬盘后面的扇区将无法读写，如果是多分区状态则个别分区将丢失。还有一个重要的故障原因，由于目前的 IDE 都支持逻辑参数类型，硬盘可采用 Normal、LBA、Large 等，如果在一般的模式下安装了数据，而又在 CMOS 中改为其他的模式，则会发生硬盘的读写错误故障，因为其映射关系已经改变，将无法读取原来的正确硬盘位置。

③ 硬盘出现坏道。当用 Windows 系统自带的磁盘扫描程序 SCANDISK 扫描硬盘的时候，系统提示硬盘可能有坏道。这些坏道大多是逻辑坏道，是可以修复的。一旦用“SCANDISK”扫描硬盘时提示有坏道，首先应该重新使用各品牌硬盘自己的自检程序进行完全扫描。注意，不要选快速扫描，因为它只能查出大约 90%的问题。如果检查的结果是“成功修复”，那可以确定是逻辑坏道；假如不是，只能更换硬盘。

④ 硬盘容量与标称值明显不符。一般来说，硬盘格式化后容量会小于标称值，但此差距绝不会超过 20%，如果两者差距很大，则应该在开机时进入 BIOS 设置。在其中根据硬盘做合理设置。如果还不行，则说明可能是主板不支持大容量硬盘，此时可以尝试下载最新的主板 BIOS 并进行刷新来解决。此种故障多在大容量硬盘与较老的主板搭配时出现。另外，由于突然断电等原因使 BIOS 设置产生混乱也可能导致这种故障的发生。

（6）车载电脑常见的光驱故障及处理　光驱是电脑硬件中使用寿命最短的配件之一。细心观察故障现象并参照执行下面的一些排除方法即可处理光驱故障。

① 光驱工作时硬盘灯始终闪烁。硬盘灯闪烁是因为光驱与硬盘同接在一个 IDE 接口上，光盘工作时也控制了硬盘灯的结果。将光驱单元独接在一个 IDE 接口上即可解决。

② 在 Windows 环境下对 CD-ROM 进行操作时，显示“32 磁盘访问失败”，然后死机。很显然，是 Windows 的 32 位磁盘存取对 CD-ROM 有一定的影响。CD-ROM 大部分接在硬盘的 IDE 接口上，不支持 Windows 的 32 位磁盘存取功能，使 Windows 产生了内部错误而死机。进入 Windows 后，在“主群组”中双击“控制面板”图标，进入“386 增强模式”设置，单击“虚拟内存”按钮后再单击“更改”按钮，把左下角的“32 位磁盘访问”核实框关闭，在确认后，再重启动 Windows，在 Windows 中再访问 CD-ROM 就不会出错误。

③ 光驱无法正常读盘。偶尔进出盒几次也能读盘，但不久又不读盘。在此情况下，应先检测病毒，用杀毒软件进行对整机进行查杀毒，如果没有发现病毒，可用文件编辑软件打开 C 盘根目录下的 CONFIG.SYS 文件，查看其中是否又挂上光驱动程序及驱动程序是否被破坏，并进行处理。若未发现问题可拆卸光驱维修。

④ 光驱使用时出现读写错误或无盘提示。这种现象大部分是在换盘时还没有就位就对光驱进行操作所引起的故障。对光驱的所有操作都必须要等光盘指示灯显示为就位时才可进行操作。在播放影碟时也应将时间调到零时再换盘，这样就可以避免出现上述错误。

⑤ 光驱在读数据时，有时读盘不出，或读盘的时间变长。光驱读盘不出的硬件故障主要集中在激光头组件上，且可分为两种情况：一种是使用太久造成激光管老化；另一种是光电管表面太脏或激光管透镜太脏及位移变形。所以在对激光管功率进行调整时，还需对光电管和激光管透镜进行清洗。光电管及聚焦透镜的清洗方法是拔掉连接激光头组件的一组扁平电缆，记住方向，拆开激光头组件。这时能看到护套罩着激光头聚焦透镜，去掉护套后会发现聚焦透镜由4根细铜丝连接到聚焦、寻迹线圈上，光电管组件安装在透镜正下方的小孔中。用细铁丝包上棉花蘸少量蒸馏水擦拭，并看看透镜是否水平悬空正对激光管，否则须适当调整。调整激光头功率，在激光头组件的侧面有一个像十字螺钉的小电位器，用色笔记下其初始位置，一般先顺时针旋转5°～10°，装机试机不行再逆时针旋转5°～10°，直到能顺利读盘。注意切不可旋转太多，以免功率太大而烧毁光电管。

⑥ 开机检测不到光驱或者检测失败。这有可能是由于光驱数据线接头松动、硬盘数据线损毁或光驱跳线设置错误引起的，遇到这种问题的时候，首先应该检查光驱的数据线接头是否松动，如果发现没有插好，就将其重新插好、插紧。如果这样仍然不能解决故障，则可以找来一根新的数据线换上试试。这时候如果故障依然存在的话，就需要检查一下光盘的跳线设置，如果有错误，将其更改即可。

5. 车载电脑常见硬件故障的分析与排除

车载电脑硬件常见故障分析与排除见表5-1。

表5-1 车载电脑硬件常见故障的分析与排除

序号	故障现象	故障分析	排除方法
1	开机自动重启或进系统重启	先检查电源供电是否正常，如果不正常请更换电源。如果正常，检查系统是否出现故障，如果系统出现故障，请重新安装系统	更换电源，重新安装系统
2	车载电脑不能正常进系统，进系统后黑屏、蓝屏	检测硬盘是否出现坏道或分区异常（检测硬盘是否出现坏道或异常，可以用使用效率原、HD Tune等软件可以检测出来硬盘的坏道及分区异常）	格式化硬盘再安装系统
3	系统内找不到读卡器	检查是否是病毒导致的读卡器的驱动丢失	系统杀毒再将读卡器的驱动安装好
4	车载电脑只显示 2/3 的画面	出现此故障时，检查屏的显示设置是否正确，如果是4：3，将显示模式调制到16：9显示模式	将显示模式调制到 16：9 显示模式

续表 5-1

序号	故障现象	故障分析	排除方法
5	用手触摸机器电源蓝线出现黑屏或自动跳到 AV2 界面	蓝线规定接 12V 电源才有 AV2 功能实现倒车，用手触摸蓝线就黑屏或自动跳到 AV2 界面是一种静电感应，这是正常现象	尽量不要接触电源蓝线
6	菜单中的音量，屏幕设置中的亮度、对比度等设置不能保存	在设置菜单相关参数后要等待 10s，等图标自动消失即可保存；手动调到消失也可保存	等图标自动消失即可保存；手动调到消失也可保存
7	接上 USB 设备后，可以显示设备但不能读出设备中的内容	这是因为系统没有正确的识别 USB 设备的类型	将 USB 键盘接上，右击“我的电脑”图标，在弹出的快捷菜单中选择“管理”－“服务和应用程序”－“服务”命令，双击“Terminalservices”图标，在弹出的对话框中选择“常规”选项卡，将“启动类型”修改为“自动”，单击“确定”按钮
8	电脑在开机状态下每隔一定时间会自动重启	这是因为汽车电源电压不稳，车载电脑正常工作电压为直流 11～14V，此时需要检查您汽车上的电源电压输出是否正常	更换汽车电池或电源的控制部分
9	在播放电影时，有一侧扬声器没声音	这和影片的声道调节有关，有的网上下载电影是单声道，此时调节无效；如果是双声道电影格式，则需调节设置菜单中的音量平衡度	设置菜单中的音量平衡度
10	自动跳转循环播放电影时，跳过某部电影，播放下一部	此电影文件已损坏或是非电影格式文件强制转换成电影格式的文件	重新复制电影
11	自动跳转循环播放音乐时，跳过某首歌曲，播放下一首	此音乐文件已损坏或是非音乐格式文件强制转换成音乐格式的文件	重新复制音乐
12	蓝牙拨号上网时，提示“调制解调器正在使用或配置不正确”或“拨号连接被占用或调制解调器正在使用”	手机或适配器匹配信息混乱造成，单击蓝牙拨号主界面的“恢复”功能键，清除所以已匹配过的设备信息，恢复到初始状态	恢复到初始状态
13	看照片，预览图片时，有的图片显示是“读图错误”，没有正常显示要浏览的图片	此图片已损坏或此文件是非图片格式强制转换成图片格式的文件	重新复制或转换图片格式的文件

续表 5-1

序号	故障现象	故障分析	排除方法
14	蓝牙免提打电话时，来电显示的电话号码信息不全	因各种品牌手机生产厂商提供信息不全导致，一般在接听前稍等几秒钟，号码会自动刷新齐全	一般在接听前稍等几秒钟，号码会自动刷新齐全
15	蓝牙免提打电话时，有来电，还未点击接听，系统就自动接通电话	与手机自身功能设置有关，请检查蓝牙免提匹配用的手机是否设置了自动接听功能	请检查蓝牙免提匹配用的手机是否设置了自动接听功能
16	GPS 功能不能接收卫星信号	将车开到空旷的地方或检查 GPS 天线是否接好	重新接好 GPS 天线
17	汽车熄火，拔下车钥匙，电脑不能立即关机	因为电脑的电源控制是 Acc 线来控制的，我们在电源上增加了电源延时功能，当将汽车熄火，拔下车钥匙时，这时电源会有 60s 的延时，60s 后电脑会自动关机，这种功能是特别设定，为了方便车主忘记关机并离开汽车后，电脑能够自动关机，和主机在突然断电时保换硬盘	正常现象
18	在播放音乐时，扬声器一边声音大，一边声音小	是因为设置菜单中的音量平衡度调节不当，应调到 50	将设置菜单中的音量平衡度调到 50

6. 车载 GPS 导航常见故障的分析与排除

（1）导航器无法开机 长按住电源键不放直到出现开机画面；检查机器侧边的 LOCK 锁定键是否打开状态；检查电池是否正确安装，可以把电池取下重新装上再测试；检查机器电池是否有电，如果电池没有电，需先行充电或者使用室内电源开机。锂电池电量不足，通过电脑或充电器充电，保证电量充足的前提下，再尝试开机。另外可能是系统需要复位，使用曲别针、牙签或者手写笔笔尖等细长物品捅一下机器背面或者侧面的 Reset 小圆孔进行系统复位。如果以上都无法正常开机，可能机器存在故障，请联系最近的航点经销商或者航点总部，对机器进行维修。

（2）导航器总处于信号检测状态 GPS 卫星信号属于高频信号，受环境和天气等影响很大，通常地下室、室内、隧道里、高架桥下、雨雪天气都会对信号造成干扰，影响信号接收，以致导航器无法接收到足够的信号完成定位。几天不开机或者移动距离超过 800km，GPS 需要更新星历数据，属于冷启动，一般建议在户外空旷处定位，可以加快首次定位时间，尽量避免高速行驶中定位。可以在“主控台”—“设置”—“GPS”监视窗处观察和了解当前 GPS 信号接收和定位情况。

（3）导航器无法导航 导航器开始导航，需要接收到足够的卫星信号和数目，才能定位当前行驶位置，以便开始导航。如果导航器没有完成定位，导航器无法开始导航。另外导航器需要设置好目的地后，在信号定位后，方可以开始导航。

（4）查不到要去的目的地　地图数据由于需要测绘和国家机构审核，最新地图也和最新路况滞后几个月。可能地图版本太旧，和实际路况有一定的滞后，所以无法查到所去的目的地，可以向航点经销商或者航点总部咨询地图升级事宜。

常见查找可能由于对软件的理解不同存在一些差异，查找可以遵循如下基本原则：如无法搜索到精准的目的地，尝试搜索临近的标志性建筑或地名；如无法搜索到准确的目的地，考虑目的地是否有其他名称，尝试其他叫法查询或仅输入目的地名称中的重点关键字。如果无法找到目的地名称，可以尝试使用交叉路口等信息进行搜索。

（5）导航规划的线路和行驶的线路不同　导航规划线路有很多方式，如最快路线、最短路线、系统推介路线等，如果系统默认的规划线路不好，可以尝试更改规划方式。另外导航软件的基本功能是在偏离规划线路后，可以重新规划线路，可以不用担心偏离规划路线后导航不工作。

（6）找不到导航软件　如果用户更换了地图卡，或者做了系统复位等操作，可能使导航路径恢复出厂参数，需要重新设置导航路径："主控台"—"设置"—"导航路径设置"。

（7）触摸屏点击不准　可能需要进行屏幕校准，进入"主控台"—"设置"—"触摸屏校准"，用触摸笔点住十字不动，直到十字移到下一位置，做完五次校准出现"OK"即可。如果触摸点击严重偏离，可以按住机器顶的menu按键，直到屏幕出现十字校准。

（8）导航器死机　如果长时间运行导航软件，类似计算机系统，可能偶尔会导致系统不稳定，重启就可以了。如果使用过程中或者休眠方式关机后插拔SD地图卡，可能会导致系统死机，如果需要插拔卡操作，请关机后操作。导航器一般是短按电源进入休眠模式，屏幕出现"sleeping"字样；按住不动，屏幕出现"power off"才是关机。电池接触不良也可能导致机器死机。

（9）导航器连接电脑后无法显示　使用USB数据线连接电脑和导航器，电脑首先要安装USB驱动程序，正确安装后，再安装微软同步软件，方可在移动设备中找到导航器相关设备。可以在随机光盘找到驱动程序和相关软件。建议使用读卡器进行读写SD卡操作。

（10）导航仪待机时间过短　锂电池使用时间会随使用的温度环境及使用情况的不同而有所改变，如果所处环境温度过高或者过低，电池使用时间会受到影响。建议在常温下使用本机。从使用情况方面来看，导航仪的屏大电量相对较大，同时也受增大音量、开启音场特效、频繁操作等因素影响，实际使用时间也会有一定差异。使用时，建议插上车载充电器，边使用边充电。

7. 汽车导航仪常见故障分析与排除

汽车导航仪正在从高档轿车向中、低档轿车覆盖，原厂配置或后加装导航仪的车辆越来越多，如广州丰田凯美瑞和北京现代索纳塔、御翔等车型都配置了汽车导航仪。汽车导航仪如图5-1所示。

图 5-1　汽车导航仪

汽车导航系统包括导航主机（导航模块）、显示屏、天线以及扬声器等部件。汽车导航仪与其他多媒体系统共用一个显示屏，还会共用其他一些部件和线路，由此可能会带来一些相互牵连的故障。而且汽车行驶中产生的振动和其他用电设备的电磁干扰等原因也会成为故障的诱因。

（1）显示屏上全球定位系统的图标（如“GPS”字样）颜色呈灰色或不显示　这是因为导航模块没有接收到卫星信号。导航模块接收到卫星信号时，全球定位系统的图标应呈激活状态，如呈绿色。出现此类故障时，可参考下面的步骤进行检查。

① 检查车体周围有无屏蔽物遮挡，应将车辆移到户外空旷处继续检查。车辆在高层建筑、隧道以及地下停车场时，导航信号可能被屏蔽。

② 检查前风窗玻璃是否贴有太阳膜，如果有，应改变导航仪天线的位置进行试验。太阳膜对导航仪天线和遥控器信号均有一定的屏蔽作用，特别是金属太阳膜。可以使用延长线将导航仪天线移到没有贴太阳膜的玻璃处或接出车外，这样操作后如果有信号出现，说明是太阳膜的原因；如果没有信号出现，说明导航天线或导航模块性能不良。有些导航天线与收音机的天线制成一体，安装在后风窗玻璃上或车顶；也有单独的导航仪天线，一般安装在仪表板下靠近A柱的地方。需要注意的是，导航天线的安装位置应处于水平状态。

③ 检查导航模块是否进水，如果在仪表板上放置水杯可能导致导航模块和导航主机进水。

（2）对于需要使用地图光盘的导航仪，导航主机不读盘　应确认地图光盘是否正确。

① 检查光盘表面有无污渍，如果有，对光盘进行清洗或更换。

② 检查显示屏是否能够显示，如果能够正常显示出导航信息之外的其他多媒体信息，应检查导航主机是否有正常的电源。对于后加装的汽车导航仪，如果导航仪使用点烟器供

电，应检查点烟器能否正常工作。

（3）开启导航功能后显示屏无显示 使用音响时，显示屏可以正常显示，但是开启导航功能（按下 NAV 或 MAP 按键）后显示屏无显示。这种情况往往是导航主机或导航模块的故障。

（4）在正常导航的过程中，电子地图突然不变化或出现一片空白 这种情况可能是车速过高造成的。当车速超过一定范围（如 140km/h）时，有些导航仪显示屏显示信息会停滞不变，这种情况在早期的导航仪产品（包括一些原厂配置的导航仪）上比较常见。目前很多导航仪已经提高了处理信息的能力，这种情况就比较少见了。另外，如果将显示区域设置到没有道路的位置或显示比例尺设置过大，也会出现显示信息似乎不变化的情况。

8. 车载 GPS 定位器常见故障分析与排除

车载 GPS 定位器常见故障分析与排除见表 5-2。

表 5-2 车载 GPS 定位器常见故障的排除

故障现象	故障分析	排除方法
指示灯不亮	设备与电源线连接不正确或损坏	重新连接电源线或更换电源线
紧急按钮失效	按钮线与设备接触不良； 紧急按钮线损坏	重新连接紧急按钮与设备的连接线； 与经销商联系更换
指令不执行	SIM 卡欠费； 发送短信指令无回复	给 SIM 卡充值，保证足够余额； 偶尔因为网络繁忙状况，造成短信堵塞，信息操作延时，属正常现象，请稍后或者重试
短信定位失败	短信定位回复内容为经纬度信息； 位置信息为过去时间位置信息	开通 GPRS 业务或该区域未提供 GPRS 服务； 检查 GPS 天线位置是否正确，车辆位置是否能接收到卫星信号

9. 车载音响常见故障类型

（1）光路故障 激光唱机在电路设计上考虑了抗灰尘引起的信号失落，但其光路本身并不抗灰尘。因为激光拾音器不是全封闭的，灰尘、油烟很容易侵入。当激光唱机旋转时，机内的灰尘、激光唱片上的灰尘容易扬起。油烟、灰尘的侵入会污染激光拾音器内的镜面及棱镜，使其透光率或反射率大大降低，以致激光拾音器内光电接收二极管读不到由激光唱机反射的激光束信号。

（2）机械故障 激光拾音器内的镜片移位或变形，而使激光无法聚焦于光电接收二极管、激光拾音器的外型设计不断追求小型化，故其机械结构强度不大。搬运或使用时，强烈的振动和撞击会使激光拾音器内光学系统中的镜片或衍射光栅移位或变形，致使激光拾音器因无法聚焦、跟踪或读取信号而失效。

（3）人为故障 激光拾音器使用一段时间后，因种种原因可能出现临界状态的故障。如果盲目调校会适得其反。例如，对 VRl 调校（该 VRl 原是为激光二极管的特性差异而设置的微调电阻），将激光二极管的发射量加大，这样可勉强应付一时，最终会加速激光二极管的老化。

（4）静电击穿故障 激光发射二极管容易因静电击穿而失效。一般激光拾音器未装机前，激光发射二极管有短路保护装置。装机后，短路锡封开焊。装拆激光拾音器的排线时，若天气干燥（相对湿度低于 65%）而不加防范措施，则有可能产生静电而将激光发射二极管击穿。

10. 车载音响常见故障原因分析

在车载音响电路中，各部分电路出现异常，所表现的故障现象，一般都有其规律性。车载音响在原理上虽与一般的家用音响相同，但在线路、结构、元器件的选用等方面，还是有其自身的特点。汽车音响由于工作环境较差（振动大、温度高、灰尘多），其故障率较高。从大量的检修实例来看，故障发生的原因及部位均有相似之处。

（1）收音部分故障 一般来说，收音部分出现故障的机会较小，特别是高频头组件，如果此部分出现故障，多数为硬损伤，如线圈开焊、断裂造成的接触不良以及元件损坏等。如果不能收音，应先检查这些部位，然后再检查外围元器件。在确定外围元器件无损坏后，最后测量集成块各管脚电压是否与标准值相同。如果不同，就可判断是集成块损坏。这部分集成块较为特殊，且价格高昂，不易购买到，故一般不要轻易怀疑集成块损坏而拆除，否则容易把好的集成块损坏，弄巧成拙。从大量的维修实例来看，集成块及组件故障较少，其外围线路损坏的居多。其中，主要问题常常是电容漏电、值改变，以及因振动出现脱焊和接触不良等，而且主要发生在微电阻上。电路板上积尘太厚，引起器件之间漏电而造成的故障也较多。

同时需要指出的是，维修时不要轻易怀疑元件损坏，更不要随意盲动可调电阻。在检修这部分电路之前，可先检查排线插头、插座是否因松动而接触不良，有时会收到事半功倍的效果，这是因为汽车车身的振动易造成这样的故障。

（2）功率放大器故障 功率放大器是汽车收放机故障率最高的部分（占检修故障的 80%以上），很多故障都是因为功放集成块被击穿引起的。究其原因不外乎两种情况：

① 汽车发电动机电压调节器不良，引起电源电压上升过高，发生过压或过载而损坏。

② 汽车电动机产生的瞬态峰值电压将集成块击穿。由第一种原因引起的故障，常伴有烧毁滤波线圈（扼流圈）等元件的现象，且滤波电容也多被击穿，从而造成其外壳变形漏液等；由第二种原因引起的故障则几乎没有伴随其他元件损坏的现象，仅是将集成块损坏。故此故障的检查十分简便，只需观察保险管是否为短路性熔断，或用万用表测量正、负接柱间的电电阻值，如电阻很小，即可确认。

需要说明的是，汽车收放机的功放块损坏以后，一般应用原型号的集成电路来替换，如原型号的集成电路买不到，才可考虑用其他的集成电路代替。从实际维修经验来看，如东芝 TA7240AP（国产型号为 D7240AP）性能较好，几乎可以代替所有的功放块，且外围电路简单、失真小、功率大、保护功能齐全，代换改动工作量小。但要注意集成块与散热器之间的隔热问题，最好在这两者之间涂一层硅脂，以帮助散热，并且要紧固螺钉，将引线焊牢，必要时可在各引脚之间点一点胶，帮助加固和绝缘。

（3）功放有直流输出烧毁低音扬声器　许多人认为功放的功率大于扬声器的功率，就会使扬声器烧毁，这是错误的。功放的功率小于扬声器，才会烧毁扬声器。这是因为功率不够时波形失真产生切顶，产生了直流成分，如果发现扬声器在开机时，有响声并且音盆有起伏，说明有直流成分。有直流成分音圈就会发热，这就是烧毁的原因。音量增益一定要控制好，在调试时音量也不要超过扬声器的最大值，否则会使扬声器冲程过大，损坏扬声器，严重时会损坏音盆。高音的分频点一定要准确，汽车高音一般在 3000～3500Hz，如果分频点过低，有低频成分，高音扬声器就会发热烧毁。用功放推动的高音扬声器，一定要有高音保护电路，吸收多余功率，否则音量过大时，瞬态电流过大，会烧毁高音扬声器。

音量增加时要由小至大慢慢增加。音量开得太大会失真，容易损坏扬声器，而且也会把扬声器损坏，建议喜好大音量的使用者要选购大功率的功放，让扬声器在不失真情况下工作。

功放如果有直流输出，那一定会烧掉低音扬声器，甚至极少数的高音扬声器也会烧掉。原因是低音（或其他音路）扬声器分音路径上没有电容器隔离直流，直流一输出就像把直流电通入扬声器中。因此，选购功放时千万注意，要先用电表测量前级和后级的输出端是否有直流输出，如果前级有直流输出，也有可能经由后级再放大输出，把直流传入扬声器。

（4）其他易损件故障　汽车收音机中的电位器也是较容易损坏的元件之一，电位器的损坏主要是带开关的音量及音调电位器，主要表现为接触不良、转轴断裂等。若电位器转轴断裂应更换；若电位器内部接触不良，可先滴入少量机油并转动几次，如果仍接触不良，就是膜片与触点磨损太多，应更换新件。也可以采取应急修理方法：先拆下电位器中轴上的开口卡圈，再用镙钉旋具拨开卡子，将各部分分离；按常规的修理方法，用酒精或汽油对电位器进行清洗后按原样装好。需注意的是，此类电位器的结构复杂，比较特殊，拆卸时应记住原来器件的连接安装顺序，以便复原。

对于机械开关的损坏，也可先滴入少量机油，反复开关几次，如效果不明显，再考虑拆开修理。若拆装不便，可考虑用静噪开关来代替，或用原开关加晶体管作电子开关来替代。汽车音响的故障现象与故障部位的对应见表 5-3。

表 5-3　汽车音响的故障现象与故障部位对应

故障现象	可能的部位
完全无声	电源输入电路、功率放大电路、扬声器电路
放音正常，FM 收音无声	FM 调频头、FM 中放、解调电路、功能转换开关

续表 5-3

故障现象	可能的部位
收音正常，放音无声	磁头电路、放音均衡放大电路、功能转换开关
放音正常，AM 收音无声	AM 变频、AM 中放、AM 检波电路
FM 立体声收音无立体声效果	立体声解码电路、单声道/立体声转换开关
数字调谐机收音功能失效	数字调谐控制系统供电电源、波段转换、时钟振荡电路、VT 调谐电压控制电路

二、车载电脑常见故障的检修实例

1. 车载液晶显示器出现黑屏故障

车载液晶显示器出现黑屏故障首先是电源电路不好引起的，常表现为按面板按键没有任何反应，指示灯不亮。应先查 12V 电压是否正常，跟着查 5V 电压是否正常，因为 A/D 驱动板之信号处理部分之芯片之工作电压都是 5V，所以查找开不了机的故障时，先用万用表测量 5V 电压，如果没有 5V 电压或者 5V 电压变得很低，那么一种可能是电源电路输入级出现了问题，也就是说 12V 转换到 5V 之电源部分出了问题。

这种故障很常见，一般是熔丝熔断或者是稳压芯片出现故障，有部分机器是把开关电源内置，输出两组电源，其中一组是 5V，供信号处理用，另外一组是 12V，提供高压板点背光用，如果开关电源部分电路出现了故障会有可能导致两组电源均无输出。

另一种可能就是 5V 电压的负载加重了，把 5V 电压拉得很低，换一种说法就是说，后级的信号处理电路出了问题，有部分电路损坏，引起负载加重，把 5V 电压拉得很低，逐一排查后级出现问题的元件，替换掉出现故障的元件后，5V 电压能恢复好，故障一般就此解决。

若 5V 电压恢复好后还不能开机，这种情况也有多种原因，一方面是 MCU 的程序被冲掉，还有就是 MCU 本身损坏，如 MCU 的 I/O 接口损坏，使 MCU 扫描不了按键，遇到这种由 MCU 引起的故障，找硬件的问题是没有用的，在没办法找到原厂 AD 驱动板替换的情况下，也可以使用代换 A/D 驱动板。

2. 车载电脑出现蓝屏故障

（1）车载电脑出现蓝屏 电脑中毒导致系统文件损坏使进系统蓝屏；安装的软件与系统出现冲突使系统蓝屏；系统的虚拟内存出现错误可使系统蓝屏；以及系统文件丢失或损坏都可使系统蓝屏。解决办法是先杀毒再重新安装系统；先进入安全模式，将最后一两次安装的软件卸载；进入安全模式调整虚拟内存，如果不能进入安全模式，重新安装系统。

（2）触摸屏不能正常校正 此故障是系统没有正常识别设备导致的。出现这种故障时，将触摸屏的驱动卸载，再重新安装触摸屏驱动即可。

（3）系统 boot 文件丢失　此故障是由于系统中毒或误操作导致的。解决办法是先将系统杀毒，再用 Windows XP 安装光盘修复系统。

（4）系统播放音频文件时，出现声音延时或失真　此故障是由于声卡驱动出错导致的。解决办法是将声卡驱动卸载后重新安装声卡驱动。

（5）视频播放器出现错误　此故障是由于视频播放器的文件损坏导致的。解决办法是将视频播放器卸载后重新安装。

（6）进系统后重启　此故障在排除硬件问题后，就是系统文件损坏或中毒导致的。解决办法是先将整个硬盘杀毒，再重新安装系统。

（7）Windows XP 操作系统出现需要激活的故障　正版的 Windows XP 操作系统出现需要激活时，是因为系统没有激活，试用期已过导致的。解决办法是激活 Windows XP 操作系统。

3. 车载电脑显示屏、触控屏的常见故障

在安装车载电脑上车之前，最好在家里把车载电脑主机、车载显示器功放等全部连接到一起进行测试，如果没有问题再安装车上。这样，可以减少很多不必要的调试麻烦。

（1）液晶显示器功放没有声音　首先检查液晶显示器是否安装了功放的驱动软件，如果不安装驱动软件，电脑是没有声音给功放的，还有注意液晶显示器是不是在静音状态。

（2）液晶显示器在电脑系统里面触摸不了　检查液晶显示器是否安装了触摸屏的驱动软件，如果已经安装，必须核对一次才可以使用触摸屏。

（3）低音不强，高音不清晰　首先进入液晶显示器菜单找到高音和低音的设置项目，尽量把高音和低音放到中间的位置，然后进入功放的设置软件，可以对高音、低音的音效做软件调整，得到完美的音响效果提示，如果四路扬声器其中有一路或者二路的扬声器接反，也会造成低音没有，高音不清晰，甚至音频干扰。

（4）显示器画面不清晰　车载电脑的液晶显示器的物理分辨率是 800×480，但是也可以模拟显示器其他分辨率，如果想达到最好的显示效果，车载电脑必须输出真正的 800×480 分辨率，即不是用某些软件模拟的分辨率，是需要显卡输出的分辨率，这样就可以达到完美的点对点显示效果了。

4. 车载音响出现密码锁死故障

（1）车载防盗音响的密码获取　当音响锁死以后，要想再使用音响就必须按正确的步骤输入正确的密码，如果多次输入错误密码，将会导致音响被永久锁死。音响密码的获取部位有在原车上、音响使用手册中、音响机壳上某一部位、点烟器盒背面的某一地方、文件箱内或其背面的某一位置上、驾驶员侧的车门上的某一部位、后备箱 CD 机的机壳的某一位置、发动机 ECU 的背面某一部位。

（2）用读码器读取汽车音响防盗密码　车载音响防盗密码存储集成电路一般采用 EEPROM（电力擦除可编程只读存储器），并以串行形式连接在电路中，其中以 24C、93C

系列应用较多。如果不小心丢失了密码，就必须使用数据编程器来读出音响里面EEPROM原来的密码数据，加以换算，得到正确的密码。

（3）已知密码的解码方法 在已知密码的情况下，按正确的方式输入即可解码，其输入方式有顺序输入和逐位输入。顺序输入时，如果密码为3456，则按音响面板上的3、4、5、6键（通常为选台预置键）就可以了，该方法适用于宝马、奥迪A6、本田等系列车型。逐位输入时，如果密码为3456，则按面板上的选台预置键键入1键3次、2键4次、3键5次、4键6次就可以了，这种方法适用于沃尔沃、绅宝、道奇子弹头等车型。如果输入的是错误密码，将出现蜂鸣声或液晶显示屏上出现“SAFE”等字样，这时需耐心等待1h后方可重新输入密码；如果多次输入了错误的密码，则需等待更长时间方可重新输入密码，甚至有可能将音响永久锁死。对于奔驰LED系列音响，若备有已知密码的芯片（85C82）（如密码为0918）或将待解码机（无论在什么状态都可）内的密码芯片拆下来，换上已知密码的芯片，接通电源，则出现“CODE”字样。此时该已知密码芯片内的数据就被读入到CPU中，然后在不断电的情况下，将已知密码的芯片拔下来，换上待解码的芯片85C82，最后输入已知码片的密码，1s后显示屏上“CODE”字样消失，此时CPU就将数据写到密码芯片上。以后该机的密码即为已知密码芯片的密码。

（4）用通用码解码 在不知本机密码的情况下，可以输入该系列音响的通用码进行解码。宝马系列车型的阿尔派音响的通用码为62463或22222；起亚系列车型通用码为12345或6263；沃尔沃车型通用码为3111或3113；本田车型通用码为3443。采用通用码解码的方法只能运用一次，如以前已使用过一次，则不能再使用。有一种非接触IC卡通用编码解码及读写装置，它加强了硬件电路的通用性，拓宽了硬件电路的编码/解码范围，降低了硬件电路的功率消耗，提高了电磁能量的转换效率。该装置包括天线调节电路、同步/时钟电路、微处理控制器、PCD/VCD命令帧调制控制电路、PCD/VCD命令帧编码电路、PICC/VICC的RF信号检测/去干扰/模拟信号处理电路、编码信号干扰处理电路、PICC/VICC编码信号数字量化处理/去干扰电路、PICC/VICC编码信号解调处理电路、PICC/VICC数据输出电路等。该装置还包括一种非接触IC卡编码/解码/读写的方法以及自适应算法。

（5）无密码的解码 如果不知本机密码，通用码也无法解码时，就需要用逻辑分析仪或专用音响解码器来解码。先打开音响机身上盖，拆下磁带舱，露出底层的主电路板，仔细查看，必要时打开机身下盖，寻找如下几种型号的集成电路：93C46、85C82，24C81A、4558等。这些集成电路都是1KB的可擦写存储器，音响在出厂时已将密码写入了这些存储器中，存储器中的内容是可以调出和重新写入的。

可以用热风枪来焊下这些存储器，把它们插在专用插座上，用逻辑分析仪或专用解码器调出密码（也可改动密码），然后再把存储器焊上，按照所调出的密码用键重新输入。这些密码存储器在接收到正确的密码后，向主CPU输入一个指令，命令主CPU启动引导程序，音响就可以正常工作了。如果没有专用的逻辑分析仪或音响解码器，对本田雅阁车型也可将密码集成电路93C46焊下来，即可永久解锁，但失去了防盗功能。

5. 车载音响防盗系统芯片钥匙防盗密码的匹配

常见车型的芯片钥匙匹配防盗密码的方法如下：

① 大众。1994～1997 年的芯片钥匙是由可复制的芯片组成的。四位数密码由厂家提供给用户。1997～2000 年的芯片钥匙由不能被复制的芯片组成，四位数密码由厂家提供给用户。2000～2001 年，大众厂家自己保留四位数密码，只有客户要求密码时才提供给客户。2002 年起，大众厂家只提供给客户一个 7 位数编码，每天改变，汽车防盗电脑只认四位数的密码。由此 SILCA 公司开发了一种软件可以将 7 位数编码转换为 4 位数密码。利用特殊设备可读出防盗密码。

② 欧宝。厂家给车主一张卡，上面有 3 组密码即汽车音响密码、钥匙的齿形码、汽车防盗电脑密码。如果车主丢失了防盗密码，可用 ID 号向厂家索取防盗密码。使用特殊设备可读出防盗密码。

③ 标志和雪铁龙。厂家给车主一个小牌，上面有四位数的密码。如丢失可用 ID 号向厂家索取防盗密码 PINCODE：XRR7RENAULT。在使用手册的前面门的密码就是 IMMOBILIZER 密码。使用特殊的设备可查找防盗密码。

④ 尼桑。2003 年以前的尼桑车型统一密码为 5523；2003 年以后密码需要计算器计算出来，并使用序列号转换。

⑤ 本田和丰田。所有本田和丰田车型均不需要密码。

⑥ 三菱。出厂默认码为 5176。密码多数为 4838、5176、3828、9154、6329。大多数用解码器可直接匹配。

⑦ 现代。第一代防盗系统的密码有 3 种，即序列号的后 4 位、0000、2345。第二代防盗系统（蓝色主钥匙）是 6 位数密码、向经销商查询。第三代防盗系统（绿色主钥匙）防盗密码可以用解码器直接匹配。

6. 遥控器使用中的常见问题

（1）遥控器使用中常见问题的处理方法

① 在平时偶尔或经常出现振动报警（遥控器上显示有锤子）。此种情况一般是由于振动感应器太灵敏，可以先拔掉振动感应器看是否还有此现象，如果还有，应是主机的问题，如果没有，则是振动感应器问题，应降低灵敏度，可以消除此现象。一般不要把振动感应器灵敏度调得太高，这样经常会出现莫名其妙的振动报警，或者夜间会偶尔响几声，也会出现有车经过时都会响几声，灵敏度调到用力拍打玻璃会响就可以了。

遥控器遥控和报警距离变近，有时有电池符号出现。这种情况是因为电池没电了，更换电池即可，一般 7 号碱性电池可以使用一到两个月，当电池电压不足时，遥控报警距离会变近，更换电池后即可，建议使用 7 号 AAA 碱性电池，不要使用一般锌锰干电池。如果更换电池后仍有此现象，可能遥控器有问题，更换一个遥控器，重新学习一下即可。

② 更换电池后，遥控器无反应，显示不正常。注意电池极性有无装反，电池是否为电量正常的新电池，换过电池后需要查询一下汽车状况才会显示出来，或重新进入或取消防盗才会显示正常，一般碱性电池可以使用一至两个月，换电池一般不会引起其他问题。遥控器报警时，开锁和关锁符号同时出现。此属正常现象，出现这种现象有两种情况，一是此遥控器没有进入防盗状态，用另外一个遥控器进入防盗状态，当有报警时，此遥控器显示状态会有开锁和关锁两个符号同时显示；另外在行驶状态，如果用遥控器进入防抢状态，遥控器上也会有开锁和关锁两个符号同时显示。

③ 行驶过程中不能进入防抢状态。进入防抢状态，先按一次查询键，遥控器会响三声，然后在 3s 内再按一次查询键，主机才会进入防抢状态。进入防抢状态后，主机先闪灯 30s，喇叭再响 30s，然后汽车会熄火一直报警。对气动锁驱动车辆（奥迪、奔驰、红旗等），中央门锁不动作，或者能开不能关。

如果接线检查无误，出现此问题，最大可能是中央门锁驱动时间不够，因为这些车型的中央门锁为压缩气体驱动的气动型，驱动时间必须达到 3s 以上，这样必须剪断主机上的选择线，然后再插上主机，注意剪断主机后需要断一下电，这样中央门锁驱动时间会延长 3～4s，一般电动门锁的驱动时间只有 0.5s，另外注意，这种驱动方式接线方式比较特别，需要仔细参看说明书，如果接线正确一般不会有问题。

④ 进入防盗后，开门不报警。如果开门不报警，很大可能是门线接错，如果接线正确，在没有进入防盗时，打开车门，车灯会闪烁一段时间，如果不闪，可以把门线直接接地，看车灯是否闪，如果闪，说明门线没有接对，如果不闪，检查接线插座是否连接良好。如果主机报警，遥控器不报警，则可能遥控器有问题，需要更换遥控器，重新学习。进入防盗状态后，防盗器 LED 指示灯不闪。此问题一般为连线问题，检查插座连接是否可靠，如果不行，再换一条 LED 灯线，主机出问题的可能性很小。

⑤ 按遥控器进入遥控启动状态后，主机响四声，不启动。此种情况为启动模块未加电或者启动模块和主机连接信号线未连接好或者驻车制动未拉起或驻车制动接线不正确导致的，检查启动模块的电源熔丝是否正常，驻车制动接线是否正确和主机模块连线是否正常，必要时修复。

⑥ 主机有时有反应有时没有反应。出现此问题最大可能性为接触问题，仔细检查连线接触是否良好，熔丝是否接触良好，各种连线连接是否良好，接地是否良好，如果都没有问题，则可能主机内部有接触问题，需更换主机。

⑦ 进入防盗下锁后，主机响约三声，半分钟后开始报警。出现此现象有两种可能，一是门未关好、或者门接线有问题，亦或门线被磨破短路；二是有些车有关门延时功能，一般产品可以识别 30s 的关门延时功能，但如果延时超过此时间会引起报警，如果出现此问题可以与售后服务部联系，更改设计。

⑧ 行驶过程中车灯闪，喇叭响，一会儿会熄火。此现象为进入了防抢状态，可能在行驶过程中有意或无意按了两次遥控器的查询键，或者由于撞击等其他原因碰了这两个键所致，按取消防盗键即可消除此状态。如果由于受到强烈干扰使主机工作混乱进入此状态，

先减速把车停到一边，再熄火按遥控器把此状态取消。

（2）遥控器不能进行上锁、开锁及失灵、误报

① 遇到用遥控器不能进行上锁和开锁的解决方法是检查原车中央门锁系统动作是否正常；关好车门，操作原车控锁开关；检查防盗器主机与中央门锁之间连接线是否有松动、错接现象；可重新详阅中央控制门锁线路安装说明，接正中控配线；检查防盗器主机配线、熔丝是否有烧断现象。应先查明原因，再更换熔丝。

② 设定防盗后，车辆触发时方向灯会闪，但报警时喇叭不鸣响。解决方法是检查静音功能是否开启；可解除静音防盗；检查喇叭与主机间接线是否有问题；检查报警时主机喇叭线是否有＋12V 电压输出，可用试灯做喇叭测试；检查报警喇叭是否有问题，直接供给报警喇叭正极＋12V 电源，观察是否正常发声。

③ 防盗器失灵，原因为遥控器电池没电、防盗器熔丝熔断、遥控器损坏，以及防盗主机故障。如果是前两种，一般的用户可以自己解决。如果是后两者，最好找专业的人员或者维修站帮忙解决。

④ 防盗器误报，这跟防盗器的灵敏度以及稳定性有关，所以建议用户选择技术比较成熟，信誉度比较好的防盗器。

（3）进入防盗后振动不报警或 10s 后开始报警 进入防盗后振动不报警或 10s 后才开始检测振动感应器，这样是为了避免关门时的振动没有停止，如果 10s 后振动还不报警，首先检查振动感应器灯能否亮，连线是否正确，插座是否可靠连接，灵敏度调节是否合适（灵敏度调到最低时根本不能触发）。常见振动器采用双段调节，轻振动报警时间短，重振动报警时间长。如果还不行可更换感应器试一下，但如果更换感应器后仍不能报警可能是主机问题。如果进入防盗 10s 后就开始振动报警，此种情况一般是由于振动感应器太灵敏，可以先拔掉振动感应器看是否还有此现象，如果还有应是主机的问题，如果没有则是振动感应器问题，降低灵敏度应该可以消除此现象。

常见进入防盗状态后，用钥匙打火不报警，或者报警时可以用钥匙起动汽车。如果进入防盗状态后用钥匙打火不报警，最大可能为接错线，在取消防盗状态后，把钥匙扭到 ON 位置，此时按遥控器开锁关锁，主机应该只上下锁，喇叭不响，如果喇叭还响，ON 线应该是接错了或者检查连线和插座是否接触良好，线的次序有无错误等。

如果在防盗状态用钥匙打火时，还可以打着汽车，但报警是正常的，如果停止打火，汽车不会自动熄火，需要检查断电器是否正常，主机有无输出断电信号，断电器接线是否正确，插座有无插好等。如果汽车还会自动熄火，此种情况一般为汽车蓄电池电量不足，打火时蓄电池电压被拉得很低，导致断电器不能正常断开，但此情况在打火停止时，电压会回升，断电器会重新起作用，所以还会熄火防盗，此情况属正常。

（4）遥控器键的工作不正常 出现按遥控器键显示符号全显示且有装电池时一样的响声时，最大的可能性为遥控器电池已没有电。更换电池即可，如果更换电池后仍有此现象，可能遥控器主板有问题，更换一个遥控器，重新学习一下即可。

汽车在行驶状态下，按遥控器上下锁时，遥控器上显示的状态不会改变，不报警，此属正常现象，因为在此状态下没有必要改变显示，因为踩行车制动踏板可以下锁，改变显示容易引起混乱，设计就是不改变显示的。但在其他状态下，遥控器上的显示应该随防盗状态不同而改变，如果按遥控器，主机有反应，但遥控器上显示不改变或无显示，检查另外一个遥控器是否正常，如果另外一个遥控器相同的现象，可能主机发射报警电路有问题，如果另外一个遥控器正常，说明遥控器报警接收电路有问题，更换一个新的遥控器重新学习，故障应该可以消除，如果只有一个遥控器，建议去安装商处先更换一个遥控器对码之后看是否正常，如果还不行，可能是主机的问题。

（5）遥控器不能控制车门 遥控器不能控制车门时，首先应按照上面所讲确认遥控器是否有问题，如果遥控器没有问题，且这种情况是在更换完电池或防盗系统部件之后出现的，那么应该按照固定程序进行遥控器的匹配。也并不是所有的车型都需要进行匹配，不同的车型有不同的规定。如果有两个遥控器，则可以试验另一个遥控器是否有反应，如果另外一个遥控器有反应，则可能是这个遥控器的密码丢失，需要重新匹配；如果匹配完成，遥控器仍然不能使用，则可能接收主机有问题或这个遥控器的发射天线有问题；如果遥控器主机被屏蔽或附近有很强的干扰源，则主机不能正确地接收到遥控器发出的电磁波，无法控制中控门锁动作。

7. 防盗器安装中的常见问题

（1）遥控器报警距离近或有时近有时远 遥控器有效距离很近，如果这个问题是在遥控器使用了一段时间后出现的，则可能是电池电量不足；如果有时远有时近，则可能是周围环境的影响；如果遥控器主机被屏蔽或被干扰，也会出现这种问题，如车辆粘贴的防爆膜对遥控器主机具有屏蔽作用，车内某些用电设备具有干扰的作用。

遥控器距离有时远有时近，有可能为周围环境的电磁波干扰，如果地处无线电台、电视台附近或者移动电话中继站、雷达站或其他发射台站附近，电磁干扰很大，距离较近属正常，也有一些工业设备也可产生很大干扰。如排除这些的干扰，检查一下接收天线接触是否良好，天线安装位置是否正确，如果天线安装在金属柱子或铁板上会对距离有很大影响，应该安装在玻璃内侧离边缘5～10cm处。

另外，天线安装位置应该避开贴太阳膜的部分，因为太阳膜中含有金属成分，也会对距离产生影响。一般情况下，在空旷地，620C-FM型直线遥控距离有1000m左右，报警距离有1500m左右，800m、900m、1100m都属正常，因为周围环境不同，620B-AM-FM混合型遥控距离有100～200m，50～100m也属正常，报警距离有1000m，700～1000m都属正常；在居民区中，620C型遥控距离在300～500m都属正常，主要看中间的障碍物有多少、有多高、有多大，一般隔两栋多层楼房仍可以正常遥控和报警，如果在地下停车场，车在地下一层时，在地面100～200m范围内可以遥控已算比较好的情况，如果在地下二层可能连地面都不能走到已不能遥控，还要看楼房是钢筋混凝土结构还是钢架结构。

（2）解决双向防盗器安装中的常见问题

① 遥控器装上电池后，按键有符号显示，但是汽车无任何反应，处理方法为用手按主机上的“配遥控器/紧急解除”按钮，若车灯或喇叭有反应，就检查射频头天线与主机间的插头间是否插牢，或重新配码。

② 车发动后，放下驻车制动，不会自动上锁；关车锁匙后，不会自动开锁：检查驻车制动线和白色 ON 线是否接在正确位置。

③ 使用一段时间后，用遥控器能开锁但不能上锁，其他功能正常，处理方法为检查开锁熔丝是否烧断。

④ 在使用中，遥控器有时有报警声，但车辆状况正常，处理方法为检查遥控器电池是否有电。

⑤ 装有气锁车型后，不能开锁和上锁，其他功能正常，处理方法为检查防盗器主机气锁延时插销是否去掉，开关锁信号线是否接对。

⑥ 装有遥控起动型，用遥控起动后，有二次打火现象，处理方法为检查棕色感应线是否正确接在充电指示灯线或机油压力指示灯线上。

⑦ 装车后，用遥控器能开锁和上锁，但报警喇叭不会响，车转向灯不闪这是由于防盗器主机白色 ON 线错接在常有电的线位上。

⑧ 装车后，用遥控器不能开启行李箱，其他功能正常，处理方法为确定原车是否有电子开关控制开行李箱功能，若原车无此功能，可另加装二线发动机控制开启后行李箱。

⑨ 设定有声防盗后，有时会转成无声防盗，有时正常，处理方法为检查遥控器电池是否接触良好，遥控器是否受静电干扰（遥控器上电时为静音防盗）。

（3）单向防盗器安装中的常见问题

① 设定防盗后，经常出现振动误报警、喇叭间歇鸣叫或振动不灵等现象，这时可检查振动感应器灵敏度是否太高，应逆时针方向调整感应器调节旋钮位置；或检查振动感应器灵敏度是否太低，应顺时针方向调整感应器调节旋钮位置。随后检查振动感应器功能是否关闭。

② 设定防盗状态 10s 后，报警喇叭连续鸣叫，用遥控器解除，重新设定防盗后，情况一样。解决方法为检查车辆所有车门是否关妥，车门未关妥时，设定防盗后车方向灯会闪三下，提示关好车门；检查边门感应线是否接错，重新接正边门感应线；检查原车所有边门开关是否有无漏电或损坏、短路现象，修理或更换边门开关。

8. 区别汽车防盗遥控器的故障部位

一旦确定遥控器有故障，就应当首先确定故障的部位，压缩范围，重点检查可疑元件，直至找到并处理更换之。对遥控器的检修，可按照按键输入电路、编码信号发生器电路、无线发射电路三个故障部位来分别进行检修。

按键输入电路比较容易检修，一般不会出现几个按键同时出故障的现象，只要某一按键不起作用、更换该按键后即可排除。编码信号处理电路，由于均采用集成电路，检修也比较容易。对该部分的检修，应检查供电引脚电压、内部时钟是否正常（有外接电阻的），在电源电压正常的前提下，如更换内部时钟引脚外接电阻后，仍然观察不到振荡波形，则为集成电路本身损坏；编码信号处理集成电路的信号输出端是一个关键测试点，在静态时为高电平；发射状态为高电平，且表针微微摆动；否则应考虑更换集成电路。

无线发射电路的检修，应在按键输入电路、编码信号处理电路正常的状态下进行，因为编码信号处理电路输出的信号，不仅是无线发射电路的调制信号，还作为无线发射管的直流偏置电压。对无线发射电路的检修，可以先检查无线发射管的直流电压，在直流电压正常（有直流偏置电压）的情况下，再检查更换满足振荡条件的元件。固定码编码芯片从市场买回来后，就可以直接使用，对于滚动码芯片则不同，在使用前必须写入初始数据，市售的滚动码芯片是不能直接使用的。

遥控器的常见故障是电池电量耗尽或按键损坏或频率偏离正常值，在一般情况下，不要轻易拆卸集成电路，如确有必要，拆卸一定要小心，遥控器均为双面印制电路板，电器板线条细密，一旦操作不好，遥控器就会报废。

9. 区分汽车防盗遥控接收头的故障部位

① 检查放大、整形电路时，信号的输入、输出点是查找故障的关键点。具体方法是用遥控器发射信号，用示波器观察放大、整形电路有无信号输入，如有信号波形，说明高放电路基本正常，故障在放大、整形电路。

② 对放大、整形电路的检修可以测量引脚电压，并和正常值对照，如果不正常多为集成电路本身损坏。对高频放大电路的检修，也采取先检查高放管的直流工作点后检查耦合元件的方法，一般不难找到故障元件。

③ 遥控接收头由于工作在低电压、小电流的情况下，一般不会出现烧毁电路板的故障，晶体管和集成电路的损坏率也不大。故障率最高的是接收频率偏移，多是因为进水或电路板受潮，使超再升电路停止振荡。修理时，应多做清洗、驱潮工作，多测量电压（波形），尽量少拆卸元件。

④ 常采用整体代换法，现在汽车防盗系统用的接收头一般都是调感式分立直插件、贴表器件或是混合方式（阻容元件用贴片，晶体管、集成电路、电解电容用直插件）的，它们之间几乎完全可以互换使用，只要找到 GND（接地）、＋V（电源正）、OUT（信号输出）端的对应关系，并重新调整接收头的接收频率即可。

10. 汽车防盗报警遥控器常见故障的原因

① 遥控操作不起作用，按遥控器各功能按键时，遥控器的红色指示灯不亮。此故障多在遥控器本身，一般是电池电量用尽；电池正、负极簧片生锈或接触不良；遥控器被雨淋或进水、油浸等。对此，可将电路板取出，用工业酒精清洗后，用家用电吹风吹干或待其自然干燥后，就可以使用。

② 遥控距离越来越短，发射信号时，遥控器的 LED 灯泡亮度变暗或闪烁。此现象多是电池电量不足，更换电池即可。除此以外，建议不要自己调整或更换遥控器的元件，以免造成更大的损失。

③ 遥控器某一功能键失效，按该键时红色指示灯不亮。某功能键失效（其他功能键正常）多为本功能键损坏或按键引脚与电路板的焊点脱焊。遥控器的按键多为微型开关，平时使用时用力要轻，并注意防水、防摔和重压。未使用遥控器时，红色指示灯经常自己亮，或只要装上电池，指示灯即常亮，而操作遥控器没有反应。未按遥控器按键时，红色指示灯经常亮，一般为遥控器的按键机械性损坏，表现为按键的手感不好，没有弹性，更换按键即可。对于跳码型遥控器而言，按遥控器各功能键均无反应，更换电池或重新安装电池后，红色指示灯亮 20～40s，然后无反应，这说明按键有短路性损坏；若手感无异常，可用万用表 $R\times1$ 挡在路测试各按键，随后更换短路的按键即可。

④ 车辆行驶 30～40s 后自动熄火并进入报警状态，解除防盗功能后，行驶中重复上述情况。此现象是因为在车内操作遥控器，引起二次自动防盗，只要按解除防盗功能键，再开关一次车门，问题即可解决。汽车防盗系统用遥控器受体积限制，功能按键一般不超过四个，这样每个按键常被赋予几项功能，在某种状态下，同一功能键所控制的功能不一样，或某项功能由多个按键配合完成，使用时应特别注意。

⑤ 车辆处于防盗状态，用遥控器解除防盗失效。处于防盗状态的系统，由于遥控器或系统主机故障（主机多为遥控接收电路故障），引起解除防盗失效（遥控器对系统失去控制作用）、汽车转向灯（双蹦灯）闪亮、报警喇叭常鸣、车辆无法起动行驶。此时只能将防盗系统临时拆除，这要求使用者平时注意防盗系统主机的大体安装位置。如果对防盗器的位置不了解，可根据防盗系统的指示灯、超声波传感器探头或报警喇叭等元件，顺藤摸瓜找到系统主机，拔下防盗器系统主机与车辆连接的接插件即可。另外，有些遥控汽车防盗报警系统主机设置了紧急解除功能，不必拆除系统主机，即可暂停防盗器的使用。

⑥ 汽车防盗系统工作正常，点火发动机运转正常，但车辆不能发动。此现象可能是由报警器或汽车本身电器故障引起的。将汽车防盗器附件切断点火继电器（一般安放在汽车钥匙门附近）的两条粗线短接，若此时车辆能起动，说明防盗系统有故障，且多为继电器损坏。若短接切断点火继电器的两条粗线后，车辆仍无法起动，则说明汽车本身电路有故障。此外，车辆在行驶过程中遇到颠簸路段时，很容易熄火或瞬时熄火，应特别注意该切断点火继电器常闭触点有无接触不良、接线松动的情况。

⑦ 开起汽车一边转向灯时，另一边也亮。此故障为防盗系统控制汽车方向灯（双蹦灯）电压输出的二极管被击穿所致（有些车型这两只二极管在主机内部，有些则附在连线上），更换同型号二极管即可排除故障。

11. 汽车防盗报警装置常见故障检修

① 电子分立元件汽车防盗报警器在长期使用过程中，会因使用维护不当，使用过久以及防盗装置本身品质不高等原因会造成故障，应及时排除，以保证车辆及车内物品的安全。

先目测防盗装置的各元器件是否有歪斜、断、碰的地方，是否有烧灼的元器件。若发现有烧坏元器件的现象，应查明原因，排除故障后，换上新的元器件。按照防盗装置电路工作原理所述，用万用电表或其他仪表检查防盗装置的电阻、电流以及各个元器件的电压值，是否在正常的工作值范围以内。根据了解和观察到的现象及测量出来的各种数据进行分析比较，从而判断故障所在。接通电源时，最好在电源电路内串入电流表，及时掌握电流是否正常，避免损失。

换上的新元件，先要认真细致地刮净上锡，然后正确地装上焊牢，以免虚焊。有电子管器件的电路，要检查电子管灯丝电压是否正常，电子管是否老化等。有继电器的电路，要检查继电器触头是否平整，若不平整，应用油石轻轻打磨；继电器线圈电压是否正常，线圈得电后触点是否按要求动作；继电器线圈是否有受潮、霉断的现象，若继电器线圈损坏，一般应换继电器。检修后，应对报警器进行一次全面调试，然后投入使用。

② 晶闸管防盗报警器的故障分析方法除与分立元件防盗报警器故障分析方法相似外，还应考虑晶闸管电路的特点，即只有晶闸管的阳极和门极同时加正向电压时才导通，晶闸管一旦导通，门极的触点电压即使撤掉，晶闸管仍然导通。要使其关断，需撤掉阳极电压或使晶闸管元件中通过的电流小于晶闸管元件导通时的维持电流。若晶闸管阳极和门极加正向电压不导通，应适当提高触发电压和电流，使晶闸管可靠地导通。晶闸管是一个易损坏的元件，晶闸管若损坏，应换上同型号的晶闸管元件。

③ 集成电路防盗报警器因集成电路密度高、引线短、体积小、安装紧凑，所以故障率较低。但因使用较久、养护不良也易发生故障。集成电路防盗报警器的故障分析和排除方法与电子分立元件防盗报警器的故障分析和排除方法基本相同。集成电路大多为中规模的线性集成电路，若怀疑集成电路芯片有问题，首先应排除与集成电路芯片有关器件是否完好，工作是否正常。在相关电路故障排除后，检查集成电路芯片各脚的电压是否与正常值相等，触发电压信号是否达到要求的值，根据所测的数值判断是否损坏。若集成电路芯片损坏，应换上型号性能相同的集成电路芯片，重新进行调试，调整好后再投入使用。

三、典型车型车载电脑的故障诊断方法

1. 骐达汽车导航故障诊断

（1）系统结构及工作原理 骐达（TIIDA）的导航系统主要由 NAVI 控制单元、后视照相机控制单元、后视照相机、显示器、GPS 系统、GPS 天线等组成。导航系统根据车速传感器所确定的汽车行驶距离、陀螺仪（角速度传感器）所确定的汽车转弯角度和 GPS 天线所确定的汽车行驶方向三种信号周期计算汽车当前位置。

在以下情况或者难以接收 GPS 信息的驾驶情况下，汽车位置可能是错误的，此时显示器的当前位置标记需要手动修正。

① 在地图匹配中，判断了汽车当前行驶道路并重新定位后，将显示到达目的地的可选线路及其优先顺序，如果距离或方向有误差，可选线路将以不同优先顺序显示，从而避免错误线路。

② 新的道路没有记录在地图 DVD-ROM 中时，或者由于道路维修使所记录的道路分布与实际不相符时，道路匹配不能正常工作。当所行驶的道路不在地图中时，道路匹配功能可能找到另外的道路和位置，并在其上做出当前位置标记。然后，当检测到正确道路时，当前位置标记改变到正确位置上。因此，在当前汽车位置和地图中位置有很大差距时，不可能由地图匹配做出修正。

（2）NAVI 控制单元故障诊断模式　NAVI 控制单元故障诊断模式有维修检查模式、显示检查模式和导航检查模式。维修检查模式显示导航系统中每个设备及其之间通信的诊断结果。显示检查模式显示功能检查结果。导航检查模式显示导航功能检查结果。

（3）NAVI 控制单元自诊断　当 NAVI 控制单元、显示器、GPS 天线、地图 DVD-ROM 和检查 NAVI 控制单元及显示器之间的通信信号出现故障时，NAVI 控制单元自诊断功能可以诊断出故障部件。启动自诊断时，应按下“MENU”开关—“DEST”开关—“MENU”开关—“DEST”开关，然后同时按下“MAP”开关和“DISP”开关。NAVI 控制单元自诊断步骤如下：

① 在诊断检查屏幕上触摸“MENU”开关即会出现诊断菜单屏幕，然后触摸“Service Check”，当在诊断检查屏幕上显示“GPS NG”时，应检查 GPS 系统。

② 在维修检查模式屏幕上读取诊断结果，当“DISP”和“NAVI”同时显示“OK”时，转至步骤③；当显示“EXCH”或“CHEK”时，转至步骤④；当显示“NCON”或“NRES”时，转至步骤⑥。

③ 在维修检查模式屏幕上触摸“LAN Mon”时，可以读取诊断结果。如果“No Err”同时显示在“DISP”和“NAVI”上，则诊断结果为正常；当显示“CHEK”时，转至步骤⑤；当显示“NCON”或“NRES”时，转至步骤⑥。

④ 在维修检查模式屏幕上触摸“EXCH”或“CHEK”时，即显示单元检查模式屏幕。读取故障诊断代码，然后根据诊断代码进行诊断。

⑤ 在维修检查模式屏幕上触摸“CHEK”时，读取故障诊断代码，然后根据诊断代码进行诊断。

⑥ 检查适合设备的电源和接地电路、NAVI 控制单元和显示器之间的通信信号导通性，然后维修有故障的零部件。如果正常，清除记录再次执行自诊断。如果自诊断结果没有改变，更换合适的设备。

2. 林肯·城市汽车导航系统常见故障诊断

美国福特公司生产的林肯·城市汽车装有导航系统，该系统利用全球定位系统天线、车速和其他传感器信号精确确定汽车位置。当输入目的地后，导航系统模块对汽车行驶路线进行计算，并将 DVD 地图信息发送到音响单元，音响单元通过音频和视频信号显示指路信息。该车导航系统具有故障自诊断功能，可以通过读取故障码、查询故障信息，故障码诊断，确定故障的具体部位。

（1）故障自诊断 验证车主反映的故障现象是否存在；直观检查导航系统的机械和电气部件是否正常。检查导航系统天线电缆、全球定位系统天线和导航系统 DVD 是否正常，以及导航系统的熔断器、传声器、导航系统模块、音响单元和线路是否正常；如果直观检查发现异常情况，应先排除这些故障再进行进一步检查；如果直观检查未发现异常情况，连接福特诊断仪“NGS（新一代自测试自动读出器）”至位于仪表板下面的数据通信连接器（DLC）上，从诊断仪菜单中选择被检测车辆的信息；如果诊断仪与车辆没有通信，应检查插入诊断仪的程序卡是否正确，检查诊断仪与 DLC 的连接是否正常，以及点火开关是否接通；根据诊断仪上菜单的提示读取故障码。

（2）常见故障码诊断 故障码 B1342 表示导航系统模块有故障。清除故障码，重新进行故障自诊断检测。如果故障码 B1342 重新出现，更换新的导航系统模块，然后清除故障码，重新进行故障自诊断检测。故障码 B2139 表示导航系统模块数据错误，清除故障码，重新进行故障自诊断检测。如果故障码 B2139 重新出现，拆下导航系统模块，送到认可的修理部门检测。

故障码 B2204 表示 GPS（全球定位系统）天线连接断路或短路。关闭点火开关，拔下 GPS 天线插接器，测量 GPS 天线部件侧中心端子与屏蔽之间的电阻。如果电电阻值在 80～125Ω，进行下一步骤，否则更换新的 GPS 天线。拔开导航系统模块与 GPS 天线的连接，测量导航系统模块 GPS 天线束侧同轴电缆中心端子与搭铁之间的电阻，如电电阻值大于 10k Ω，进行下一步骤。否则更换新的同轴电缆。测量 GPS 天线同轴电缆线束侧中心端子与导航系统模块同轴电缆线束侧中心端子之间的电阻，电电阻值应小于 5 Ω，否则更换新的同轴电缆。

故障码 B2208 表示导航系统至主单元通信错误。关闭点火开关，拔下导航模块插接器，接通点火开关，分别测量导航模块线束侧插接器端子 1（紫/浅蓝色导线）和端子 2（深绿色导线）与搭铁之间的电压。如果电压值高于 10.5V，进行下一步骤，否则修理相应的线路。关闭点火开关，分别测量导航模块线束侧插接器端子 13（黑/浅绿色导线） 和端子 24 与搭铁之间的电阻。如果电电阻值小于 5Ω，进行下一步骤。否则修理相应的线路。拔下音响单元插接器，测量导航系统模块线束侧插接器端子 5（深蓝/白色导线）与音响单元线束侧插接器端子 7（深蓝/白色导线）之间，导航系统模块线束侧插接器端子 17（深绿/橙色导线）与音响单元线束侧插接器端子 14（深绿/橙色导线） 之间，以及导航系统模块线束侧插接器端子 5 和 17 与搭铁之间的电阻。如果导航系统模块与音响单元插接器端子之间的电电阻值小于 5Ω，导航系统模块插接器端子与搭铁之间的电阻大于 10kΩ，进行下一步骤，否则修理相应的线路。接通点火开关，测量导航系统模块线束侧插接器端子 5（深蓝/白）和端子 17（深绿/ 橙色导线）与搭铁之间的电压。如果测得了电压，修理相应的线路，否则进行下一步骤。更换一个已知良好的音响单元，重新进行导航系统模块自诊断检测。如果重新读取到故障码 B2208，安装上原来的音响单元，进行下一步骤。拆下音响单元送到认可的福特音响系统修理部门检测。拔下导航系统模块插接器，检查插接器端子是否接触不良，根据情况进行维修，确保其接触良好。连接导航系统模块插接器，对车辆进行试验。如果故障现象仍然存在，更换新的导航系统模块。

故障码 C1192 表示车速电路故障。使用诊断仪读取动力控制模块 （PCM）故障码，如果有故障码，按照故障码进行诊断并排除故障。否则进行下一步骤。关闭点火开关，拔下 PCM 插接器和导航系统模块插接器，测量导航系统模块线束侧插接器端子 14（灰/黑色导线）与 PCM 线束侧插接器端子 68（灰/黑色导线）之间的电阻。如果电电阻值小于 5 Ω，进行下一步骤。否则修理相应的线路。测量导航系统模块线束侧插接器端子 14 与搭铁之间的电阻，如果电电阻值大于 10k Ω，则拔下导航系统模块插接器，检查插接器端子是否接触不良，根据情况进行维修，确保其接触良好，否则进行下一步骤。拔下驻车辅助系统模块插接器 C2023a，测量导航系统模块线束侧插接器端子 14 与搭铁之间的电阻，如果电电阻值大于 10k Ω，则连接导航系统模块插接器，对车辆进行试验。如果故障现象仍然存在，更换新的导航系统模块，否则进行下一步骤。拔下行李箱盖模块插接器，测量导航系统模块线束侧插接器端子 14 与搭铁之间的电阻，如果电电阻值大于 10k Ω，进行步骤，如果故障现象不存在，说明此时系统良好，应清除故障码，重新进行自诊断检测。否则修理相应的线路。

3. 骐达轿车遥控车门系统的故障诊断

常见轿车的无钥匙进入系统，也称智能钥匙系统，是由发射器、遥控中央锁控制模块、驾驶授权系统控制模块 3 个接受器及相关线束组成的控制系统。遥控器和发射器集成在车钥匙上，车辆可以根据智能钥匙发来的信号，进入锁止或不锁止状态，甚至可以自动关闭车窗和天窗。这种系统采用 RFID 全系标配智能钥匙，东风日产的骐达和颐达车型装备了智能钥匙系统，其中只有高配置的骐达 1.6GE 自动型、1.6GS 自动型和颐达 1.6JE 自动型、1.6JS 自动型标配了智能钥匙系统，轩逸也只有 2.0XL 科技版和 2.0XV 尊贵版有此配置。

骐达轿车遥控车门钥匙系统采用日产的防盗技术，只有注册过的钥匙才能正常起动发动机。但遥控功能在某些情况下可能被干扰，另一把 NATS 钥匙正在使用或在公路自动收费站附近以及任何一种发送类似信号的设备工作时，都有可能导致骐达轿车不能起动。解决的方法为把点火开关放置在“ON”挡位 5s，关闭车辆电器设备，将点火开关置于“OFF”挡位，持续 10s 以上；再次点火如果仍有问题，重复上述步骤，直到正常起动。

4. 宝来轿车中央门锁装置的故障诊断

宝来轿车中央门锁装置主要由门锁控制单元、门锁单元、行李箱中央锁单元及开关等组成，中央门锁使用安全系统（锁一次）时，LED 灯（位于驾驶员门内饰板上部）将以亮 50ms，灭 950ms 的周期来表示已达到安全状态；中央门锁没使用安全系统（锁两次）时，LED 灯熄灭。

宝来轿车中央门锁电子防盗系统主要由防盗系统控制单元（位于组合仪表板内）、防盗警报灯（位于组合仪表板的车速表上）、已进行完自适应的发动机控制单元、点火锁上的一个读出线圈和已适配完毕的点火钥匙（带脉冲转发器）等组成。电子防盗器正常的情况下，打开点火开关后，组合仪表板上的防盗警报灯将点亮 3s 后熄灭；如果点火钥匙适配有误、点火钥匙内无脉冲转发器、使用了未授权的点火钥匙、发动机控制单元未授权、读出线圈有故障或数据线有故障，打开点火开关后，组合仪表上的防盗警报灯将一直闪亮或亮着。

宝来轿车的电子防盗系统可用故障阅读仪 V.A.Gl551、V.A.G1552 或检测盒 VAS5051 进行故障的诊断。宝来轿车防盗系统故障代码及排除方法见表 5-4。

表 5-4 宝来轿车防盗系统故障代码及排除方法

故障码	故障含义	对车辆的可能影响	排除方法
01128	电子防盗器读出线圈与组合仪表间的导线损坏；带导线的电子防盗器读出线圈损坏	发动机不能走动且防盗警报灯闪亮	更换电子防盗器读出线圈及导线；清除并重新查询故障存储器，如果有需要则更换组合仪表
01176	点火钥匙信号太弱或求授权；电子防盗器读出线圈或导线损坏（接触电阻损坏或触点松动）；点火钥匙内的脉冲转发器丢失或不工作；点火钥匙未适配	发动机不能走动且防盗警报灯闪亮	更换电子防盗器读出线圈；更换点火钥匙并适配所有点火钥匙
01177	发动机控制单元未授权（控制单元间的 W 线正常）	发动机不能走动且防盗警报灯闪亮	进行发动机控制单元自适应授权
01079	点火钥匙程序编制错误；点火钥匙适配有错误	防盗警报灯快速闪亮	输入密码后适配所有点火钥匙
01312	数据总线损坏；数据总线在 OFF 状态下	车辆行驶性能不良（换挡冲击，负荷变化冲击）；行驶动力无法控制	读取测量数据块；检查防盗系统控制单元编码，查询所有控制单元故障存储器并排除故障；按照电路图检查数据总线
655354	仪表板内的防盗系统控制单元损坏	发动机不能起动且防盗警报灯闪亮	更换组合仪表
其他故障码	如果显示的故障码未包括在本故障表内，应进行仪表故障自诊断		

5. 宝来轿车防盗报警装置的检修

宝来轿车电子控制防盗装置是由下述零件组成：组合仪表内的控制单元、组合仪表上的一个警报灯（在车速表上）K117、已进行完自适应（匹配）的发动机控制单元、点火锁上的一个读出线圈及已适配完毕的点火钥匙（带脉冲转发器/应答——读出存储器）。

防盗装置的自诊断是通过防盗装置的警报灯进行故障识别和故障显示的。如果防盗装置正常（无故障），当打开点火开关后，在组合仪表中，防盗装置警报灯 K117 点亮 3s 后就熄灭。如果防盗装置有故障，打开点火开关后，警报灯闪亮或一直亮着说明：点火钥匙适配有误；点火钥匙内无脉冲转发器（应答-读出存储器）；使用了未授权的点火钥匙；发动机控制单元未授权；读出线圈有故障；数据线有故障。如果打开点火开关后防盗装置警报灯不亮，说明防盗装置控制单元识别出钥匙已授权；防盗装置控制单元识别出发动机控制单元无故障；防盗装置控制单元在“点火钥匙自适应”状态，点火钥匙自适应后未出现故障。为了进行故障查询，必须进行自诊断，并且必须使用故障诊断仪来查询存储的故障信息。

6. 大众 POLO 乘用车 CAN 数据传输系统的检修

(1) CAN 数据传输系统的组成　大众 POLO 乘用车的 CAN 数据传输系统由舒适性控制 CAN 总线、动力控制 CAN 总线、车载网络控制和网关等部分组成。

① 舒适性控制 CAN 总线。舒适性控制 CAN 总线系统由车载网络控制单元 j559、数据总线的诊断接口 j553、电控系统控制单元 j255、空调控制单元 j301、舒适性系统的中央控制单元 j393、驾驶侧车门控制单元 j386、前乘客侧车门控制单元 j387、左后右后车门控制单元 j388、j389、无线电及导航控制单元组成。其数据传递速率较动力控制系统低，以 100Kb/s 速率传递数据。

② 动力 CAN 数据总线。CAN 数据传输系统由车载网络控制单元 j559、数据总线的诊断接口 j533、仪表板控制单元 j285 以及发动机控制单元、自动变速器控制单元、ABS 控制单元、安全气囊控制单元、转向辅助控制单元等组成。

③ 车载网络控制系统。车载网络系统通过控制单元对车辆各种信号进行监测，根据设定的程序对燃油泵继电器、车内灯光等执行元件进行控制。

④ 网关。网关就是同时连接多种不同数据传递速率的 CAN 数据总线的电脑，在传递数据时起翻译的作用。也就是说网关将不同速率的数据进行格式转换，变成满足 CAN 网络要求的数据，放在 CAN 网络上。大众 POLO 乘用车的网关电脑与仪表电脑安装在一起。

(2) 大众 POLO 乘用车的 CAN 总线系统的检修　大众 POLO 乘用车的 CAN 系统的故障都可以采用最新版本的 vag1551、vag1552 型检测仪进行检测诊断。大众 POLO 乘用车的动力 CAN 数据总线系统逐一连接各控制单元。总线系统需传递的数据有 10 组，包括发动机控制单元的数据 5 组、自动变速器控制单元的数据 2 组、ABS 控制单元的数据 3 组。故障查询时，可利用 vag1551、vag1552 型检测仪，分别进入 01、02、03 地址对控制单元进行自诊断，再进入功能码 02 查询电控单元是否存储 CAN 数据传输系统的故障码。数据总线系统的故障大多是因短路、断路或 CAN 高位数据线和 CAN 低位数据线装混所致，可利用示波器进行检查排除。

7. 帕萨特轿车的音响防盗密码系统故障检修

帕萨特轿车音响系统采用的是西门子威迪欧汽车电子技术的产品，共有两种形式，一种为 B 型，另一种为 Y 型。这两种音响系统的防盗原理是一样的，解码的程序也一样。在关机和拔出点火钥匙的情况下，如果控制面板上的二极管不停地闪烁，表示音响防盗功能在起作用。

有些帕萨特轿车采用便捷型收放机密码系统，制造商首次将密码输入收放机后，密码就会储存在车辆中。如果车辆供电中断，音响被锁定，只需在打开点火开关之前，将收放机开关打开，再打开点火开关，汽车收放机就会自动地将密码数字和储存在车辆中的密码加以比较。如密码相符，则几秒后便可正常工作，而不再需要人工取消电子锁定。但如果密码不一致（如收放机装在另一辆车上），还是需要人工解码。没有采用便捷型收放机密码系统的帕萨特轿车，如果出现音响被锁定的情况，就必须进行人工解码。由于某种原因（如拆除车辆蓄电池的接线或熔丝烧断），防盗密码系统将收放机电子锁定，则开机后显示屏上显示“SAFE”字样。这时，只有按正确的步骤，输入正确的密码，才能使音响系统重新正常工作。具有防盗密码系统的收放机在关机和拔出点火钥匙的情况下，发光二极管会闪烁。如果电源中断（如拆除蓄电池的接线或熔断丝烧断），则收放机被电子锁定。开机后屏幕上显示“SAFE”，只有重新输入正确的密码后才能再开机。

解码的步骤为选：打开点火开关，再打开收放机的开关，数字显示屏上会显示“SAFE”字样；约 3s 后显示屏上会显示“1000”：使用存台键将贴在“收放机资料卡”上的密码数字输入，按键“1”输入密码的第一位，按键“2”输入第二位，以此类推，如密码为 2365，则应按“1”键 2 次、按“2”键 3 次、按“3”键 6 次、按“4”键 5 次；输入密码后，再按搜索键或者手动调谐键，按 2s 以上直到听到“哗”的一声后松开；如果输入的密码正确，在显示屏上很快就会自动显示电台的频率，此时收放机又重新处于可工作状态。

如果在音响解码时，输入一个错误的密码，则显示屏上先闪现，后持续显示“SAFE”字样。如再次输入错误的密码，则收放机将被锁定 1h 左右，即无法开机。可从显示屏左下方一个很小的“2”字识别此锁定状态。在 1h 的等待过程中，点火开关必须置于“ON”位置，且收放机保持开机状态。1h 后，显示屏上重复次数的显示消失，此时又可根据前面的介绍再次进行人工解码的操作。

如果不知道大众车系的防盗密码，或者密码牌丢失，可按照以下步骤获得密码：连接元征 X431，打开点火开关，选择防盗系统，按两次确认键。约 5s 后，屏幕显示 ECU 信息。这时，维修站应将用元征 X431 查出该防盗控制单元的 14 位数编号，电传到大众售后服务；然后由大众售后服务将查得的密码（如果是七位密码，则还提供国家代码、经销商代码，服务站代码）电传给维修站，用于匹配钥匙。当更换防盗器控制单元时，维修站也应先用元征 X431 查出该防盗控制单元的 14 位数编号，电传到大众售后服务。然后由大众售后服务将查得的密码电传给维修站，用于匹配钥匙。

汽车上使用的防盗器控制单元上贴有 14 位数编号和 4 位数密码，新车钥匙圈上挂有一块涂黑的密码牌，或在乘客座的工具箱左侧有涂黑的密码条，刮去涂黑层可见 4 位数密码。如果是第二代防盗密码，则查询到的密码为四位数密码。如果是第三代防盗密码，则查询到的密码有四位数密码和七位数密码两种可能。

密码的生成是与防盗器的 14 位 PIN 有关系的，这个密码一般说来是 4 位数（16 进制）。当输入防盗器的 14 位 PIN，通过查询数据库，得到这个 4 位密码。

8. 凯迪拉克轿车防盗系统的检修

凯迪拉克轿车专用防盗系统由点火钥匙、点火开关、起动继电器、组合仪表等四部分组成。

（1）专用防盗系统测试　发动机曲轴旋转时，观察“SECURITY”灯。如果发动机不能起动，应进行检修。如果发动机起动时，“SECURITY”灯亮 5s 后熄灭，说明汽车专用防盗系统工作正常。

（2）专用防盗系统检修　完成汽车专用防盗系统测试，确信汽车专用盗系统能够检查出不正确的点火钥匙码并且使发动机不能起动。断开汽车专用防盗系统的 48 脚电线接头（在转向柱底部），把汽车专用防盗系统查询器（J-35628）连接到 48 脚电线接头，设置点火钥匙码代替不正确的点火钥匙码，试着起动发动机。如果发动机曲轴旋转，更换组合仪表并重复汽车专用防盗系统测试。如果“SECURITY”灯亮，发动机曲轴不旋转，关掉点火开关。断开查询器，重新连接 48 脚电线接头，试着起动发动机。如果发动机曲轴旋转，更换组合仪表工重复汽车专用防盗系统测试。如果发动机曲轴不旋转，关掉点火开。至少等 3min 直到“SECURITY”灯熄灭，然后试着起动发动机。如果发动机起动，汽车专用防盗系统工作正常。

① 发动机曲轴旋转但不能起动。完成汽车专用防盗系统测试，使用诊断工具调故障码。如果存在故障码 2016，请检修仪表板。如果不存在故障码 2016，则应更换组合仪表。

② 发动机曲轴不旋转也不起动，“SECURITY”灯工作正常。完成汽车专用防盗系统测试，关闭点火开关，断开起动继电器，在起动继电器“B”（红线）和“E”（紫色）之间连接一根有保险的跨接线，试着起动发动机。如果发动机曲轴旋转但不起动，更换组合仪表。如果发动机曲轴不旋转也不起动，检查起动继电器和 50A 的 BATT1 保险（在发动机舱右侧量大的保险盒）之间的红线和地线是否短路；检查起动继电器和起动电磁阀之间的紫线和地线之间是否短路。如果紫线和红线正常，检查起动系统。如果发动机起动，重新连接起动继电器。连接诊断工具并且选择“IPC DATA LIST”、“OUTPUTS”、“STARTER ENABLE”，旋转发动机曲轴，从诊断工具上观察发动机起动的可能性。如果曲轴旋转时，发动机可以起动，请进入下一步骤。断开发动机舱的 23 脚 C101 接头（黑色）。在发动机曲轴旋转时，用数字式测量表测量 23 脚 C101 接头的“P”（黄/黑线）和地线之间的电压。如果电压不是 1V，23 脚 C101 接头和组合仪表之间的黄/黑线是开路，请予修理。

如果发动机曲轴旋转时，发动机不起动，也应进入下一步骤，用诊断工具调出故障码。如果存在故障码 2710、2711 或 2750，请检修仪表板。如果不存在故障码 2710、2711、2750，应更换组合仪表。关掉点火开关，断开起动继电器。用数字测量表测量起动继电器的“D”（黄/黑线）之间的电阻值。如果电阻值是 5Ω，更换起动继电器。如果不是 5Ω，起动继电器和 23 脚 C101 接头之间的黄/黑线是开路，应予修理。

③ “SECURITY”灯一直亮或闪烁。完成汽车专用防盗系统测试，用查询器（J35628）断开 48 脚 C202 接头，连接查询器到 48 脚 C202 接头的“E13”（紫/白线）和“E12”（白/黑线），旋转点火开关所有位置的同时观察查询器的变化（重复 10 次）。如果在任何一个位置，查询器显示“E”或另一个点火钥匙码值，更换点火钥匙和点火开关。如果没有显示“E”或另一个点火钥匙码值，关掉点火开关，断开查询器。用数字式测量表测量 48 脚 C202 接头“E13”（紫/白色）、“E12”（白/黑线）和地线之间的电阻值。如果电阻值是 10 Ω，

更换点火开关和点火钥匙。如果电阻值大于10Ω，重新连接48脚C202接头。用数字式测量表测量点火钥匙上的阻抗球相互之间的阻抗，将点火钥匙插入点火开关，断开组合仪表的24脚C1接头。用数字式测量表测量24脚C1（兰）的“A10”（白/黑线）和“B10”（紫/白线）之间的阻抗。如果阻抗不在10Ω内，48脚C202接头连接不好。修理24脚C1接头和48脚C202之间的紫/白线、白/黑线也是必要的。检修组合仪表地线（黑/白线）。如果黑/白线正常，重新连接24脚C1接头。试着起动发动机，如果发动机不能正常起动，更换组合仪表。如果发动机起动，说明48脚C202接头连接不好，应予以修复。

9. 别克君威轿车的防盗系统检修

（1）别克君威轿车 PASSKEYⅡ防盗系统的检修 更换组合仪表（IPC）与防盗系统无关，所以无需进行匹配。电阻R2的电阻值越小，测量电位越不易准确。PASSKEYⅡ防盗钥匙共有15组电电阻值，在配钥匙时，如果用与原钥匙电阻同组的钥匙，即可以起动发动机；如果无相同电阻的钥匙，在使用新钥匙后，需进行编程学习。常见故障及解决办法有：防盗指示灯点亮，但发动机可以起动。此时说明防盗系统失效，可能是在点火开关“ON”时，收到正确的信号后，防盗系统线路存在断路等故障，但PCM认为是由于防盗系统的线路故障造成的，因此，可以继续行驶。当再次进行起动时，防盗系统进入备用模式，此时不对防盗电阻进行检测即可起动发动机。防盗指示灯点亮，发动机无法起动。导致这种现象的原因：首先可能是点火钥匙上的电阻被污染，可检查电阻并尝试清洁电阻；其次可能是用了错误的钥匙起动，若是这种原因，BCM有4min的记忆时间，应在4min内再次插入钥匙起动车辆；第三种可能就是更换了新的BCM或PCM造成的，这时需要对防盗系统重新进行匹配。

（2）别克君威轿车PASSKEYⅢ防盗系统的检修 防盗指示灯点亮或闪烁，出现此现象可能是仪表板线束连接器接触不良，或者防盗系统中的线路断路；防盗指示灯不工作可能是仪表板线束连接器接触不良，或者防盗模块本身出现故障。此外PASSKEYⅢ防盗系统由于是励磁产生信号，因此，易受周围磁场的影响。

（3）别克君威轿车的遥控车门锁系统检修

① 遥控车门锁系统不工作。用万用表测量遥控器电池电压（正常范围为3～3.5V），重新同步遥控器，重新编程所有遥控器。完成以上操作后，若仍不能正常工作，应按使用说明书检查熔断丝E1-1是否熔断、640电路是否断路或对地短路、1550电路是否断路、遥控车门锁接收器端子A和C是否接触不良、遥控车门锁接收器是否有故障。

② 遥控车门锁系统不能更改遥控操作提示方式。检查前照灯能否正常点亮、喇叭能否正常发声，若以上功能正常，应将遥控开锁和上锁的提示方式设定在提示方式4，接压遥控器上的“LOCK”或“UNLOCK”按钮，若喇叭和前照灯不作任何提示，应更换车身控制模块。

③ 更改车门锁开锁（上锁）的方法。关闭所有车门，并接通点火开关；按住任意一个前车门内饰板上的车门锁开关的“LOCK”（“UNLOCK”）按钮，同时按下并立即松开

遥控器上的“UNLOCK”（“LOCK”）按钮，此时可听到车身控制模块发出响声，响声的次数即为当前开锁（上锁）的提示方式，即声响 1 次表示为提示方式 1，声响 2 次表示为提示方式 2，声响 3 次表示为提示方式 3，声响 4 次表示为提示方式 4。再次按下并立即松开遥控器上的“UNLOCK”（“LOCK”）接钮，即进入下一个提示方式，提示方式按 1→2→3→4→1 循环。找到需要的提示方式后，松开车门内饰板上的车门锁开关的“UNLOCK”（“LOCK”）按钮，即可以更改车门开锁（上锁）的提示方式。

（4）别克君威轿车的电动门锁遥控系统检修

① 若系统出现了故障码“DTCBl003-编程模式活动信息未接收”时，则需用专用诊断工具 Tech2 的设备控制功能，操纵“RFA”连接输出，用万用表测量车身控制模块连接器 Cl 的端子 Cl5 与接地之间的电压，当“RFA”连接起动时，电压应低于 2V。若所测电压不在此范围内，应更换车身控制模块；若所测电压在此范围内，应检查 377 线路是否断路、遥控车门锁接收器端子 E 是否接触不良、遥控车门锁接收器是否损坏。

② 若系统出现了故障码“DTCB3102-遥控车门锁数据连接电路电压低”时，应将点火开关转至关闭位置，断开车身控制模块连接器 Cl，用万用表测量连接器 Cl 的端子 Cl5 与接地之间的电压，此电压应为 9～14V。若电压不在此范围内，应检查 377 线路是否对地短路、遥控车门锁接收器是否损坏；若电压在此范围内，应检查连接器 Cl 的端子 C15 是否接触不良、377 线路是否间歇性断路或对地短路、车身控制模块内部是否间歇性对地短路、遥控门锁接收器内部是否间歇性断路。

③ 若系统出现了故障码“DTCB3103 一遥控车门锁数据连接电路电位高”时，应用专用诊断工具 Tech2 的设备控制功能，操纵“RFA”连接输出，用万用表测量车身控制模块连接器 Cl 的端子 Cl5 与接地之间的电压，当“RFA”连接起动时，电压应低于 2V。若所测电压在此范围内，应检查 377 电路与蓄电池正极是否间歇性短路、车身控制模块内部与蓄电池正极是否间歇性短路、遥控车门锁接收器内部对蓄电池正极是否间歇性短路；若所测电压不在此范围内，应检查 377 电路与蓄电池正极是否短路、遥控车门锁接收器是否有故障、车身控制模块是否有故障。若系统出现了故障码“DTCB3106 一遥控车门锁数据连接奇偶性错误”时，应对遥控车门锁接收器进行检查，必要时予以更换。

10. 丰田大霸王汽车防盗系统的检修

（1）丰田大霸王汽车防盗系统门控开关电路的检测　丰田大霸王汽车防盗系统门控开关电路检测时，应先断开点火开关，拔开电控防盗系统 ECU 线束连接器，打开驾驶员侧车门，关闭其他车门或发动机舱盖，用万用表电阻挡检查 ECU 线束侧连接器 A7 的 12 端与地间是否导通。如果是不通的，则检查驾驶员侧车门门控开关电路是否断路，必要时，进行修理或更换。如果是通的，则打开乘客侧车门，关闭其他车门和发动机舱盖，用万用表电阻挡检查 ECU 线束连接器 A7 的 12 端与地间是否导通。如不导通，则检查乘客侧车门门控开关电路是否断路。如上述检查无问题，则打开滑动门，关闭其他车门和发动机舱盖，用万用表电阻挡测 ECU 线束侧连接器 A7 的 12 端与地间是否导通。如不导通，则检查滑动门门控开关电路是否断路。如果是导通的，则打开发动机舱盖，关闭所有车门，测防盗系统 ECU 线束连接器 A7 的 12 端与地间是否导通。如果是不导通的，则检查发动机舱盖控制开关电路是否断路。如导通的，则打开后门，关闭其他车门和发动机舱盖，测防盗系统 ECU 线束侧连接器 A7 的 12 端与地间是否导通。如果是不导通的，则检查后门门控开关电路是否断路；如果是导通的，则重换新的防盗系统 ECU 后重新进行检查。

防盗喇叭电路检测方法为断开点火开关，拔开防盗喇叭线束连接器，检查喇叭是否正常。如检查喇叭无问题，则拔开防盗系统 ECU 线束连接器，用万用表电压挡检测 ECU 线束侧连接器的 12 端与地间是否有蓄电池电压。如无电压则检查防盗喇叭电路是否有故障；如电压正常，则重换一只新的防盗系统 ECU 后重新进行检查。

钥匙开启警告开关电路检测方法为断开点火开关，拔开防盗系统 ECU 线束连接器，将钥匙插入车门锁，用万用表电阻挡检查防盗系统 ECU 线束侧连接器 A6 的 18 端与地间是否导通。如果是不导通的，则检查钥匙开启警告开关电路是否有故障；如果是导通的，则重换一只新的防盗系统 ECU 后重新进行检查。

（2）丰田大霸王汽车的防盗系统检修 丰田大霸王多用途厢式汽车装用的电控防盗系统主要由防盗系统电控单元 ECU、点火开关、车门钥匙控制开关、钥匙开启警告开关、门控开关、门锁开关、门锁位置开关、门锁电动机、起动机切断系统、防盗指示灯及防盗喇叭等组成。防盗系统 ECU 的供电电路有多种：一是为 2/12 脚的供电，该电压取自蓄电池正极，经多个保险元件后得到；二是防盗系统 ECU 的 2/18 脚供电，该电压来自蓄电池的正极，但受点火开关的控制；三是 8/18 脚的车门控制电路的供电，该电压来自蓄电池正极，经多只保险元件后得到。

防盗系统 ECU 的 4/18 脚与 3/18 脚内电路和其外接的 4 只电动机及其内接的四只到位控制开关共同构成了门锁驱动电路。该电路受车门钥匙控制开关或车门锁开关（手动）控制，由防盗系统 ECU 的 4/18 脚或 3/18 脚输出不同方向的电流来带动相关机构将车门锁上或打开。当防盗系统 ECU 的 4/18 脚输出高电平，3/18 脚输出低电平时，4 只电动机同时工作，将车门锁止；当防盗系统 ECU 的 3/18 脚输出高电平，4/18 脚为低电平时，4 只电动机同时工作，将车门打开。

防盗系统 ECU 的 13/18 脚、15/18 脚和 9/18 脚外接滑动车门、驾驶员侧车门、乘客（副驾驶）侧车门钥匙控制开关；16/18 脚、17/18 脚、12/18 脚和 11/18 脚为车门锁手动开关。当这几只开关中的任一只打开或闭合时，均会使门锁驱动电动机动作，带动相关机构将所有车门打开或锁止。

防盗系统 ECU 的 1/18 脚内电路及其外接的起动机继电器共同构成了起动控制电路。当防盗系统未工作时，其 1/18 脚内的相关电路控制该脚等效接地，使起动机继电器线圈的电流通路处于接通状态，只要接通点火开关，起动继电器线圈中就将有电流通过而使其常开触点闭合，使起动机工作。当防盗系统处于防盗状态时，防盗系统 ECU 的 1/18 脚内电路控制该脚与地间断开，此时接通点火开关，起动系统将无法工作。

防盗系统 ECU 的 7/12 脚为门控开关信号输入端，外接驾驶员侧车门，乘客侧车门、滑动车门、后门和发动机舱盖检测开关，这几只开关并联连接，只要有一个车门或发动机舱盖未关（盖）好，防盗系统 ECU 的 7/12 脚都将有检测信号输入，使 1/18 脚内的相关电路处于断开状态，而使起动机无法工作。

防盗系统 ECU 的 1/12 脚为防盗指示灯控制信号输出端，当系统处于防盗状态时，1/12 脚输出为高电平，该信号经限流电阻使发光二极管导通发光，以示处于防盗工作状态。

当有人试图不用钥匙强行进入车内，或打开发动机舱盖和滑动门，防盗系统 ECU 检测到以后，从其 5/12 脚输出控制信号加到防盗喇叭上，使防盗喇叭鸣响 30s 进行报警。同时，防盗系统 ECU 还输出控制信号至控制执行部件并自动锁死所有车门，同时也通过起动机切断系统来切断起动机电路，从而达到防盗的目的。

防盗系统异常时，将导致起动系统不工作而引起发动机不能工作。故在检修不能起动故障时，可先用一导线将防盗系统 ECU 的 1/18 脚与地相连，检查起动系统工作情况。如果起动系统工作恢复了正常，则说明问题出在防盗系统；如果起动系统仍不能工作，则说明故障与防盗系统无关，应重点检查起动系统中各元器件是否损坏。电源电路是易损部分，检修各种故障之前，都要先确认该电路无问题后，再进入下一步检查。

电源电路的检测方法与步骤为断开点火开关，检查 DOMF 熔丝是否熔断。如熔断，则应更换熔丝后，再检查防盗系统工作是否恢复正常，如仍不正常，则检查 DOME 熔丝与防盗系统 ECU 连接器 A6 的 12 脚间的连接导线是否有短路，如未熔断，则拔开电控单元 ECU 连接器，接通点火开关，用万用表 50V DC 挡测 ECU 线束侧连接器 A6 的 12 端与车身接地间的蓄电池电压是否正常，如无电压，则检查 DOME 熔丝与 ECU 连接器端 FA6 的 12 端间连接导线是否断路。若上述蓄电池电压检查正常，断开点火开关，用万用表电阻挡检查防盗系统 ECU 线束侧连接器 B14 的 18 端与地间是否通。如果是不通的，则检查 ECU 线束侧连接器 B14 的 18 端与地间的连接导线是否断路或接触不良。如果是通的，则检查前门开关电路、滑动门和后门锁位置开关电路、门锁开关电路、门控开关电路、前门锁位置开关电路、滑动门锁位置开关电路、后门钥匙控制开关电路、点火开关电路、钥匙控制警告开关电路、起动机切断系统电路和防盗喇叭电路是否正常；如果上述电路均正常，则换装一只正常的防盗系统 ECU 后再运行检查。

11. 中华轿车中控门锁常见故障检修

① 中控门遥控器只能开，不能关。一辆中华轿车中控门遥控器只能开，不能关，按压室内开关正常。经过检查遥控器正常，但室内灯不亮，检查室内灯熔丝已断，更换后正常。遥控器始终匹配不上，即使激活程序也匹配不上，经过检查左右门上三位开关正常，按压前室内开关正常，后除霜开关闪烁，按压后除霜开关、中控锁跟着关锁、开锁。仔细检查，原来在装内饰时用一颗螺钉拧紧的地毯压条损坏，结果扎破了后除霜信号线，使信号线时常接地。重新包扎线束，匹配遥控器，一切恢复正常。

② 中控门锁自动闭锁。造成此故障的原因就是中控模块接到了异常的闭锁信号，或中控模块自身出现问题，产生错误的动作。以上两个原因中的第一个造成此故障现象比较

多。线路有问题、线被磨破、线路受损、乱改线。相关的配件工作不可靠，如带内置开关触点的中控门锁电动机、信号开关等。该车没有进行过线路改动和加装防盗、音响设备等操作后，基本可以排除线路问题。鉴于该车本身的中控特点，很容易怀疑左右前门中的一个或两个三位开关有问题，产生错误信号给后中央控制模块。采用隔断法测试两个车门的三位开关，发现当右前门线束断开，左前门线束不断开，反复操纵中控门锁，没有自动闭锁的故障，反之，则出现问题。说明左前门好，右前门的三位开关有问题，拆下右前门的三位开关一看，原来是在三位开关的内部氧化生锈造成了触点黏连，给中控模块一个错误的闭锁信号。更换一个新的三位开关，故障排除。

③ 中控门锁失效。某中华轿车在使用中，中控门锁失效。为了快速检测故障的大致原因，又用遥控器试验了遥控门锁，发现遥控门锁也不起作用，可以断定是后中央控制模块出现问题或有关的熔丝出现了问题，导致中央控制和遥控门锁失效。检查后，发现中央控制模块的熔丝 F30 已烧断。虽然找到了故障的基本原因，但熔丝为什么烧断需要查清。因为这很可能与线路状况、配件问题、使用方式有关系。找了一个备用熔丝更换上，使中控锁恢复正常。但在使用遥控器开锁时，遥控器不管用。该车自从安装了遥控防盗后，原车的遥控器就不好使了，一直使用加装的遥控器。用加装遥的控器反复遥控开关门锁，也不起作用。再检查中控锁又失效，F30 又烧断了。这说明加装的遥控防盗工作不可靠，电流过大，使 F30 烧断，进到驾驶室仪表台下，仔细看了加装的遥控防盗器，线路走得很乱，隐患很多。为彻底解决问题，把防盗器拆掉，恢复了原车的线路，换上熔丝，反复试验中控锁问题不再发生，故障排除。

④ 左前门用钥匙锁车中控门锁不起作用（不能锁车）。某中华轿车在使用中，左前门用钥匙锁车中控门锁不起作用（不能锁车）。检修时，用钥匙在左前门开锁，中控门锁工作正常，而关锁动作时中控门锁无反应。又试验了右前门，开关锁都很正常。因此，问题出在左前门锁心上的三位开关。当钥匙已经把机械锁心转到关闭位置时，三位开关没能把关锁信号传到后中央控制模块，所以后中央控制模块接收不到信号，不能够操纵中控锁。拆掉左前门内饰板，摘掉锁心上的三位开关，拔下插头。拆开三位开关，结构很简单，就是金属铜的三位置滑片开关，由于铜的接触触点很小很薄，在经过使用和化学氧化后断掉了。所以触点和滑片不能接触，造成没有闭锁信号的产生。在更换新的左前门锁三位开关后，故障排除。

12. 广州本田 3.0 音响常见故障检修

广州本田 3.0 的音响如图 5-2 所示，它是国内生产的汽车，装有前置 6 碟 CD 的音响，前置 6 碟的 CD 机心构造复杂，对碟片的要求和使用要求都比较高，本田 3.0 的音响由松下公司制造，型号为 CQ-EH1181KH，简称 1SA4，带有防盗密码、收音、6 碟 CD 一应俱全，面板操作按键很大，使用起来非常顺畅，功率输出也比较大，一般的用户使用已经足够。

图 5-2　广州本田 3.0 的音响

广州本田音响电路元件如图 5-3 所示。

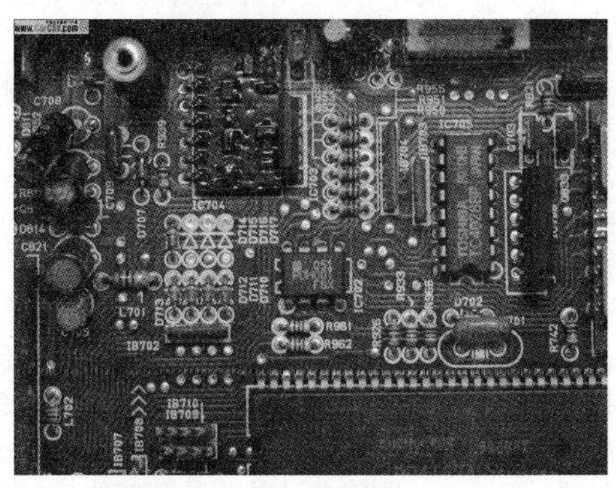

图 5-3　广州本田音响电路元件

大多前置多碟的机心都带有电子抗振，正常情况下杜绝了跳音。一般也不能改成 VCD，因为它的读片方式已经有所改变，它的常见故障检修如下。

① CD 卡带。和所有的前置 6 碟 CD 一样，最常见的故障就是 CD 卡带，因为它是靠碟片的中心圆孔来定位碟片的，如果碟片的圆孔带有毛刺或不平整，圆孔周围有烫疤（很多盗版的碟片圆孔周围都有烫疤），碟片弯曲，以及碟片上粘有标贴纸等，都有可能使 CD 机心损坏。还有一个原因就是没有按照正常的操作方法使用，把两张碟片一起放到一个槽里；另外还有机器里积结尘太多，机心部件磨损，机械阻力增大引起变形或错位。

② 机心有异响，不能进出碟片，也不能放音。如收音和磁带正常，检查发现第二槽内有两张碟片，拆下机心，仔细拆开，把碟片取出，再正确定位机心的机械位置后装好就正常了。这是用户没有正常操作引起损坏的，切记不要硬拉硬拽把碟片取出，那样会使机心部件损坏。

③ 放1～5个碟机器就报警。读碟动作不能完成，检查发现放第6碟的时候机心能够完成加载动作，而放第1～5个碟的时候大多数时候不能完成加载，加载到一半的时候就不动了，然后机器又回位，再加载又回位，如此3次不能完成就报警，仔细检查发现是因为读第1～5个碟的时候需要把其他碟片压下时卡在光头支架上，只要把光头支架往里面压一点就可以完成动作。

读第6碟的时候，下面因为没有碟片了所以可以完成，拆散机心，检查支架发现不能完全归位，总是突出来一点，光头支架装在一个半径转动的平台上，原来平台的支点和下面的齿轮已经有很大的间隙，平台的支点是一个圆柱，已经磨掉一半了，而这个平台是和整个底版用铆钉固定的，只有把整个底版换掉，这个机器因为使用频率比较高，很陈旧，灰尘也很多，所以才会发生这样的故障。

④ 放入碟片有异响并自动退碟。放入碟片过一会儿听见里面有异响，过一会儿自动把碟片退出，经检查是碟片没有卡在主导电动机上，而主导电动机的3个固定爪一直突出，不能缩回，所以碟片不能卡在主导电动机上，正常应该碟片压到主导电动机上之后3个爪子弹出卡住碟片，而3个爪子由光头和主加载电动机配合完成动作的，模拟试验后发现是光头带动的齿条上的齿已断，不能再带动主导电动机上爪子，出现故障。

⑤ 不能放入碟片。机心不能完成自检动作，拆下发现是机心错位，拆开机心再定位后机器已正常工作，使用后，过了几天又出问题了，还是机心错位，重新定位后又正常使用，放在工作台上多次试验。果然再多次进出碟片后机心又错位了，然后发现错位是推片的白色推条没有归位引起的，经仔细检查是带动推条的齿轮组有一个已经磨损，特别是阻力大的时候就打滑引起错位。这个齿轮组也靠主加载电动机带动，当上面的齿轮打滑后就和下面的机心主要动作不同步时就会出现故障，更换这个齿轮再重新定位后即可。

⑥ 通电后机心一直检测碟片。只要通电，机心就一直在上下检测碟片，不会停止。正常情况下，通电后机心自检一遍，检测机心里有几张碟片，然后回到第一张的位置后停止等待指令，这个机器就是自检不能通过，一直在检测。拆下机心，换上一个正常的机心，故障不变，说明是主板的原因，机心的控制线和主板的CPU直接相连，怀疑CPU不良，更换后正常。

⑦ 声音小。即使调到最大声也只有一点声音，检测声音控制IC的电压正常，功放输入脚模拟加入声音能发出很大声音，说明功放正常，最后检测CPU和声音控制IC的控制信号不正常，更换CPU后故障排除。

⑧ 能正常工作20min左右，然后声音和显示会停顿。扬声器里也随着面板显示的停顿发出冲击声，按照以往的经验，这个是CPU工作异常引起的，更换后就正常了。

⑨ 不能开机。拆开机器后，检查CPU工作的条件，5V、复位、时基振荡、ACC等都正常，但就是CPU不能发出开机信号，根据经验，这是CPU的原因，更换后就正常了。

13. 奥迪A4音响的常见故障检修

① 显示SAFE，密码锁了。密码由4位数组成，以0或1开头，按住RDS和SCAN不放，显示1000后放开，按键“1”、“2”、“3”、“4”输入密码，再按住RDS和SCAN不

放即可解开密码，没有密码就用编程器读写存储芯片。

② 按CD键不能切换到CD状态，不能进出碟，不能换碟，不能读碟。前六碟的机械比较精密，由于使用不当，如装缺口碟、贴纸碟，一次装两个碟进去，导致机械卡死，需要拆解，重新对机械复位。非专业人士不要自己拆解，机械复位不正确的话，可能导致齿轮损坏。

③ 能换碟但不读碟。激光头上的灰尘太多了，擦干净即可，如擦了还不行就只能换新了。

④ A4配置有卡带主机、单碟主机、导航主机，都可以带前六碟包，碟包的接口和帕萨特一样。配导航主机的解码方式与上面的方法不一样，错3次要等1个小时（开机状态下等）才能再输入密码。

14. 奥迪V6音响解码方法

进口6缸奥迪轿车收音机具有防盗功能，如果收音机由于某种原因断电后（如拔下收音机插头或拆下蓄电池），接通电源再次打开收音机时，收音机将不工作，面板显示“SAFE”字样，说明收音机已被锁死，需要将正确的密码输入，收音机才能恢复正常工作。奥迪100V6轿车收音机控制面板型号为Audi gamma，密码输入方法如下：

首先同时按下控制面板上的“U”和“M”键，待显示屏上显示“1000”后松开，此后不能同时再按下此两键，否则“1000”将被作为密码输入。4个调谐预置键1、2、3、4兼作密码输入键，它们分别输入位置1～4数码，数码是几就按几下，显示屏上相应的位置将显示输入的密码，但第1位码只能是0或1。密码输入完成后，再同时按下“U”和“M”键，待显示屏上显示“SAFE”后松开，稍后显示屏上自动显示一个频率，收音机恢复工作。如果输入密码是错误的，“SAFE”不会消失，这时可重新输入密码。如果两次输入密码都是错误的，“SAFE”在一小时后才会消失，这期间应一直打开收音机。防盗密码贴在新车行李箱内或夹在收音机用户手册中，用户应妥善保管，防止丢失。汽车修理厂在不知道防盗密码的情况下，切不可断开收音机电源。

15. 日产、风度轿车音响密码解码方法

一般日产轿车音响密码为4位码，但风度轿车为5位码。

（1）正常解码方法　开机，显示“CODE”；同时按下“1”、“4”键，显示“-----”接间接输入法输入密码（原码）；输入码正确，音响被打开。若输入码错误，10s后再输入。20次错误，音响将永久锁死。

（2）非常规解码方法　打开机盖，拆下机心，找到密码芯片（93c46、53c46等），切断与CPU的连线或焊脚，短路CPU旁的大电容，清除CPU记忆，将永久取消防盗功能。日产轿车的音响防盗芯片与CPU有一联络线，原密码存在防盗芯片中。当CPU断电时，CPU的存储器中存入的原码丢失。若再通电时，CPU无原码识别，音响锁死，需要从防盗芯片中取出存入CPU存储器（RAM）中。若取消联络线，即取消原码识别功能（取消防盗功能），切断电源脚（5V），一样可达到目的。

16. 帕萨特 B5 轿车音响的常见故障检修

检查故障前，应先确认各个操纵按键是否正确使用。如调节不好可能会引起没有声音或声音很小。检查前，使用故障诊断仪 VAG1551/1552 或 VAS5051 进入 56 地址词，然后键入 02 功能键进行故障查询。可以采用随车速度带的专用工具插入收放机的卡槽，将收放机拉出来进行拆开检查。如果专用工具找不到，也可以用废弃的钢锯条在砂轮机上稍作加工，只许前头宽度能插入收放机的卡槽即可。较常见的故障有以下几种。

① 收放机不工作、不显示。检查收放机的熔断丝是否烧断。若熔断丝良好需摇动收放机，听机内有无异响或打开面壳观察机内有无异物。检查收放机后的喇叭线束及电源线是否良好。

② 收放机在收音挡时正常，放磁带时无声音或声音很小或者感觉声音失真。检查磁头是否已脏或生锈，如果磁头脏，可用清洁磁头剂来清洗磁头。这种故障较常见，一般是由使用劣质磁带时磁粉脱落引起。检查机心长/短胶带是否脱落，以及机心内是否有异物。如果是由螺钉、纸屑等杂物引起的机心长胶带脱落，会引起磁带不停换面或绞带。如果机心短胶带脱落则会造成磁带不动，如果无放音，可能的原因还有机心静音开关闭合损坏，机心动力开关故障等。

③ 卡碟。出现此故障一般是由于机心里有两张 CD 碟、碟片装反或 CD 碟有卡口，也有可能是由机心机械故障引起的。误把 VCD 当卡碟时，可拆下机心，给机心上控制出入碟电动机（机心右后边）的正负端通电 5V，两碟片会一齐往外出而卡在入碟口上，此时可先用手将上面的碟片拉出，再取出下面的碟。注意不要强行取出碟片，否则易造成机心导入轮脱落，碟片划花。

④ 跳碟。在行车途中，放 CD 碟时，声音断断续续，造成的原因是 CD 碟表面刮划严重或路面太颠簸。

17. 凌志轿车收音机的解码方法

凌志 LS400 轿车上装备的收音机储存了 6 位防盗密码，前 3 位由生产厂家设定，丰田汽车公司存档，后 3 位由用户设定并记牢。如电源被中断过，收音机将出现半锁止状态，这时可输入后 3 位密码解除锁止。如后 3 位密码丢失或未曾设定，可连续 5 次输入随便确定的 3 位错误密码，此时收音机会全锁止，可由丰田汽车特约服务站或丰田办事处，从丰田汽车公司查询出前 3 位密码输入后解除锁止。

① 后 3 位密码设定。关闭收音机，将点火开关置于“ACC”档；同时按住“1”键和“6”键不要放开，打开收音机，直到显示屏上出现“SEC”为止；按住“1”键，显示屏上出现“---”；6 个电台预选键中“1”“2”“3”兼作密码输入键，用“1”键输入后 3 位密码的左起第 1 位数字，用“2”键输入第 2 位数字，用“3”键输入第 3 位数字，每个键按几次，显示屏上就显示几，但按每个键的第一下时，显示屏上显示“0”。按“SCAN”键直到显示屏上出现“SEC”，稍候“SEC”消失，说明密码设定已完成。

② 后3位密码重新设定。按照①中步骤操作，按住“SCAN”键直到显示屏上出现“---”，稍候“---”消失，说明原设定密码已被消除；按照①中步骤操作，设定出新的后3位密码。

③ 解码方法。将点火开关置于“ACC”档，打开收音机，显示屏上出现“SEC”，说明收音机已锁止；按照①中步骤操作；按住“SCAN”键直到显示屏上出现“SEC”，稍候“SEC”消失，说明收音机锁止已被解除。如果输入的密码是错误的，“SEC”不会消失，这时可再一次输入密码。输入错误密码5次，就会使收音机全锁止。维修时，在不知道收音机后3位密码的情况下，千万不要断开收音机电源。如必须断开蓄电池电线或更换蓄电池，可先将“汽车保护神”插入点烟器座，“汽车保护神”的结构是9V电池串联一只二极管，二极管的作用是阻止蓄电池中的电流流进电池。当拆掉蓄电池电线后，由9V电池给收音机提供电源。此时不能打开任何用电设备，否则9V电源的电能会很快耗尽。也可以自己制作一备用电源，并连在任一相线接柱与地之间。

18. 宝马轿车音响系统的解码方法

宝马音响电路具有防盗功能，如果在维修过程中，拆卸蓄电池或者拆卸音响系统的电路，修理完毕安装好后，必须按照正确步骤输入宝马车的音响系统密码，音响系统才能正常工作。

宝马防盗音响系统使用说明书的封三有两张卡片，一张是白色的，大小和名片相同的卡片。正面主要有两个号码：一个是该车的密码，它是由5位数组成，且每位数都在1到6之间，另一个是音响系统的批号，如F21127929A。卡片反面写着：“当你输入密码时，若听到‘嘟嘟’声，应立即停止并重新由第一位数开始输入密码”。另一张是黄色的方形卡片，正中间有一钥匙形状的符号，指明如果音响系统显示“CODE”应输入密码号才能工作。

正确输入密码的步骤为拔出点火钥匙后，在音响系统的面板左侧，标有“ANTI—THEFT”字样的旁边有一红色防盗指示发光二极管将连续闪烁，用户应仔细注意这一特征。只要当显示屏下出现“CODE”字样，这时要求用户输入该音响系统的密码。应该按白色卡片提供的密码号顺序输入。如果连续三次输入正确的密码，音响系统仍不接受的话，应耐心等待1h之后再输入，在此期间音响系统不接受任何指令。输入五位数字的密码号时，必须按照顺序逐一输入。举例来说，密码号为12345，你输入125替代123，再接着输入45，一共5位数，音响系统将不会正常工作。当输入密码的第5位数字时，如果听到“嘟嘟”声音就应立即停止。重新输入密码时，应从密码的第1位开始输入。白色密码卡片应放在安全的地方，不要放在汽车里。在进行音响或电子设备修理时，应将密码卡片给修理厂，如果找不到或丢失应和宝马汽车代理商联系。为安全起见，在任何情况下最好不要将音响系统密码号给其他人。

19. SONY机型激光唱机常见故障检修

① 托盘不能开启。托盘是托起CD唱片的圆盘，它不能开启则会影响唱片的装卸。托盘不能开启，应检查其托盘开闭控制电路，索尼激光唱机的托盘开闭控制电路如图5-4

所示。正常时，它的开启是由微处理器发出的 OPEN/CLOSE 命令控制的。因此，遇此故障，应先检查 IC301 的 20 脚连接到面板上的 OPEN/CLOSE 开关 S318 是否接触良好。IC202 的 12 脚接示波器，观察每按一下 S318，是否有信号输入，再观察 IC301 的 34、33 脚在 S318 每次按下时是否有反相的波形输出，若无，一般为 IC301 损坏；若有波形输出，但 IC202 的 12 脚无信号输出，则 IC202 损坏。若托盘未全开，查控制开关 S02；由右拨向左时，IC301 的 48 脚应为高电位；若托盘全开，加载电动机不停，多为 S02 接触不良（尽管 IC301 失效）；若托盘能闭合，但不全闭，说明夹头或卡盘 CHU 不能控制转盘上的唱片，一般为控制开关 S03 接触不良；若托盘能全闭，但加载电动机不停，在 S03 良好的情况下，问题多在 IC301 上。

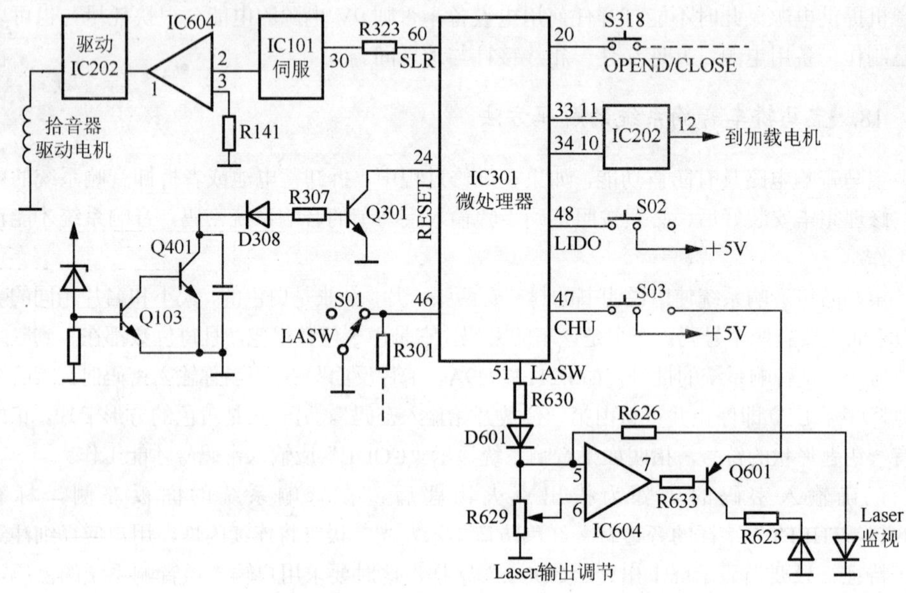

图 5-4 索尼激光唱机的托盘开闭控制电路

② 激光二极管无输出。激光唱机正常工作与否与激光二极管是否正常工作有关。若激光弱或无，就无 EFM 信号或 EFM 信号很弱。监视二极管不正常、激光光束偏离及激光驱动电路无输出都会引起轨迹错误，使 EFM 信号更弱。若轨迹错误，即使优质唱片也会产生杂音，可试调节 R629，看是否能变为正常。若调整无效，多为激光电路的问题。先查看 S03 拨向右边时 Q601 集电极是否为高电位，再测 IC301 的 51 脚的电压，正常时约为 0V，若电压较高或为＋5V，一般为 IC301 有问题。若上述检查正常，再查监视二极管是否有输出，以及测 IC604 的 7 脚是否有输出，否则调节 R629 和观察二极管，若仍无输出，则可能为 IC604 损坏。若 7 脚有输出，再查 Q601、R623 是否开路，是否是激光二极管本身的质量问题。

判断激光二极管好坏的有效方法有用示波器测 RF 输出信号是否大于 1.5V（峰峰值），

若等于或大于 1.5V（峰峰值），则激光二极管已失效；用毫安表测量激光二极管的驱动电流，若大于 120mA，则为激光二极管失效，应予以更换。常用激光二极管的主要特性参数见表 5-5。

表 5-5 常用激光二极管的主要特性参数

参数＼型号 名称	阈值电流	光功率	条件	工作电流	发光线宽	峰值波长	光潜半宽	水平发散角	垂直发散角	外形
符号	Ith	P0	Ir	Ir		λP	Δλ	0//	0⊥	
单位	A	W	A	A	μμm	nm	nm	度	度	
2EJD1	8	2.5		15	75	900	2		20	
2EJD2A	15	5~8		30	150	900	2		20	
2EJD2B	15	7.5		30	150	900	2		20	
2EJD3A	20	7~10		45	230	900	2		20	
2EJD3B	20	9.5		45	230	900	2		20	
DH-1	0.2	0.03		2.4		810~870	1.5	25	55	820
DH-2	0.2	0.8		2.4		820~860	1.5	25	55	821
DH-3	0.2	1		2.4		820~860	1.5	25	55	822
GJ221	0.15	0.002		0.15		880	2	10	30	817
JBEP10 1	15	6	25			890	40	15	20	814
JBEP10 2	15	6	25			900	40	15	20	815
JBEP10 3	17	6	32			890		15	20	816
JBEP101A	0.2	2m	250	0.45		810~870	2	15	60	818
JBEP101B	0.1	2m	150	0.3		810~870	2	15	60	818
JBEP102A	0.2	2m	250	0.45		810~870	2	15	60	819
JBEP102B	0.1	2m	150	0.3		810~870	2	15	60	819

值得注意的是，与激光拾音头相连的 APC 印制电路板上的半可变电阻用于调节激光功率，它与整个光电电路的特性有着重要关系。故不能随便调节其电阻值。当激光拾音器工作正常时，调节半可变电阻，会使驱动电流增加而损坏激光二极管。

③ 激光拾音器不向内部限制开关处运动，唱片目录不能正常读出。接通电源时，激光拾音器应向内部限制开关处运动，同时微处理器提供目录 SLR（反转）信号到拾音器伺服电路。Q103、Q401、Q301 构成开机复位电路，使 IC301 在接通电源瞬间复位。IC301 的 60 脚输出的 SLR 信号经 ICl01、IC604、1C202 加到激光拾音器驱动电动机，使拾音器向内部限制开关 S01 处运动。若此时唱片目录不能正常读出，应先调整电动机飘移。若拾音器不动，测 IC301 的 60 脚是否有 SLR 信号，若无，测 IC301 的 0 脚在接通电源瞬间是否有复位脉冲，若无复位脉冲，则查 Q103、Q401、Q301 及有关元件；IC301 的 24 脚若有复位脉冲，但其 60 脚无 SLR 信号，应查 IC202、IC101、1C604 及驱动电动机本身。可

测 IC202 输出端是否有电压以及电动机本身的好坏。若电动机转动，而激光拾音器不动，则应观察激光拾音器是否被卡住。若激光拾音器运动，但不能到达内部限制开关 S01，应先调一下激光拾音器的电动机飘移调节电路，再查 S01。S01 工作时应接地，IC301 的 46 脚为零电位。若激光拾音器能到达内部限制开关，但电动机不停，一般为 S01 或 IC301 有问题，必要时予以修复。

④ 激光拾音器聚焦不正确。刚放音时，IC301 的 50 脚输出上下聚焦信号 FUD 到 IClO1、IClO2a，以驱动聚焦线圈对光聚焦，FUD 信号可使聚焦起动器对唱片上来自激光头的光束上下运动两三次并很快聚焦。若聚焦正确，IC601 则发出“聚焦正确”FOK 信号到 IC301，使 IC301 停止输出 FUD 信号。若连试两三次 IC301 都没有收到 FOK 信号，系统会自动停止工作，此时转盘打开，激光拾音器向外部限制开关运动。若聚焦尚未正确，IC601 的 6、7 脚则输出误差信号（FER）给 IC101 继续对焦，直至 IC301 收到 FOK 信号。索尼系列激光拾音器聚焦控制电路如图 5-5 所示。

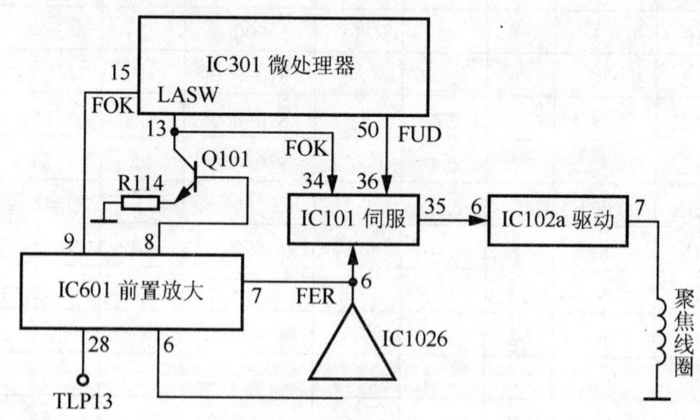

图 5-5 索尼系列激光拾音器聚焦控制电路

当出现激光拾音器不能聚焦或聚焦不良，引起唱机不能放音的故障时，首先应采用观察法来判定此故障是否确实因聚焦伺服系统引起。具体方法是打开后盖，装入唱片试放，观察激光拾音器开机后是否立即上下移动两三次做聚焦搜索，然后停止在一个位置上，如果拾音头毫无动作或动作不正常，则可能是聚焦系统有问题。这时先查聚焦线圈，用万用表欧姆 $R\times1\Omega$挡测聚焦线圈，正常电阻值为 2OΩ左右（跟踪线圈为 4Ω左右），若电阻值过大或过小，说明线圈有问题。在有些唱机中，测聚焦线圈电阻值时，会看见传动机构稍稍运动。若聚焦线圈正常，则按下列步骤检查：按下 PLAY 键时，测 IC301 的 50 脚是否有 FUD（脉冲）信号、ICl01 的 35、36 脚、ICl02 的 6、7 脚有无脉冲信号。查 IC10l 的 34 脚、IC301 的 13 脚及 IC601 的 8 脚有无 FOK 信号，若均无 FOK 信号则为 IC301 有问题；若 IC601 的 8 脚无 FOK 信号，一般为 IC601 及四支激光二极管有问题。查 IC601 的 6、7 脚的 FER 信号，若 6 脚有信号而 7 脚无信号，则查 ICl02 及外围元件；若 6 脚无信号，查 IC601 及四支光电二极管，是否为四支光电二极管的问题，可测 TIP13 的 EFM

信号波形，若波形正常，则为 IC601 损坏。在确定故障出在聚焦系统，而排除元器件故障原因后，可对聚焦系统的各调整部位进行检查、校正及调整。因为很多故障都是因调整部位失灵或调整不当引起的。通过规范调整，可使唱机恢复到标准工作状态，唱机故障即可排除。

⑤ 激光拾音器跟踪轨迹有误。检查激光拾音器循迹有误的故障，一般仍然要采用观察法。先放入一张唱片试放音，按下搜索键，观察激光拾音头是否有径向移动动作，然后根据故障观察，对循迹系统进行检查测试，必要时可对性能参数进行一定的调试。在多数激光唱机中，激光拾音器用 TER 信号通过 ICl01 做速度控制的细调。若 TER 信号丢失，轨迹线圈及拾音器电动机无控制信号，会引起轨迹错误。先按上述方法初试一下，再测线圈电阻值（约 4Ω）。观察刚接通电源时拾音器是否向内部限位开关处运动（以证明拾音电动机、复位电路等是否正常）。若电动机、线圈正常，调试不起作用，则顺着 TER 信号通路查到轨迹线圈及拾音器驱动电动机。测 TIPI2 点，若有 TER 信号，但 IC101 或 IC102 的（23）、（9）脚无脉冲输出，应查 IC101、IC102。注意在怀疑 IC101 损坏之前应反复查其（34）、（27）、（21）及（8）脚的相关信号是否正常。其中的 FOR、TSW 信号无或不正常，ICl0l 会关闭 TER 信号。

⑥ 转盘（唱片）电动机转动不正常。对于转盘电动机不转，只需测电动机线圈的电阻值和是否有 DMCA、DMCB 信号就行了。但若电动机转动，而转速不正常，查起来就费时一些。在多数激光唱机中，若 IC301 接收不到 FOK 信号，IC301 便会输出 DMSW、CWH、ROT 信号，以阻止 IC402、IC201 输出 PREF、PWM、PD 三个控制信号到电动机，从而使电动机转速不正常。若按下 PLAY 键，上述三个信号均不正常，则应查 IC301 的 FOK 信号正常与否，若其中一种信号不正常，则检查 IC301、IC402 及其外围元件。所有激光唱机中转盘电动机控制电路与信号处理电路密切相关，信号处理电路的故障也会导致电动机控制电路故障。若电动机电路中没有查出故障，应查信号处理电路。

⑦ 信号处理电路失常。信号处理电路故障，会导致音频、电动机伺服控制电路失常。另外，系统控制的故障也可能反映在信号处理电路中。可按一定方法来区分故障部位。查 D/A 变换器 IC106 第 17 脚输出的音频信号，R、L 声道都应有低电平音频信号，若无音频，多为信号处理电路的故障。若音频杂音过大，故障也多为信号处理电路不良。可进一步查 TIP2 点的 4.3218MHz 信号，若无或漂移过大，则断开 IC401 与信号处理器的连接，再测 IC401 输出波形，据此可判断是 IC401 还是信号处理器有问题。查 TIP1 和 TIP3 点的 7.35kHz 的 PSYNC 和 ASYNC 信号，其中 ASYNC 只有在按下 PLAY 键时出现，而 PSYNC 在“STOP”或“PLAY”时均出现。为此应确定 PREF、DSLC 信号加到 IC601 后，是否能返回方波 EFM 信号到信号处理器。若 EFM 信号丢失，则查 IC601 的 20 脚的工作电压，测 IC301 与信号处理器间的各信号传输是否正常，若每条线都有数据串，说明基本正常，若某条或几条数据串失落，可能为 IC301 或信号处理器有问题。因为它们是相互关联的，可以分别替代 IC301 和信号处理器来确定谁损坏。替代信号处理器前，可先测 TIP6、TIP7

测试点的脉冲信号，这两点信号正常与否可以表明信号处理器内部的两个解码器的精确度。在“STOP”期间应有7.35kHz信号，但在“PLAY”期间降为200Hz左右或更低的脉冲信号。若无这些信号，多为信号处理器损坏，其次测TIP9、TIP10两点的信号，它们分别代表处理器内同步检波器的精度。在“PLAY”状态下，BFR信号总为零，EFR产生低于5OHz的信号。

⑧ 劣质唱片引起的故障。激光唱片的好坏直接影响着激光拾音器的工作。当唱片表面有划痕或断裂时，会使唱片所记录的信号遭受破坏，激光拾音器中发射的激光若扫描到受损的唱片表面时，不仅不能正常工作，还会使激光拾音器受损。若激光唱片表面划痕较长且多，其划痕形成亮线，则激光束长时间或反复聚焦在亮线上，其亮点容易烧毁激光拾音器内的光电接收二极管。

若激光唱片断裂或很不平，由于光扫描过程是自动对焦的，当扫描到不平整或断裂的唱片部位时，机内聚焦伺服系统将驱使聚焦伺服线圈重新对焦，这样容易引起聚焦线圈弹性支架变形，聚焦线圈烧断或发热使线圈架变形，磨花对焦物镜，扭曲聚焦伺服线圈的弹性支架。聚焦伺服线圈（激光头内）的频繁、大幅度动作容易使聚焦线圈弹性支架疲劳变形。在聚焦伺服线圈重新对焦过程中，因驱动电流太大，致使线圈烧断或发热厉害，使线圈框架变形。在频繁重新对焦的过程中，高速旋转的激光唱片因断裂造成高低不平，会与重新对焦的对焦物镜发生撞击，造成敲片。其后果一方面磨花唱片，另一方面可能磨花对焦物镜；还会扭曲聚焦伺服线圈的弹性支架。

激光拾音器长期工作于受损的激光唱片表面，会使激光发射二极管很快老化。激光拾音器工作于受损的激光唱片时，激光拾音器会因经常读不到信号（相当于扫描到暗线或暗点）而影响激光二极管自动功率控制（APC）电路，使激光二极管发射量增强，久而久之，激光二极管衰老加速。其机理原因如下：CD半导体激光二极管多数是砷化镓铝材料制成，该材料具有很大的负温度特性。单凭恒流来驱动激光二极管不能保证其光输出功率稳定，从而影响光学扫描系统的稳定性。因此，需用APC电路检测光输出功率，并对激光二极管的驱动电流加以控制，保证光输出功率的恒定。由于使用单电源或双电源以及激光二极管的衬底材料不同，APC接法稍有不同。

激光拾音器的APC电路如图5-6所示。从原理图中可知，实际激光管包括发射二极管L和激光功率检测二极管PD，两者装在同一管芯内。PD检测的光不仅有L发出的光，还有由激光唱机反射回来的光。PD相当于一只光敏电阻。其控制过程如下：由于温度变化，若激光二极管L的光输出功率增大（减少）→光检测二极管PD的内阻减少（增大）→a点电位上升（下降）→b点电位上升（下降）→c点电位上升（下降）→三极管Q1的集电极电流下降（上升）→激光二极管的电流I_L下降（上升）→光输出功率减少（增大）。这就自动使激光二极管的光输出功率保持恒定。若激光唱片表面有严重划痕或断裂，唱片中的信号部分被破坏。此时，原定部分返回光检测二极管PD的反射光为零，使PD检测到的总功率减弱，于是APC电路驱使激光二极管增加激光输出功率，时间一长，会使激光二极管很快老化。

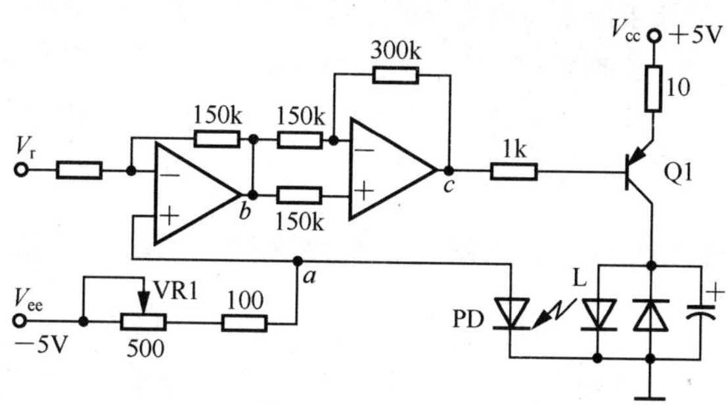

图 5-6　激光拾音器的 APC 电路

四、典型车型车载电脑常见故障诊排实例

1. 导航系统显示车辆极大地偏离正确位置

一辆威驰轿车行驶中的实际位置与车上的地图显示位置不相符，而且导航系统无声音引导。

天津一汽丰田汽车公司生产的威驰在 GLX-i 的车型上配置了 DVD 语音导航系统，该系统由 DVD、导航 ECU、GPS 天线及带显示屏的收放机组成。根据该车的故障现象首先起动车辆打开 GPS 接收电源开关并使导航系统显示出地图然后将车辆行驶到良好视野的空旷场地上并检查是否显示“GPS”标记。

经检查发现该车的导航系统只能显示地图不能显示“GPS”标记，随后根据驾驶员手册的操作步骤修正了车辆的正确位置。由于该车装备的 GPS 导航系统具备自诊断功能，决定先对导航系统进行自诊断。于是按照规定操作将车辆停止并拉起驻车制动器手柄打开点火开关到 ON 位置或 ACC 位置也可以，然后在多功能显示屏上按住 INFO 开关操纵示宽灯开关，通过从 OFF-TAIL-OFF-TAIL-OFF-TAIL-OFF-TAIL-OFF 系统进入了故障的诊断界面。经观察发现系统中存在车速信号不良故障码，检查并记录故障代码。

在将故障代码清除后进行路试，结果故障再次发生。根据车速信号不良的故障代码的提示查阅了相关的维修手册。按照维修手册上的要求，首先应检查车辆的车速输入信号是否正常，同时与 GPS 自诊断系统的车速信号对比，以确认车速是否相吻合。如果存在较大的误差需要利用示波器检查车速的波形，同时还应进一步检查车速传感器和相关的线路是否正常。在确认了车速信号没有问题的情况下，决定检查车辆上是否存在其他的光学组件，雷达测试器有无油雾贴在窗户上，或有任何金属物质吸附在仪表板上。

经检查发现此车装有雷达探测器，且在窗户和前风窗玻璃上贴有防爆膜。在用专用的连接线将 GPS 卫星接收天线引导到车外后，对该车进行路试，结果地图上显示的位置与车辆的实际位置相吻合，但导航系统仍无声音引导。由于导航系统的声音是靠扬声器发出的，根据维修理手册的要求决定检查为导航系统提供声音的车辆左前侧扬声器。经使用收音机试验扬声器，能够正常地发声，利用万用表测量扬声器的电阻为 4Ω，因此，可以确定扬声器无故障。根据维修手册的要求，又检查了相关的线路，但依然没有发现任何异常之处。至此判定故障应在导航系统本身，更换导航系统 ECU 后故障排除。

2. 汽车的运动方向与导航系统上车辆位置标注运动方向相反

一辆威驰轿车车导航系统上标注的车辆运动方向与车辆实际运动方向相反。根据该车的故障现象，决定首先对导航系统进行自诊断。经起动诊断系统，上面已经介绍过并读出车辆位置信号检查模式的 REV 信号结果标准输入信号，正常点火开关 ON、变速杆 R 位的时候为 10～14V 电压。拆下导航 ECU 的连接器后，经利用万用表测量 REV 与 GND1 之间的电压为 10～14V 正常。

根据汽车维修手册的要求，于是更换了导航系统 ECU 后，故障排除。

3. 收音机没有播音声，只有喇叭发出微小的“沙沙”声

一辆装用凯歌牌收音机的汽车使用中，该车收音机接收任何电台均没有播音声，只有喇叭发出微小的“沙沙”声，且刻度盘上的指示灯一只不亮，一只暗红。从现象上看，故障好像发生在低放部分或变频部分。但在测试整机电流时，却发现整机电流达 100mA，远大于该车收音机的正常工作电流（约 25mA）。为修理的方便，无意中将刻度盘前的两只指示灯拆下，结果再一测量发现，工作电流恢复正常。根据现象进行检查分析，结果发现指示灯座中生锈的弹簧歪斜，造成电源电路短路，指示灯座的弹簧搭铁，造成收音机不能正常工作。该弹簧丝生锈，短路现象不十分明显，难以觉查。拨正指示灯座弹簧后，重新装复，收音机便工作正常。

4. 夏新 VCD 机放入碟片显示无碟

一台夏新 SVD777 型超级 VCD 机，屏显及进出盒均正常，放入碟片，显示无碟。开机通电检查，光头复位、聚焦、搜索正常，但无激光发射。用同型号光头（KSSS213V）代换，仍无激光发射。这样就怀疑光头扁电缆有折断的地方，用表测量，16 条线均通，遂怀疑 RF 信号处理 IC 有问题，用同型号 IC（CXA 2549M）换，仍然无效。于是换一条新线试机，激光头发光；放入碟片，很快读出信息，并能正常播放。原来用万用表测光头电缆线时是平铺在玻璃板上的折断处接通。上机后，光头线与线路板插座成弯曲状，并随激光头移动，折断处断开。如果先用新光头线代换，或先测一下 CXA2549M 的 1 脚及线路光头线座 LD 处电压，就不用盲目代换 CXA2549M 了。

5. IBIAC-337 型 DAD 机放入碟片长时间读不出信息

一台 IBIAC-337 型 DAD 机，有开机画面，进出仓正常，放入碟片，长时间读不出信息，

屏显“00”，取出碟片，能显示“NODISC”。打开机器，通电观察，光头有激光，也能复位，但复位后光头迅速滑向外边，此时，光头又慢慢向里边移动，碟片无力地转几次后停止，始终读不出信息来。该机采用典型的伺服、解码二合一双面主板，尺寸很小（6cm×11cm）。由于电路板上 IC 很集中，检测极不方便。首先测＋8V、＋5V 电压均正常。根据先易后难的原则，先查光头复位开关，查看结果正常。怀疑滑行驱动有问题，试代换驱动 IC。原件型号是 CD6392CB，用 BA6392FP 代换后故障依旧。原机用的伺服块是 CXD3068Q，手边没有此 IC。观察其外观及在线路板上的引脚走线，与 CXD3068Q 基本一致。由于以前曾用 CXD2500 成功代换 CXD2540，决定试换。焊好检查无误后通电试机，一切恢复正常。

6. 奇声 VCD 机空托盘不能出仓

一台奇声 VCD 机播放功能一切正常，而在托盘中不装碟片时，按出盒键，空托盘不能出仓。

打开 VCD 机盖观察，托盘中不装碟片时按出盒键，仓盒点击工作，而托盘不能退出，需人为加一点力，托盘才能退出。根据出现的故障现象分析是因 VCD 长期使用，造成仓盒电动机皮带较松弛。在托盘中装入碟片时，塑料磁体与顶盖将碟片钳紧，由于碟片的作用，其钳力要小些，所以按出盒键，托盘能够退出。在托盘中不装入碟片时，塑料磁体与顶盖直接靠在一起，其钳力要大些，造成按出盒键时，托盘不能退出。决定要更换电动机 V 带，但没能买到相同规格的 V 带，于是采取减小塑料磁体磁力的方法。将塑料磁体下面粘上一层白色医用胶布，通过长时间播放，不再出现上述故障现象，工作一直正常。

7. 音响接收调频节目时噪声很大

一台 QY-500 型调幅、调频立体声收音、放音汽车音响接收调频节目时噪声很大，但加接室外电视天线时，收音效果明显改善。该机其他功能均正常。该型汽车音响调频波段收音灵敏度及选择性与同类机相比是较差，究其原因主要是该机调频部分缺少一级前置中放电路，而只使用两只 10.7MHz 串联陶瓷滤波器，致使中放增益低，接收调频台节目的灵敏度及选择性不佳。可以对原电路进行改进来解决此故障。

该故障一般只要按图 5-7 中虚线框内所示电路，增加一级前置中放电路，即可使问题得到解决。增加一级前置中放电路的方法如图 5-7 所示，图中 VTl 管可选用 3DG2O1、3DGllB、3DGlO3D、3DGl4IB、3DGl42C、3DGlllD 等型号，β值取 55～85；两只电容可选用小型瓷介型的；电阻均为常规元件。安装时，可将新增元件两个引出端搭焊在 LB1、LB2 原相连在一起、后断开的两引脚上（即图中打“×”号端处）。安装检查无误后，只要稍调整一下 R3 的电电阻值，使调频节目的声音最大，噪声最小即可。经过改进后，该机调频接收灵敏度及选择性大大提高，基本上满足了正常的收听要求。

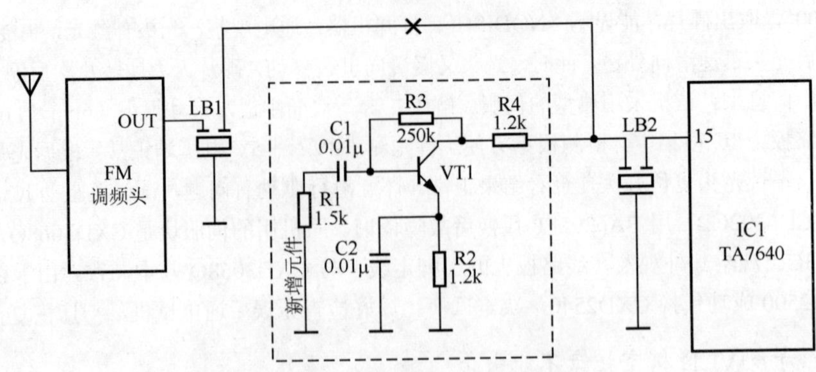

图 5-7 增加一级前置中放电路的方法

8. 轿车音响放音抖晃失真

一台调幅/调频立体声收音、自动循环放音汽车音响在使用中，收音功能正常，放音时，抖晃失真现象很明显，且伴有带速偏低现象。出现这种故障时，一般要结合带速偏低来考虑，出在机械系统的可能性较大。例如，机心缺油、污垢太严重造成摩擦力过大等。当然，机心传动部位有损坏，传动部位与机内元件、导线相碰，传动V带拉长、老化等均会导致上述故障。

检修时，先打开铁盖壳，找到机心，将机心置于放音状态，直观检查机心上的主要零部件，有无明显的异常现象。考虑该机带速有些偏低，测量电动机两端的直流工作电压约为 10V 电动机的外壳有些烫手。由此怀疑电动机本身可能有问题。断开电动机的一根引线，串入万用表两表笔，并将万用表置于直流电流挡。然后将整机置于放音状态，此时测得放音状态下电动机的工作电流约为 165mA，明显偏大，说明电动机可能负载太重。卸掉电动机上的 V 带后，再测流过电动机中的空载电流约为 150mA，也偏大。根据检查的结果，结合电动机外壳发热综合考虑，估计电动机内的转子已碰擦定子，或电动机内线圈短路等。

电动机故障在汽车音响的故障中所占比例较高，经多年使用后的音响，凡出现声音抖晃、转速变慢等异常现象时，在排除了传动 V 带引起故障的可能性之后，一般都与电动机有关。电动机本身不良引起的故障，其最典型的现象是流过电动机线圈中的电流变大，此时，用手摸电动机外壳即有明显发热现象。

该故障只要重换一只同规格新的电动机，抖晃失真现象就会消失。如一时无这类新的电动机可换，也可对原电动机进行修理，具体方法是卸下电动机，撬开电动机端盖，检测稳速板电路正常。取出转子，发现换向器已严重磨损，出现沟痕，换向器沟槽内有较多铜屑粉粒状物质。对电动机换向器进行打磨修复，将转子轴夹在一手枪式电钻的钻夹头上，按动电钻电源开关，在电钻以高速旋转时，取一小号整形锉，将换向器上的沟痕打磨平整，再用细砂布打磨光即可。再从电钻上取下电动机转子，用汽油进行清洗，取一枚医用注射针头，将换向器沟的铜屑剔除干净。重新对电刷的压力进行调整，将转子装入电动机定子内，盖好电动机端盖。测其空流约为 38mA，且电流平稳无波动跳跃现象，说明电动机已修复，将其安装固定在机心上，通电试机，至此故障排除。

9. 轿车开小灯或踩制踏板动时音响会瞬间停止工作

某日产公爵王轿车夜间开小灯或踩制动踏板时音响瞬间停止工作，随后又恢复正常。根据现象分析，初步认为可能是音响电源线虚接、连线有故障或音响总成有故障。应先检查电源线，将音响负极电源线从车身其他处直接搭铁，故障依旧。再将正极电源线并联在点火开关上，也无改善。于是怀疑音响总成有故障，拆下音响总成并用一直流电源模拟音响所用电源，将 4 个制动灯泡串联后再并联在模拟电源上，来模拟制动的通断使灯泡时亮时灭，进而观察音响工作状况，结果并未出现故障现象，说明音响总成无故障。此时断定故障还是在电源线上，于是在音响电源上并联一试灯，当制动或开小灯时，试灯会瞬间熄灭，说明电源线路确实有问题。再次将音响电源正极线接到蓄电池正极后试车，故障消失，说明蓄电池至音响正极线之间有虚接松脱现象。检查蓄电池与音响电源之间的几个连接插头，结果发现在蓄电池极柱附近有一插头已腐蚀且松动，对其进行处理后试车，故障现象消失。

10. 轿车使用前照灯时，音响记忆消失

一辆桑塔纳世纪星汽车在使用前照灯时，会使音响记忆消失，必须重新校对，严重时，甚至会导致音响不能工作。故障检修时，首先取下熔丝盒，检查音响熔断器，不存在熔断和接触不良的现象，于是又取下音响主机，检查其后部的电源插头，也一样插接良好。考虑到在不使用前照灯时，音响使用正常，而打开前照灯时，音响出现异常，因此，怀疑是因为线路降压而造成的。从蓄电池上直接拉一根电源线送到音响电源上，再打开前照灯，音响使用正常，故障消失。从而确定车上有一电源接点接触松动或存在断路，造成线路降压。顺着这一思路，仔细检查发动机外围电路，从蓄电池极柱柱头开始，一直到交流发电动机电枢线，除了电源总熔断器外，均接触良好，但打开熔断器罩盖一看，熔断器座已被烧得变形了，熔断片也熔化变形，从而造成接触不好，使线路处于一种似通非通的状态。而在使用大功率电器时（如前照灯），必然造成线路降压，使一些小功率用电器断电。原来是此车出厂时，熔断片安装有偏差，没有插在插座正中，接触不好，而在用电量大时，造成频繁跳火，烧坏熔断器。找到故障点，重新换了一个熔断器总成，并把线束重新焊接，保证接触良好，打开前照灯再试车，音响得以正常使用。

11. 轿车音响左声道声小且严重失真

某力达牌 AR-330C 型调幅/调频立体声收音、放音汽车音响在使用中，无论是收音还是放音，左声道扬声器声小且失真严重。该机收音电路和放音电路的信号均加到 C35、C36 耦合电容的正极端。由此说明，C35、C36 耦合电容及其以后的音调控制电路（由 C37、RP3、C38 组成）、音量平衡控制电路（RP4）、音量控制电路（RP2）、功率放大电路、扬声器电路是收音和放音的共用部分。左声道无论收音和放音均异常，说明问题出在 C35 耦

合电容至左声道扬声器之间的电路中。

检修时，首先使用音频信号发生器输出1000HZ/10mV左右的音频信号，加至低放左声道输入端C35耦合电容正极。采用信号寻迹的方法将示波器依次加至C35电容的负极、IC4（LA4440）功放集成电路的6脚（信号输入端）和10脚（信号输出端），检查其波形幅度是否正常，有无畸变。经检查发现，在功放集成电路LA4440的10脚处波形严重失真且幅度也较小（可对照右声道信号输出端12脚）。由此说明，问题出在功率放大电路上面。检查功率放大电路时，改用万用电表测量功放集成电路LA4440的10脚电压为6V左右，基本正常；再测9脚电压也为6V（正常值应约为11V），属异常。切断电源，测量LA4440集成电路9脚与10脚之间的电电阻值为0Ω。检查自举电容C41已击穿短路。原来自举电容C41是一只容量值为l00μF的电解电容器，连接在LA4440集成电路的9、10脚间，当其击穿短路以后，不但失去了自举作用，而且还使LA4440的9、10脚内部电路短路，致使输出功率变小和波形严重失真，从而导致了上述故障。用一只新的、同规格的电容换上后，故障排除。

12. 轿车音响经常出现时响时不响的现象

凯歌牌4B9-2型汽车音响收听时，经常出现时响时不响现象。据分析，此类故障有可能是以下原因所致：

① 因某处接触不良或两元件相碰所致。这时，应仔细听扬声器内有无“沙沙”的背景杂音。若无，则故障一般发生在总电源部分（开关接触不良等）或功放电路；反之，则故障发生在音频推动级或其以前的电路中。

② 个别电阻、电容、线圈、晶体管等损坏。

③ 当按动印刷电路板时，故障随之出现或消失。如拨动各元件未发现异常，则故障大多是因印刷电路板有断裂引起的。

④ 当将音量电位器开小时，收音正常，开大时，无声。这种故障如检查供电电压正常的话，则故障大多发生在扬声器电路上面。首先应直观检查各元件有无相碰、接触不良现象，若未发现问题再将印刷电路板从机盒内取出，收音功能若恢复正常，再装入机盒时，若故障又出现，则估计是因元件接触不良或连线断裂引起的，这时可对电路板上的各焊点进行检查，若焊接良好，应考虑印刷电路板连接铜箔有无断裂处。经仔细检查，发现前置放大管VTl基极呈虚焊状，将虚焊处加锡焊牢固后，故障排除。

13. 轿车音响扬声器有干扰声，代换主机和功放无效

一台奇瑞车主机用SONY MEX-Rl（DVD单碟机）四声道雷霆功放推4个扬声器，外加一个无源同轴扬声器，使用半年后，5个扬声器里均有类似交流“嗡嗡”的干扰声，代换主机和功放无效，无奈之下，车主另加一只汽车蓄电池与原车蓄电池并联，为功放单独供电，仍旧不能解决问题。在车上检查时偶然发现将主机倾斜45°时，干扰声突然消失了。在检修中，又发现主机在晃动时，有时突然关机，用万用表黑表笔搭在主机外壳上，红表笔插入主机插座的BATT线孔里，监测BATT电压，发现在自动关机时，BATT电压竟然

只有 8V 多，将黑表笔搭在早已剥开的搭铁连接线上，此时 BATT 电压为正常的＋12V 电压，判断是插头孔中的搭铁线与主机插座中的地线引脚接触不良所致。从搭铁线上另接一根线，在主机外壳上用自身的安装螺钉固定好后，故障排除。

14. 安装轿车防盗器后起动困难

一辆丰田佳美轿车，在加装防盗器后，不管冷车、热车，都难以起动，即使刚熄火就起动，也要 3 次以上才能成功，有时把蓄电池的电耗尽都不能起动。接上油压表，发现油压力正常，熄火后相当一段时间内油压也能保持在规定范围内。由此说明不是油路问题，可能电路有问题，虽然故障指示灯在发动机起动之后不亮，但还是用人工方法读了故障码：用导线跨接诊断座的 E1 和 TE1 端子，点火开关 ON，读得故障码为 14。关掉点火开关，拔掉 EFI 熔丝消码。然后经过几次起动后，再一次读取故障码，仍是 14。出现故障码 14 代表点火系统控制点火正时或产生点火确认信号的回路不良。原因是 ECM 输出 4～6 次点火触发信号到 IGT 端子控制点火器，但点火器 IGF 端子没有点火确认信号回到 ECM。检查发现，点火线圈的电源线被剪断，并加装了一个防盗器的断电器，而它的控制线却接在发动机机油压力指示灯开关上。这样，刚起动时，机油压力低，防盗器断电器的控制线接地，断电器触点断开，致使点火线圈的电源中断，点火器也就没有点火确认信号回到 ECM，于是 ECM 指令停止喷油，从而造成难以起动的故障。拆除防盗器的断电器，接回原电路，故障消失。

15. 中控锁和电动玻璃升降器不能正常工作

某上海大众帕萨特 B51.8T 轿车使用时，中控锁和电动玻璃升降器不能正常工作。对该车进行初步检查，发现点火开关无论开闭，都只有左前门的中控锁和左前门的电动玻璃升降器可以正常工作，其他车窗的电动玻璃升降器都不工作；但是如果按动其他门窗上控制该车窗的开关，各个门窗开关均能正常工作。将车门关闭后，将车钥匙插入左前门的锁孔内，进行开锁和闭锁操作，也只有左前门的门锁能开闭；如果将钥匙在开锁或闭锁位置保持，也只有左前门的电动玻璃升降器可以上下工作。经过以上实际的操作检查，初步认定该车的舒适系统存在一定的故障。接下来用 VAS5052 车辆诊断仪对舒适系统进行检查，连接好仪器并打开点火开关，进入舒适系统中央控制模块查询故障，仪器屏幕显示查询到如下故障：与左前门窗模块没有通信；与右前门窗模块没有通信；与左后门窗模块没有通信；与右后门窗模块没有通信；与 CAN 数据总线诊断接口 J533 没有通信；舒适系统数据总线单线运行模式；控制模块编码不正确。

为了查看舒适系统编码值，重新进入舒适系统单元模块，察看该模块的版本信息，发现编码为 00017。接下来使用 VAS5052 对舒适系统进行正确的 00259 编码，并清除所有故障记录，此时控制单元的不正确编码和 CAN 数据总线单线运行模式的故障记录已经清除，但是其他故障仍然无法清除。这些无法清除的故障可能就是造成该车电动玻璃升降器和中控锁无法工作的主要原因。因为帕萨特 B5 轿车的四个车门控制模块和中央舒适系统控制模块之间的信号是通过 CAN 数据总线传递的，舒适系统 CAN 数据总线通过两根相互绞合的信号线的同时传递相同数据，一根为 CAN-H（橙/绿色），一根为 CAN-L（橙/黄色）。舒适系统所有的控制模块都挂接在两根线路上进行数据交换和信号传递，另外，位于组合仪表中的数据总线诊断接口也和数据总线随时保持通信，检测总线的工作状态。

为了确定中央控制模块、各个车门控制模块与数据总线的连接情况，通过 VAS5052 进入 46-08-012，观察数据组测量值，4 组数据用“1”或“0”数值分别代表驾驶员车门、右前车门、左后车门及右后车门模块与舒适系统中央控制模块 CAN 数据总线的连接状态，此时 4 组数据均为“0”，说明各个车门控制模块与总线通信确实有故障，但还是无法确定具体的故障点。为了进一步查找 CAN 无法通信的根源，首先拆卸舒适系统中央控制模块（位于驾驶员侧座位地板下）进行检查，在拆卸该模块时，发现该车是已经修复的事故车，地板下舒适系统和左 A 柱的有关舒适系统的线束曾严重损坏并已修复。对线束进行具体检查，重点对没有双绞的 CAN 总线进行整理。经过检查，发现线路连接上没有任何问题。为了排除中央控制模块中存在问题的可能，又更换了新的控制模块。当连接好新的中央控制模块，打开点火开关，操作中控锁开关和电动玻璃升降器开关，发现中控锁和电动玻璃升降器功能恢复正常，但是左后门玻璃在升降时断断续续地工作。此时再使用 VAS5052 进行故障查询，发现已经只有两个故障记录，分别是“与左后、右后车门控制模块无法通信”。这时进入 08-012 查看各个模块与 CAN 总线的连接状况数据组，为 4 个“1”，说明总线连接正常。中央控制模块没有故障，只是在拆装中央控制模块时，故障可以消失。

断掉左后车门控制模块的两根数据总线，经过反复操作试验，故障仍然存在。当断掉右后车门模块的数据总线时，其他 3 个门锁突然有锁门动作，此时操作电动玻璃升降器和中控锁开关，除了右后车门不动外，其他车门工作一切正常。查询故障，也只有右后车门有无法通信的故障记录，反复操作中控开关，其他车门均工作正常。然后又把右后 CAN 总线连接，反复操作中控锁和电动玻璃升降器。多次试验之后，以前的故障重新出现，由此确定是右后车门 CAN 总线某点有问题。随后将右后门内衬板的门窗单元线束做进一步检查时，发现右后门窗控制模块组合插头后的 CAN-H 线路（橙/绿色）有一处近乎断路，断点接触不良，由于右后门的车门控制模块到中央控制模块的 CAN-H 线路接触不良，当右后门电动玻璃升降器或闭锁电动机工作振动时，接触不良的断点会使通信中断或产生不规律的信号脉冲，干扰 CAN 总线的正常通信，中央控制模块的信息无法可靠传递给其他模块，并记录这些故障，最终停止通信，从而出现该车故障。

将断点重新连接并且包扎好，再连接事先断开的 CAN 总线。无论从车外通过车钥匙操作中控锁和电动玻璃升降器使其工作，还是通过车内中控开关操作，以前的故障一直没有再出现。再用 VAS5052 查询故障，也没有任何故障记录，至此故障彻底排除。

16. 遥控门锁电路和中控门锁系统工作不良

一辆上海大众四门豪华版高尔夫轿车中控门锁工作不良。检查时，将车钥匙插入驾驶员侧门锁锁孔内，分别进行开门和锁门操作，其他三个门锁没有任何开门和锁门的动作和声响。然后又按动车钥匙上带有的门锁遥控器，进行开门/锁门（同一个按钮）操作，可以看到遥控器上的工作指示灯闪动，但是四个门锁仍然没有反应。同样，按动遥控器上行李箱开锁按钮，行李箱门锁也没有任何动作，由此判定该车的遥控门锁电路和中控门锁系统存在一定的故障。

该车门锁的钥匙控制和遥控控制完全依赖于该车的防盗报警系统控制单元 J85（以下简称 J85），当把车钥匙插入驾驶员侧的车门锁孔内转动时，开锁/锁门的操作被与之机械连接的开关 F121 感应到，并且把它转换成开门/锁门的操作电位信号传入 J85，J85 接收到信号后，立即驱动各个车门内的门锁电动机进行相应的开锁和闭锁动作。如果使用遥控器完成锁门/开门操作，J85 将相应地进入防盗报警状态/防盗解除状态，防盗报警喇叭 H8 和四个转向信号灯 L1～L4 会分别以两种不同的响声和不同闪亮方式，表示其所进入的相应状态。当 J85 进入防盗报警状态，J85 通过门控接触开关 F1～F6 的闭合状态分别感知发动机机舱盖、4 个车门和行李箱盖的状态；同时，J85 通过安装在车内顶灯旁的超声波传感器 G209 监视着车内动静。如果车门和机舱盖等被盗贼打开或破窗而入，J85 会驱动防盗报警喇叭 H8 和转向信号灯 L1～L4 报警。

据分析，该车出现中控门锁无任何反映的故障应与 J85 有很大的关系，因为中控门锁控制和遥控接收，以及驱动门锁执行电动机都是以 J85 为中心完成的。检查发现给 J85 提供电源的熔丝已经熔断。更换新的熔丝，熔丝没有立即再熔断，这时再使用钥匙进行锁门/开门操作，系统恢复了中控门锁的功能。当使用钥匙遥控器使车辆进入锁门防盗状态，发现防盗报警喇叭 H8 没有任何声响，而且四个报警灯 L1～L4 始终闪烁不停，通过观察四个车门的门锁可以看到，门锁都已经正常上锁。中控门锁电路已经正常了，但却出现了新的故障。正常情况下，使用遥控器锁门/开门时，报警灯和报警喇叭都应短时的闪亮和发声，做出进入防盗和防盗解除的回应，而此时喇叭不响，报警灯不停闪烁，显然报警系统电路还有另一个故障。拆卸位于刮水器连杆机构后的报警喇叭，发现喇叭已经发热，说明刚才报警灯闪烁不停时，报警喇叭也一直通电，只是喇叭有问题没有发出声响。更换新的喇叭后，再进行开门/锁门检查操作，喇叭发出了“嘟嘟”的报警声响，四个报警灯不停闪烁。

检查四个门控开关同时控制着延时顶灯，因为顶灯可以按时关闭，说明四个门控开关也正常；通过拔掉超声波传感器 G209 上的四针插头，并进行了试验，故障依旧。打开行李箱，拆检行李箱锁内的开关 F6 工作正常，又使用遥控器使车辆进入防盗报警状态，此时一切正常。由此可见，开关 F6 不随行李箱开锁/闭锁变化的原因只是机械位置发生了变化，从而导致了 J85 错误地认为行李箱车门在关闭时也认为行李箱打开，以致在防盗状态报警。将固定 F6 的铁片位置进行调整，使 F6 可以受到行李箱锁块控制后，故障彻底排除。

17. 遥控中控锁无反应，只能闭锁而不能开锁

一辆遇交通事故后的别克凯越轿车，遥控中控锁无反应，只能闭锁而不能开锁，经测试遥控器开锁时无反应，闭锁时方向灯闪但是中控锁无反应，用钥匙开主门时其他三个门均无反应。

此车在维修时，左面两个门都被拆过，因此，首先想到两个左门装配有问题，拆下主

门内饰板，拔掉两线电动机插头和四线复位插头后，发现插头进水了，用万用表测电动机电阻，2.5Ω没问题。而复位插头的四根线没有任何信号，因为插头进水，怀疑中控锁模块损坏，在右A柱下方找到中控锁模块8线的插头，经测试模块无电源，在发动机厢内的熔丝盒里找到熔丝并更换，此时遥控只能开锁而不能闭锁。

闭锁时门锁提钮只是轻微向下动一点，给人的感觉是电动机力量不够。直接在中控锁模块插头处给信号控制四号角和六号角分别搭铁，当开锁时正常，模块内继电器动作一下，门锁电动机紫线有电，灰线搭铁，电动机动作，而闭锁时继电器也动作，但是门锁电动机的两根线都没电。

拔掉模块插头直接给紫线搭铁，灰线供电火花很强，用万用表测量灰线与搭铁的电阻值是0Ω，紫线与搭铁的电阻值是1Ω多，显然是灰线搭铁了，断开了左前门连线，还是搭铁，左后门的连线比较难断，因此在前门底槛处找到灰线的连接点，断开后依次测量左后、右后、右前连线，只有左后线搭铁，怀疑钣金安装时，门轴处处理不当，因此拆掉连线发现确实有几根线磨漏了，但是灰线没磨破，依次拆掉门内的线束，发现玻璃升降器的螺钉压住了灰线。修复线路，装好之后，测试一切正常。

18. 轿车发动机能转动但无法起动

一辆别克王朝轿车发动机能转动但无法起动，指示灯亮约5s。据分析，指示灯工作正常，说明点火钥匙、点火开关以及点火开关防盗模块的信号线正常。发动机能转动说明起动电磁阀及其控制电路（防盗继电器、挡位选择开关等）正常。问题可能出在动力控制模块（PCM）未得到防盗模块的许可信号，因此，着重检查动力控制模块、防盗模块及其两者之间的信号线（另外故障也有可能出现在电控燃油喷射系统，因此也要对电控系统进行检查）。

① 检查步骤。拆下防盗模块电插头，点火开关转到运行位置，用电压表检查防盗模块、电插头接柱 A3（黑蓝线）和地之间的电压，若无 5V 电压，进行下一步检查，如有 5V 电压则进行下步的检查；检查防盗模块和动力控制模块之间的黑蓝线有无开路或断路现象，同时检查防盗模块和PCM有无连接不良现象。如黑蓝线和电插头正常，需检查PCM中是否有相关故障码；关掉点火开关，重新接上防盗模块的电插座，点火开关转到运行位置，用电压表测量防盗模块电插座接头A3（黑蓝线）和地之间的电压。如无显示2.5V电压，需检查防盗模块接触不良问题；显示2.5V电压，故障可能出现在发动机的其他系统，再提取PCM中相关故障码，进行了相应的排除。

② 注意事项。防盗系统修复后，指示灯将会保持亮1min左右。在排除防盗系统故障时，应同时注意对防盗系统进行一些基本的检查，如检查点火开关锁止缸内的触点是否已损坏或者不呈现银色；检查点火钥匙有无裂纹、脏污或者电阻球有无脏污覆盖，确保点火钥匙在电阻球附近没有过多的变形；在更改了新的防盗模块时，必须通过设置与用户的点火钥匙相匹配，否则发动机将无法起动。

19. 中控锁系统部分失效

某宝马轿车在使用中发现中控锁系统部分失效，具体故障症状是关好 4 个车门，按下点火钥匙的遥控锁止键，4 个车门都能够锁止。但是再次按下遥控解锁键，4 个车门却无法解除止。如果坐在驾驶员室内，按下中控锁开关，中控锁系统也是只能锁止而无法解锁，而且 4 个车门都处于锁死状态，只有使用机械钥匙拧动车门锁，才能将驾驶员车门打开。

诊断时，连接 GT1 诊断仪进行自诊断，选择 3 系 E90 底盘车型，点击“快速测试”键，对全车电控系统进行扫描，完成后查看故障信息清单，在“JBE 接线盒电子装置”项目中，储存有两个故障码：A6D5 中控锁继电器的熔丝/继电器触点断路，故障当前存在；A6D4 中控锁解除继电器的熔丝/继电器触点断路，故障当前存在。继续点击“控制单元诊断”键，选取“JBE 接线盒电子装置”电控系统，执行故障码清除功能，重新试验中控锁功能，故障依然没有好转。查询故障信息只剩下 A6D4 故障码，使用“部件控制”测试功能，激活中控锁功能，也是只能锁止而无法解锁。为了进一步确定故障原因，在故障信息清单中，选取在“JBE 接线盒电子装置”项目，点击右方向键，进入相应的功能检测操作界面。此时界面中提供了 JBE 接线盒电子装置的功能说明、中控锁电路图以及测试步骤的信息。经过仔细阅读，得知 JBE 接线盒电子装置安装在前乘客侧的手套箱后部，它相当于一个集成有熔丝和继电器的控制模块，K-CAN 总线（车身总线）上的用户，它的基本功能包括了中控锁、车身防盗、后车门的车窗玻璃升降等。因此，与早期的 3 系 E46 底盘车型相比，JBE 接线盒电子装置类似于车身基本模块 BGM，只不过名称有所改变。中控锁联锁和解除两个继电器，原来是集成在 JBE 控制模块内部，难以进行拆检。再有 JBE 接线盒电子装置上安装有许多熔丝，只有 F56（15A）和 F57（15A）这两个熔丝用于中控锁系统，因此须先检查这两个熔丝。检查结果 F57 熔断，更换新熔丝，试验中控锁功能，恢复正常。

E90/E91 底盘的 3 系宝马轿车，也就是通常所说的新 3 系宝马轿车。这款车型的电气故障较多，而且绝大多数都是因为熔丝熔断造成的。通常情况下，能够导致熔丝熔断的故障因素，除了控制线路中存在短路问题，就是执行元件的工作电流过大造成的。在该车的整个中控系统中，只使用了两个 15A 熔丝，F56 用于锁止控制线路，F57 用于解锁控制线路，每次触发时的执行元件共有 6 个。如果某个执行元件出现卡滞现象，就容易造成工作电流过大而烧断熔丝。

20. 轿车起动后中控锁自动上锁

一辆长安福特蒙迪欧 2.0L 自动尊贵型精装版汽车，行驶里程为 9 万 km，使用中该车偶尔会出现车辆起动后中控锁自动上锁的故障。鉴于该车的故障为偶发性故障，怀疑左前门中控门锁总成的插接器可能接触不良，但经检查并未发现异常。根据维修经验决定更换左前门中控门锁总成。之后进行试车，故障未再出现。由于该车的故障属偶发性故障，当时并不能确定故障已经排除，故在使用中继续观察。经过一段时间的使用，该车故障再现，车辆返修。

根据该车的故障症状，这次连接故障诊断仪 IDS 对车辆进行了检测，但未发现故障码。根据该车中控锁系统的控制原理可知，中控门锁系统由通用电气模块（GEM）控制，一旦 GEM 出现问题，便有可能出现这种偶发性故障。结合上次的维修记录，考虑到有相同车型的正常车辆，暂时替换 GEM。

在将 GEM 替换后，试车故障仍然存在。该车中控锁控制系统的控制原理为正常情况下，当车速超过 7km/h 时，中控锁会自动落锁。而在此项功能中，车速信号很重要，正当准备检查车速信号时，忽然发现仪表板上的车速表指针在上下跳动。利用故障诊断仪 IDS 查看相关数据流发现，当车辆处于静止状态时，仪表板车速表却显示车速约 10km/h。车辆是静止的，仪表板为什么会有显示车速呢?先后检查了车速传感器及线路，均未发现异常。断开控制单元插头进行检查发现，控制单元插头的部分针脚有锈迹。这些污物导致错误信号传送给控制单元，控制单元通过 CAN 总线传输给组合仪表，组合仪表又将接收到车速信号传送给 GEM，当 GEM 在接收到错误的车速信号后，便提前控制 4 个车门门锁提前上锁。在对锈蚀的针脚进行处理后，起动发动机试车发现，仪表板指针回到初始位置，再未跳动。后又经多次试车，故障彻底排除。

21. 轿车的防盗器自动报警

一辆行驶里程 16 万 km 的东风日产风度 2.0L 轿车，停放半个多小时后防盗器会自动报警。因为该车出现的是间歇性故障，根据维修经验，这种故障一般会需要较长时间进行验证才能找到故障原因。首先使用日产专用故障诊断仪进行检测，防盗系统不存在故障，测试了防盗系统的功能也正常，在 20m 范围内使用遥控器也起作用，于是暂时排除了防盗器主机故障的可能。

从外观上看，虽然该车的故障修理过多次，但相关线束包裹得很好，于是参照维修手册仔细检查了各车门开关，结果没有发现异常。检查了驾驶员车门开关接地良好，防盗控制单元与驾驶员侧车门开关之间的线束无开路或短路现象，驾驶员车门开关在车门关闭状态时约为 5V 电压，打开状态约为 0V 电压，其他门也进行相同的测试，都未发现异常。于是只好将车停放，锁上车门以待故障重现。

大约半个多小时过去了，车辆的报警器自动响起来。拉动车门、发动机盖以及行李箱盖都是锁上的，只是在拉动行李箱盖时感觉轻微的晃动。用钥匙打开行李箱盖锁，用力在行李箱盖锁固定框架上按压，可以听到钢板错位的声音。于是拆下行李箱盖锁固定框架上的塑料饰板，发现在行李箱盖锁心开关的周围钢板出现了很多细小的断裂痕迹。行李箱盖锁上以后，因行李箱盖锁固定框架的钢板在自身的应力作用下慢慢回位，导致行李箱盖锁固定框架钢板向下压时触发了锁开关，防盗器主机误以为行李箱盖被撬开，所以导致该车停车后出现报警，将断裂处的钢板仔细地焊接起来，试车，故障没有出现。

22. 轿车的中控锁失灵

一辆欧宝可赛的中控锁失灵，驾驶员侧门可以用钥匙打开，但其他的三个门的门锁毫无反应。试着用手拔驾驶室内其他 3 个门的锁提手，拔不动。后备箱的锁电动机也无反应。

欧宝可赛的中控锁有防盗锁死的功能，就是说当把钥匙转到水平时，中控锁模块接收到一个锁死的信号，使全车进入防盗锁死状态，如果此时在驾驶室内有人也不能通过拔门内锁提手来开门。现在其他的 3 个门处于锁死的状态，且驾驶员侧门在开锁时毫无反应，说明中控锁系统可能没有接收到开锁的信号，那就从左前门查起。

拔开驾驶员门侧的线束插头，给开锁信号引脚一个搭铁信号，按理来说，当此端有一个搭铁信号时，也就是给了中控锁模块一个开锁的信号，此时所有的车门和后备箱的锁电动机都应该动作，但此时是毫无反应。既然强制给搭铁信号仍无反应，说明不是线路有问题就是中控锁模块有问题，用万用表测量线束，结果线路是良好的。换上新的中控锁模块后故障依然存在。

再次查找，发现在左侧门开锁时，中控锁模块有轻微的继电器动作的声音，由此可知，中控锁模块已经接收到了开锁信号，既然有了开锁信号，又已更换了中控锁模块，但几个门的门锁电动机都没动作，再次用万用表测量中控模块在接收到开锁信号时，是否给了各个车门的门锁电动机提供了动作电源，测量的结果是有 12V 的动作电压。此时，经过以上的各种测量和换件试验，发现此车中控锁的信号输入、输出和控制系统并没有故障。拆开各门饰板一看，原来是中控锁电动机都已被烧死在电子锁死的位置，拆下门锁电动机发现，门锁电动机都已烧坏，门锁电动机的作用端根本就动不了。

仔细查找了整个中控锁系统的线束和除了门锁电动机之外的所有的元器件，都没有问题。此车之所以中控锁电动机都被烧坏，很有可能是动过中控锁电路或加装过遥控门锁，造成中控锁控制模块出现异常，导致此故障的发生。最后除了把四个车门和后备箱的锁电动机都更换了，还更换了中控锁模块。更换后，整车的中控锁工作正常，没有再出现故障。

23. 轿车发动机不能起动或起动后马上熄火

某 04 款奥迪，发动机不能起动。发动机起动约 1s 后熄火。诊断时，首先连接 VAG1551/VAS5051 进行自诊断，输入地址码 01 进入发动机系统，输入地址码 02，读取故障码。发动机控制单元故障存储器内存有“发动机控制单元被锁止”的故障，故障代码为 17978，表明防盗器控制单元电子系统未解除发动机控制单元锁止状态。这时输入地址码 05，清除故障存储，发动机还是起动约 1s 后熄火。经检查，该车装备了第三代防盗系统，第三代防盗系统的钥匙上刻有 W 字样，电子防盗保险装置的识别装置主要集中在车钥匙头上一枚小小的硅晶体上，由防盗锁止单元、发动机控制单元一起来检测、认别编码信息。只有当原配钥匙插入发动机点火开关时，防盗锁止单元才会识别成功，车上的电子防盗保险装置不被激活，驾驶员才能正常起动行驶。相反，如果检测、识别过程失败，电子防盗保险装置就会被防盗系统激活，锁死发动机。

在第三代防盗系统中，防盗系统控制单元与组合仪表是结合在一起的，测试此防盗系统，只能从仪表板系统进入。虽然从防盗系统也可以进入，但测试出来的为无用数据。所以需输入地址码 17，进入组合仪表系统，用 02 查询故障存储器，发现防盗控制单元故障存储器内存有“钥匙编程错误”的故障，故障代码为 01179，表明因钥匙或识读线圈问题引起的故障，然后又输入 08 读取测量数据块，读取 022、023、025 显示组数据，发现确实是防盗钥匙或识读线圈出现问题引起的故障，最后通过了解发现车主自己新配了钥匙，因为第三代防盗系统只有使用被装于汽车上的防盗器控制单元匹配过的认可钥匙，发动机才能起动，如果需要重新配钥匙或者增配钥匙，必须把全部钥匙同时与防盗器控制单元匹配，如果用户遗失一把合法的钥匙，为了安全起见，必须把其他所有合法钥匙用 VAG1551/VAS5051 重新进行一次匹配过程。这样做可以使丢失在外的钥匙变为非法钥匙，不能起动发动机。

自适应匹配操作方法为连接 VAG1551/VAS5051，打开点火开关，输入地址码 17，进入仪表板系统；输入地址码 02，读取故障码，再输入地址码 05 清除故障码；输入地址码 11，选择“系统登录”功能；输入防盗密码（通常 7 位）；登录成功；输入地址码 10，进入“匹配”功能；进入“21”通道，确认；输入将要匹配的钥匙数，包括插在点火锁上的钥匙，最多 8 把。在匹配的过程中，所有钥匙的匹配的时间加起来不能超过 30s（从登录起开始算时间到匹配完钥匙为止，不记钥匙拔出好插入的间隔时间），否则故障警告灯以 2HZ 的频率闪亮，这时要重新彻底进行匹配（包括登录和匹配）。后对所有钥匙进行自适应匹配，故障排除。

24. 轿车防盗系统间歇锁止

一辆奥迪 A6 防盗系统间歇性锁止及起动后怠速不稳。检修时，首先用检测仪读取的故障码为发动机防盗系统锁止的间歇性故障、防盗系统存在钥匙信号过弱的间歇性故障。清除掉故障码，清洗了怠速电动机、节气门，故障未排除。又检查节气门位置传感器以及与怠速有关的线路，未发现故障原因。起动该车，发动机起动后立即熄火，再检查又是防盗系统锁止，把故障码清除后可以正常起动，但是怠速依然不稳，而且防盗系统一直有间歇性故障。

发动机起动轻松，加速尚好，怠速为 1200～1500r/min。用检测仪读取数据流，只能够观察到怠速状态，稍微加一点油，检测仪就会与 ECU 失去通信，即无信号。在熄火状态下观察静态数据流：不踩加速踏板时，节气门开度显示为零，怠速触点显示为接通，稍微加大一点节气门开度，怠速触点立即断开，节气门开度也有相应的变化，怠速电动机的步数大约为 50，水温是 96℃，看上去是正常的。

再读取故障码，显示系统正常，没有任何故障记录。检查各个真空管，亦没有发现脱落；检查燃油蒸汽回收装置，也是正常的。又拆下进气的胶管，起动之后，直接用手把节气门堵住，发动机很快熄火，说明没有漏气的现象。拆下节气门体，已经被清洗得很干净了，其处于关闭状态时是足够严密的，没有漏气的可能。调节螺钉亦没有被动过，且位置正常。测量怠速触点，接触良好，开闭正常。

检测节气门位置传感器，亦正常。又拆下怠速电动机，观察到在打开点火开关时会明显地缩回去，关闭点火开关又会复原，这样看来怠速电动机及其控制线路应该是没有问题。

在拆装过程中，仔细观察了怠速空气的流动路径。起动发动机，又立即熄火，是防盗再次锁止。在此过程中，发现打开点火开关时防盗灯会正常熄灭，但是在起动发动机时防盗灯又会点亮。用检测仪进入防盗系统，存在一个故障码：“点火钥匙信号过弱”的间歇性故障。清除后发动机可以起动，又反复测量防盗系统相关的线路，并无接触不良等现象。

据分析，每一次打开点火开关时防盗灯均能够熄灭，说明钥匙能够被正常识别，只是起动时防盗灯才会启亮。考虑到防盗系统线路无故障，而且每次防盗器锁止时，均是修理时间较长、消耗电力较多的情况下发生，怀疑是在启动电动机时电压降过大，引起的防盗系统锁止。于是测量起动时的电压，只有 7V 左右，再测试蓄电池电压基本上一致，立即用一个辅助的蓄电池并联连接上，再起动时，防盗灯没有闪烁的现象了，发动机工作正常。停车状态下脱开辅助蓄电池，测量电压是 12.8V，但是只要一开前照灯，电压很快就下降到 11.3V 左右，再起动时电压就只有 7V 左右了，这时防盗就一定锁止。当关掉所有用电器，放置一会电压会上升少许，就又可以起动了。原来是蓄电池性能下降，已经不能够正常工作了，需要更换蓄电池。

接下来检查与怠速相关的部分。起动发动机后，用手堵住怠速电动机的进气口，发动机熄火，看来是控制部分的故障，因为这说明发动机的所有进气均是由怠速电动机的进气口进入的。由于怠速电动机能够伸缩，线路并无故障。有可能是怠速电动机卡滞，不能够完全伸出来，引起怠速过高和游车。

再次拆下怠速电动机，模拟工作，完全能够正常地完整伸缩，又适当地喷了一些润滑剂，安装复位，故障仍然没有排除。为验证是否可以人为地控制怠速，于是用手堵住怠速电动机进气口的一部分（使其进气量减少）。此时怠速突然稳定了，并且随着堵住的进气口的大小，怠速稳定变化。进一步减小进气，怠速只有 300～400r/min，发动机依然可以稳定运行。逐步增大进气量，怠速也逐渐增大，但是转速增大到达一定程度，再增加进气量转速不再增加。完全放开后，发动机怠速依然没有增加，完全正常，只有 700r/min。熄火后再起动，怠速依然稳定，打开空调后怠速提升大约 100r/min。然而，更换蓄电池后发动机怠速又升高到 1200r/min，而且稳定。于是又用上述人工调节怠速方法，再次调整，怠速立即正常。又反复起动数次，发动机均运转正常，故障排除。

25. 轿车左前门中控锁开锁失灵

某捷达前卫 GiX 左前门中控锁开关使用中，闭锁正常，开锁失灵。根据经验判断，这种故障现象多为开关或继电器故障，于是采用换件维修法，将左前门中控锁电动窗开关和中控锁电动窗继电器更换，更换后，故障仍然存在。最终判断为线路故障，按照电路图检查，司机侧中控锁开关 E150 到中控锁控制单元 J379 只有两根线，分别是黄色线控制闭锁、灰黑色线控制开锁，而且这两根线在线路中没有插头连接。利用万用表的通断挡直接测量中控锁开关 E150 的 2 号脚到中控锁控制单元 J379 的 8 号脚的通断，结果显示断路，所以中控锁控制单元 J379 接收不到中控锁开关 E150 的开锁信号。将左前门的线束从中央继电器处拔出，检查有无断路处，发现在车门铰链处线束有一处被磨破，将线束修复后故障排除。

26. 轿车的防盗器锁死

一辆捷达 GiX 轿车起动后只能着车 1～2s 就熄火。打开点火开关至 ON 挡时，脉冲应答防盗器的报警灯 2s 后不熄灭，却暗闪，说明脉冲应答防盗器处于防盗状态。

检修时，装有脉冲应答器防盗系统的捷达王轿车（新款），在点火钥匙不插入点火开关内时，防盗器的报警灯闪亮，证明车辆处于防盗状态。当点火钥匙插入点火开关内打开至“ON”挡时，防盗器报警灯应在 2～3s 后熄灭。此状态证明系统正常，可以起动着车。针对此车故障现象，用 V.A.G1551 输入 1＋25＋02 进行故障查询，可是当输入 25 地址码时却进不去，经分析可能是搭铁不良。检查防盗系统各搭铁点和搭铁线都正常，检查蓄电池正负极桩头也很正常。打开蓄电池上方正极熔断器盒，发现第三个正极熔断器的固定螺钉松动，而从外观是根本看不出来的。查阅资料得知，此熔断器正是防盗器的主电源熔断器。紧固此螺钉后，一切恢复正常。

27. 轿车的中控锁系统不工作

某捷达 GiX 轿车的中控锁系统不工作。该车的中控锁系统是由 J379（中控锁控制单元）和 V56（组合控制中控锁电动机模块）控制整个系统。在给该车加中控锁时，一般采用方法是在驾驶员侧车门内另外安装一个驱动电动机以带动主控门。该车 J379 控制单元内部是由两个继电器来控制 V56，V56 再去控制其他 3 个车门门锁电动机。当系统处于静态时，T6/3 和 T6/6 都是通过内部继电器对地搭铁；当驾驶员起动内部中控开关时，J379 内部模块发了指令，命令 K1 和 K2 输出 12V 电压去控制 V56，然后带动其他门锁。

经仔细检查，发现该车在安装时直接把防盗器的中控控制线接到 T6/3 和 T6/6，在试车时把熔丝烧断。而用铜线当熔丝连接，试图用加大熔丝的承受电流的办法解决，而结果则是烧坏线束、防盗器及 J379 控制单元。因此，应该进行改装，在 T6/3 和 T6/6 线路上加装两只 IN4007 二极管即可。

因为防盗器的 1 号线或者 2 号线输出 12V 电压时，由于二极管有单向导通功能，能阻止从防盗器发送来的 12V 信号电压经 J379 内部继电器短路，但防盗器应改为正触发。要注意的是，一般自带有车载电脑防盗系统的轿车，不需要再安装电子防盗器，否则，会容易和原装的防盗系统发生系统冲突。如果一定要额外安装电子防盗器，还要注意与点火系统分离，否则会造成发动机无法起动等故障。